中公クラシックス W75

トマス・アクィナス

神学大全 I

山 田　晶 訳

中央公論新社

神学大全 I 目次

『神学大全』西洋哲学への最良の入門書　川添信介　5

序言　3

第一部

第一問　聖なる教について、それはいかなるものであり、いかなる範囲に及ぶか　7

第二問　神について、神は存在するか　73

第三問　神の単純性について　107

第四問　神の完全性について　175

第五問　善一般について　199
第六問　神の善性について　243
第七問　神の無限性について　263
第八問　神の諸事物における存在について　289
第九問　神の不変性について　323
第一〇問　神の永遠について　343
第一一問　神の一性について　383

本書を読み終えたら　407

第一部

第一二問　神はいかなる仕方でわれわれによって知られるか
第一三問　神の名について（略）
第一四問　神の知について
第一五問　イデアについて
第一六問　真理について
第一七問　偽について（略）
第一八問　神の生命について（略）
第一九問　神の意志について
第二〇問　神の愛について（略）
第二一問　神の正義と憐れみについて（略）
第二二問　神の摂理について（略）
第二三問　予定について（略）
第二四問　生命の書（略）
第二五問　神の能力について
第二六問　神の至福について

本書を読み終えたら
トマス・アクィナス年譜
索　引

『神学大全』西洋哲学への最良の入門書

川添信介

一　『神学大全』を読む意味

『神学大全』は近づきにくい

トマス・アクィナス（Thomas Aquinas 一二二四／二五年 - 一二七四年）は西洋中世哲学の歴史のなかでは、アウグスティヌスとならんで、その名前はよく知られている哲学者であろう。スコラ哲学の大成者として、あるいは、カトリック教会の権威ある教師として、トマスの名は、何らかのぼんやりとしたイメージとともに周知のものとなっている。だが、その主著『神学大全』は、西洋哲学に関心をもつ人々であっても、実際に手にとって読まれることは今でも多くはないと思われる。この主著の日本語訳は五〇年以上の歳月をかけて二〇一二年に完結したが、これは四五巻に及ぶ大著である。この全巻を読み通すことは誰にとっても簡単なことではない。

しかし、読者にとっての障害はこの量の問題だけではない。スコラ哲学がかつて「煩瑣哲学」と蔑称された時代があるように、トマスの『神学大全』も専門学術用語、つまり仲間内だけでしか通用しないジャーゴンに溢れかえっており、この点が読者を遠ざけている面は強い。トマスが想定していた同時代の読者にとっては当たり前に理解されていた言葉や原理的テーゼは、現代日本のわたしたちにとって理解の容易でないものになっている。だから、わたしたちが『神学大全』を読むには、どうしても「手ほどき」が必要となる。

本書の訳者山田晶は底本の解説「聖トマス・アクィナスと『神学大全』」のなかで、この翻訳の経緯を説明しながら、「できるだけていねいな註を、学生諸君に話すような調子でつけてみようと決心した」と述べている。山田は底本刊行の三年後に『トマス・アクィナスの《エッセ》研究』によって日本のトマス研究に一時代を画すことになるのだが、本書はその研究の裏側にあった、山田の教室での姿を彷彿とさせるものとなっている。本書を繙けば分かるように、ここには本文とほとんど同じ量の訳者による「註」が付されている。その註の多くはトマスの本文に含まれる言葉・概念をできるだけやさしく解きほぐし、また、当該箇所が他の箇所とどのように連関し『神学大全』全体のなかでいかなる位置を占めるのかをも示すような「解説としての註解」となっている。読者は本書を「手ほどき」としながら、『神学大全』という森のなかに分け入ることができるであろう。

とはいえ、『神学大全』が読者を導いて連れて行ってくれる森は、どのような森なのだろうか。この書物はあくまで「キリスト教神学」の書物であって、これによって導かれる先にあるのは「曖昧模糊とした霧の立ち込めた暗い森」なのかもしれない。もしそうだとしたら、複雑にからみ合っている概念を「註解」によっていくら解きほぐしてもらったとしても、その森におもむくことに意味を見つけることは難しいと考えられるかもしれない。しかしそうではない。『神学大全』は現代のわれわれにとっても読む価値があるということを、最初に述べておきたい。

「澄みわたった湖」

訳者の山田晶は本書の底本「解説」の冒頭で、師であった山内得立の次のような言葉を紹介している。「トマスの思想は、広く深く、底知れず澄みわたった湖のようなものであって、西洋の古来の思想はことごとくいったんこの湖のなかに流れこみ、そこで濾過され、清められて、またいくつかの細流となって、近世のほうに流れてくる」。ここには二つのことが述べられている。一つは、トマスの『神学大全』という湖が「澄みわたった」透明なものであること、もう一つは、トマスと西洋哲学の歴史との関係である。

この書の「透明さ」とはどういうことか。『神学大全』はキリスト教の「神学者」トマスの著作であるから、キリスト教の信仰を共有しない者には不透明で曖昧模糊としたものだと見えるかもしれない。たしかにトマス自身が人間の自然本性的理性による哲学という営みと、信仰箇条を真理として受け容れることから出発する神学とは明確に分けている。しかし、このことは『神学大全』という書物を全体として了解不能なものとするわけではない。この書物は神を含めた実在的世界の全体について、首尾一貫した理解を与え、またその実在の一部である人間の生き方を示す理論的哲学として読むことが可能なのである。

そして、前述のとおり本書は専門用語に満ちてはいるが、あくまで「議論」の論理的な積み重ねから成っている。『神学大全』のトマスは詩的な言葉や直感的な比喩によって、自分の世界理解をわたしたちに示すことはない。考えぬかれた概念の組み合わせとして執拗に議論が展開されるのであり、ここにトマスがとりわけ「体系的」な哲学者とされる理由がある。もちろん、信仰箇条がそうであるように、すべてが言語化できるわけではないから、トマスの「体系」には議論によって根拠づけられていないような主張がまったく存在しないというわけではない。しかし、この言語化されない無前提のテーゼを含めて考えるとき、『神学大全』は、基本的にその体系の全体は了解可能なものなのである。この意味で『神学大全』は「透明」なものである。「了解可能」ということは、その了解された内容を真理として受け容れることではないが、哲学として卓越していることの証拠ではある。わたしたちは自分が了解したトマスの体系を横に置きながら、自分自身でそれに修正や改変を加えることができ、「自分で哲学する」ことの出発点となり得る書物なのである。

西洋哲学史を見わたす基準枠

第二に、山内はトマスを西洋の思想がそこに流れこみ、そこから出てゆく湖にたとえている。この「湖」に流れこむ「西洋の古来の思想」には、もちろん旧約と新約の聖書全体が示すイスラエルの宗教の伝統が含まれている。しかし、それだけではなくプラトン、アリストテレス、プロティノスとその後の新プラトン主義者、キケロといった古代の哲学者たち、また、これらの哲学者たちにも通暁していたキリスト教のギリシア教父やラテン教父、さらに、いわゆる「十二世紀ルネサンス」以降の初期スコラ学者たちの哲学も流れこんでいる。さらには「西洋の」という限定を除くならば、イスラームやユダヤ圏の学者たちの哲学も『神学大全』という湖に流れこんでいる。

逆に、トマスから流れ出ていく「細流」にはどのようなものがあるだろうか。トマス以後のスコラ学者たちで、トマスの哲学から影響を受けなかった者は一人もいなかったと言ってよい。ガンのヘンリクス、ドゥンス・スコトゥス、オッカムのウィリアムといった異なる立場をとったスコラ学者であっても、直接間接にトマスの立場への批判を行うことを通じて自分の立場を確立していったのである。ダンテがトマスの大きな影響下に『神曲』を書いたことはよく知られていることであるし、トマスと同じドミニコ会の神学者エックハルトの神秘主義的と称されることもある思想も、トマスに対する一つの解釈であると見なすことができる。

さらには、ルターたちによる宗教改革や人文主義的ルネサンス期の思想潮流は、トマス以降のスコラ哲学を排除してしまったわけではなく、その学的伝統は連綿として継続していた。『方法序説』のなかでデカルトは自分が学んだラ・フレーシュ学院の学問を(数学を除いて)ことごとく曖昧なものとして排斥し、そこから自分の哲学を新しく打ち立てる決心をしたと述べている。しかし、そのラ・フレーシュ学院で教えられていた学問の中心はやはり中世スコラ哲学の伝統を受け継ぐものであり、スコラ哲学はさしあたり「反面教師」であったとしても、デカルトの哲学の内実はスコラ哲学の理解なしにはありえないものである。また、スコラ哲学がライプニッツの共感をよび、クリスティアン・ヴォルフの存在論に影響を与え、カントの批判哲学にまで影響を与えていたことも見逃すことはできない。このないわゆる「大陸合理論」の系譜に属する哲学者だけでなく、「イギリス経験論」の側でも、トマスを中核とするスコラの自然法論がスペイン・ポルトガルの近世スコラ学者やグロティウスを経て、ホッブスやロックの社会契約説の成立に何らかの意味でその基盤を与えたことも知られている。

このように、トマス以降の西洋哲学史は、トマスの体系を基準枠とすることによって、より容易に了解できるようになる。しかしそれだけではなく、トマス以前の哲学をトマスの体系を基準枠として眺めてみることもできるようになる。これは逆転した見方ではあるが、歴史的影響関係とは別に、それぞれの哲学の「理論」それ自体の理解と評価は可能であろう。もちろんトマスを基準枠にすることには危険も伴う。プラトンの豊かさやアウグスティヌスの深い洞察、デカルトの近代性やカントの革新を見逃してしまうかもしれないから、この点には十分な注意が必要である。しかしそれでも、トマスの体系の「透明さ」に一度でも触れておくと、西洋の他の個々の哲学の了解は容易になり、またその歴史の眺望はより見晴らしのよいものとなる。西洋哲学史を大哲学者の単独峰の集まりとしてだけではなく、古代から中世を経て近代、さらには現代に至るまで、何らかの連関を有した全体として理解しようとするなら、トマスの理解は重要である。西洋の哲学、あるいは西洋の文明全体を切り捨てて、西洋に学ぶべきものはもう何も残っていないなどと性急に断じるのでない限り、トマス・アクィナスに触れ一定の理解を有していることは、現在でも十分に意味があると言わなければならない。

「哲学とは何か」を問う書物

第三に『神学大全』を哲学として読む意義として述べておきたいのは、逆説的に聞こえるかもしれないが、この哲学がキリスト教という宗教と切り離せない哲学であるという点に関わる。これまで述べてきたように、この書物はキリスト教の立場・信仰内容を真理だと承認しなければ読むに値しないわけではなく、さまざまな哲学のうちの一つとして接することができる。とはいえ、トマスが『神学大全』をキリスト教の神学者として書いたことは疑いようがなく、キリスト教の内実を何も知らなければ十分に理解できない書物であることも確かである。しかしまた、キリスト教の教えというものが、哲学という人間の営みに収まりきれない、哲学とは別の何かであることをトマスは十分に自覚していた。「哲学とは知恵を愛することであり、キリストは知恵であるから、キリストを信じて愛することが哲学である」といった、キリスト教信仰と哲学という営みの安易な同一視はトマスのものではない。と同時に、この両者は『神学大全』ではまったく別のものとして分断されているわけではなく、哲学はキリスト教信仰の理解としての神学のために「活用されている」。この事態をトマス自身が「哲学は神学の侍女」という有名な表現によって示している。宗教と哲学、信仰と理性、信じることと知ること。このような対概念が『神学大全』のなかでは区別されながら関係づけられている。そしてこのようなありかたをしている『神学大全』そのものが、「それではそもそも、哲学とはいかなる営みなのか」という問いを現在のわたしたちに鋭く突きつけるのである。どういうことだろうか。

もともと哲学は他の諸学問とはちがって、「哲学とはいったいどのような営みなのか」という問いを本質的に含んでいる。これはソクラテスから現代のいわゆるポストモダンの哲学にいたるまで変わらない。哲学は人間の他の知的な営みに囲まれながら、その別の営みとどのように異なり、どのように関連しているのかを反省的に、メタレベルで考えてきた。その意味で『神学大全』という書物は、哲学とキリスト教神学という区別された二つの知的な営みの絡み合った全体として、この書のなかにある「哲学」とは何かという問い、そしてこの「哲学」がそこで活用されるキリスト教神学という営み全体とは何かという問い、そして最後に「あなた自身は哲学とはいかなる営みであると考えるのか」という問いを投げかけている。この意味において現代日本のわれわれが『神学大全』を読むことには、しかもこれがキリスト教神学の書物であることを自覚しながら読むことに、重要な意味を見いだすことができるのである。

二　『神学大全』にいたるトマスの道程

『神学大全』の著者トマス・アクィナスの人生は、例えば『告白』のアウグスティヌスの人生のようにいわば波瀾万丈の起伏に満ちたものではなく、基本的には静謐な学者の人生であったと言ってよいであろう。その当時では新興の托鉢修道会ドミニコ会への入会の決断、それに最晩年にそれまで書き続けていた『神学大全』を突然に中断し筆を擱いてしまったこと、この二つが劇的な出来事として記すに値するぐらいである。ここではトマスの生涯については本書の年譜と他の書物の案内に譲り、主要な著作をおおよそ年代順に紹介することで、『神学大全』へと至るトマスの道程を描く試みとしたい。

最初のパリ神学部教授時代まで

幼少期の勉学を生家近くのモンテ・カッシーノのベネディクト会修道院で終えたトマスは、一二三九年から一二四四年までナポリ大学の学芸学部で学んだ。フレデリック二世によって創設されて間もないこの大学で、トマスは当然アリストテレスの諸著作を学んだ。西洋の北方でこの時期アリストテレスが学ばれていなかったわけではないが、南イタリアは大文字で「哲学者」と尊称されるアリストテレスの著作のアラビア語・ギリシア語からラテン語への翻訳の中心地であった。だから、トマスがその勉学の最初から、当時の最先端のいわば「科学」であるアリストテレスの自然学や形而上学に親しんでいたことは注意しておいてよい。また、その同じナポリでトマスはドミニコ会の修道服を身につけることになる。フランシスコ会と同様、ドミニコ会（正式名称は「説教者修道会」）は新興の托鉢修道会であり、この点でもトマスは新しい時代の息吹に応じてその生涯をはじめたのである。ただし、この最初期の勉学の師やその内容については、正確なことはほとんど何も知られていない。

そしてドミニコ会の命令によって、トマスは一二四五年からパリ大学での神学研究をはじめることになる。パリは十二世紀から神学研究の中心地であったが、その地の大学が教皇勅書を得て公認されたのは、トマスがやってくるほんの一四年前の一二三一年のことであった。そこでは同じくドミニコ会のアルベルトゥス・マグヌスのもとで学んだ。アルベルトゥスは該博な知識を有する当時有数の大学者の一人であり、その弟子としてトマスは研鑽を重ねる。さらには、この師がドミニコ会の大学をケルンに設立するのにトマスも同行し、一二四八年から一二五二年までその地に滞在した。トマスがこの師から哲学と神学の両方にわたって深い影響を受け、トマスが後年になって自身のアリストテレス『ニコマコス倫理学』に註解をなしたときにも、師がケルン時代におこなった註解を参考にしたことが知られている。このケルン時代に最初の著作『イザヤ書註解』が書かれたと見なされているが、ここまではトマスの修学時代というべきであろう。

『命題集註解』と『有と本質について』

一二五二年にトマスはパリ大学に戻り、神学部の命題集講師となった。その職務は十二世紀の神学者ペトルス・ロンバルドゥスの『命題集』を「講義する」ことであった。この書物は一二二〇年代にヘールズのアレクサンデルの整理を経ることで、神学部の標準的な教科書となっていたものであり、スコラ学のほぼすべての神学者たちがこれに対する『註解』を残している。トマスも一二五三年から一二五四年にかけて「講義」を行い、その内容が『命題集註解』として残された。この時代の「講義」とは権威ある書物の意味を「解説」することであったが、トマスの『命題集註解』は単なる解説にとどまらず、キリスト教神学の全体を覆う内容に関するさまざまな問題点を、後に述べる「討論集」の形式によって、詳細に論じたものとなっている。よって、トマスはこの書によって自分の思想を初めて体系的に表現したということになる。

トマスの最初期の著作のうちで、もう一つ重要なのが『有と本質について』である。この論文はきわめて短いものであるが、「有」、「本質」、「本性」、「何性」といった存在論に関わる基本的な概念、またそれらと「類」、「種」といった論理学上の概念との関係を論じたものである。そしてもちろん、この著作のなかでは、以上の諸概念との連関のもとに「存在」esseというトマス哲学の根幹であり最大の特徴であるとされる概念（これを概念と呼べるとすればであるが）についても、その基本的な特質が述べられている。これら存在論の基本的概念は、『神学大全』では本書所収の第三問で論じられるものであり、最初期と晩年とを比較する時、トマスの立場の「変化の無さ」が際立っている。トマスは根本において「初めからトマスであった」と言えるであろう。

『真理についての討論集』

中世の大学の授業形態には、権威の認められた書物を解説する「講義」とは別に、「討論」があった。これには正教授がみずから論点を整理し毎週行われる「正規討論」と、復活祭やクリスマスなどの特別な場合に参加者が自由に論点を提示し教授がその場で応答するという「自由討論」(随時討論、任意討論とも訳される)の二種があり、トマスは生涯にわたってこの両方の種類の討論を行い、その記録が残されている。

トマスがパリ大学で一二五六年から一二五九年にかけて行った正規討論の記録が『真理についての討論集』(『真理論』)である。何らかの意味で真理や認識に関わる二九の問題からなり、それぞれが多数の項を含む大規模な著作である。正規討論としては『真理論』のほかに、一二六五年から翌年にかけてローマで行った討論の記録である『能力についての討論集』(『能力論』)や『魂についての討論集』、一二七一年の二回目のパリ大学教授時代の記録『徳についての討論集』などがある。「自由討論」としては、初期から後期にわたって全部で一二の討論集が伝わっている。

『神学大全』のそれぞれの項は、後に紹介するように、この討論の形式を持つ著作である(実は、『命題集註解』も、量的にいえばその大部分は討論の形式による『命題集』の解釈である)。しかし、同じ論点を扱う一つの項それぞれの規模で言えば、『討論集』の方が『神学大全』よりもずっと長く詳細な議論を含んでいる。イデアの存在の必要性を論じた討論集『真理論』第三問一項「イデアを措定すべきであるか」と『神学大全』第一部第一五問一項「イデアは存在するか」を例にしてみよう。異論の数は『真理論』では一一、『神学大全』では三、「しかし反対に」(反対異論)は『真理論』で一〇なのに『神学大全』ではただ一つである。しかも反対異論については、『真理論』ではそれに対する解答が丁寧になされているのに対して、『神学大全』では反対異論への解答は省略されている。さらに、主文の長さで言えば『真理論』七〇〇語に対して『神学大全』は二〇一語となっている。このように『神学大全』のきわめて簡潔なテキストは、討論の場でのより精密で詳細な議論によって裏打ちされている。『神学大全』は、その「序言」で述べられているように、「不必要な問題、項目、論証がいたずらに増加」することを避けたスンマ、つまりサマリーなのである。

『ボエティウス「三位一体論」註解』と『対異教徒大全』

第一回のパリ大学神学部教授時代に『命題集註解』や『真理論』をなしたトマスは、一二五七年ごろに『ボエティウス「三位一体論」註解』を書きはじめ、未完のままに残した。このボエティウスの小論は十二世紀の神学者たちが多くの註解を残しており、神学にとって重要な著作であるが、トマスの『註解』はボエティウスの書物の主題でありキリスト教の教義の中心である三位一体についての本格的な議論に入る前に中断されている。そのために、この『註解』の実質的な内容は、三位一体のような人間の理性による理解を超えた玄義(ミステリウム)について、人問は何をどのような仕方で認識しうるのかという「神学の方法論の吟味」となっている。そしてこの吟味はアリストテレスの規定する「学問的知識・学知」の条件を考慮しながらなされている。つまり、神学の方法論への反省的吟味は、神学と哲学という知的営みとの区別と関係についての考察だったのである。

このようにトマスは、ロンバルドゥス『命題集』を解説し討論を主宰するというパリ大学神学者としての職務をおこないながら、「自分の神学」を模索していたように思われる。『ボエティウス「三位一体論」註解』を中断してすぐに書き始められ、一二六四〜五年ごろに完成されたと思われるのが『対異教徒大全』であり、これが『命題集註解』に続くトマスの第二の体系的著作である。この四巻から成る著作は独特の構成を持っている。最初の三巻では神に関して人間の自然本性的理性によって到達できることがらが扱われ、最後の第四巻では三位一体や受肉といった人間の自然本性的理性によっては把握できないことがらが論じられる。つまり、『対異教徒大全』は人間の認識能力によって理解可能な内容であるか否かを基準として、著作が構成されているのである。この構成そのものが『ボエティウス「三位一体論」註解』での神学方法論の反省的吟味という作業との強い連関を想定させるものである。

『対異教徒大全』という著作が何を目的として執筆されたものであるのかについては、確定した解釈が存在しない。しかし、「自分の新たな神学」、あるいは少なくとも「新たな提示方法」を模索したトマスの「パーソナル」な作業の成果が『対異教徒大全』だという見方が一つの可能性として考えられるであろう。

『神学大全』第一部

ところが、『対異教徒大全』を完成させたトマスは、ほとんど間をおかずに『神学大全』第一部におそらくローマで着手している。これが何故なのかは、「序言」の内容からローマの前のオルヴィエトでの教授活動に不満を覚えていたこととの関連が指摘されることがあるが、よく分かっていない。また、この第一部がローマでの実際の教授活動の成果なのか、著作として執筆されたのかについても確定した見方はない。さらにはこの著作のタイトルが現在のもの、つまり「神学のスンマ」であったかどうかも確認されていることではない(実際、この浩瀚な書物において「神学」や「神学者」という用語はおどろくほどわずかな回数しか使用されていない)。

現在のわたしたちには、トマスといえば『神学大全』、『神学大全』といえばトマスというように、この二つの名前を切り離して考えることができないほどである。だが、「トマスはなぜ『神学大全』を書こうとしたのか」ということには、それほど簡単に答えることはできないように思われる。神学教育者としてのトマスにとって『神学大全』を書くことの意味は、一応は了解できる。とはいえ、すでに『対異教徒大全』というかたちで独自の神学を提示していたのだとすると、異なった原則によって構成されている『神学大全』をトマスはなぜ書かねばならなかったのかは一つの問題なのである。

二度目のパリとアリストテレスの注釈書

『神学大全』第一部を仕上げたトマスは、当時としては例外的であるが、二度目のパリ大学神学部の正教授となる。この時期には『ヨハネ福音書註解』、『悪についての討論集』、それに『自由討論集』などのさまざまな領域の成果が認められるのであるが、そもそもトマスがパリに再度呼び戻されたのは、その地の学芸学部におけるいわゆる「ラテン・アヴェロエス主義」の台頭のためだと考えられている。「ラテン・アヴェロエス主義」とは、「急進的アリストテレス主義」や「異端的アリストテレス主義」とも呼ばれるように、アリストテレスの諸著作の教授が主たる役割であった学芸学部で、キリスト教の正統的な教義に十分な顧慮を払うことなく、異教徒であるこの「哲学者」の教説を信奉しているとされた教師たちの立場のことである。その中心人物と見なされていたのは、ブラバンティアのシゲルスやダキアのボエティウスである。彼らは「世界は永遠である」とか「すべての人間にとって知性は一つである」（知性単一説）といったキリスト教の基本的世界観に反する主張こそがアリストテレスの教説であるとし、しかもそれが真理であると考えていると見なされていたのである。これらの「危険思想」に対して教会は一二七〇年にパリ司教タンピエの発した「非難宣言」で応じたが、さらに一二七七年には（トマスの没後になるが）より大規模な「禁令」が出されることになる。

このような「紛争中のパリ」に戻ったトマスは、すでに『神学大全』第一部を書き上げていたのであるが、ラテン・アヴェロエス主義に関わる問題についての個別の論文を書いて反駁を試みている。『知性の単一性について――アヴェロエス主義者たちに対する論駁』や『世界の永遠性について』といった著作である。これらには当時の論争的な雰囲気と、トマスのある種のいらだちが明瞭に読み取れる。

トマスがこの状況のなかで苛立っていたのは何故なのか。パリ大学学芸学部の教師であったシゲルスたちはアリストテレスを解説することが職務であったのに、トマスの目には彼らのアリストテレス解釈が不十分であると思われたからであろう。ラテン・アヴェロエス主義をめぐる問題とはアリストテレス解釈の問題だったのである。先に述べたとおり、トマスはナポリ大学のときからアリストテレスに親しんでいたし、師のアルベルトゥス・マグヌスは当時一流のアリストテレス学者であった。だから、初期の『命題集註解』から『神学大全』第一部まで、トマスの著作はアリストテレスの引用に満ちている。そのトマスが、この第二回パリ時代を中心に、アリストテレスの主要著作のすべてについて、逐語的できわめて詳細な『註解』をあらたに書き上げている。

考えてみれば、「神学者」トマスにとって「哲学者」アリストテレスを註解することは自身の本来の「職務」ではない。それでも、これほどの努力を傾注したことは、ラテン・アヴェロエス主義への対応の必要性という時代状況のためであったという面があるにしても、尋常なことではなかった。トマスの哲学を「アリストテレス＝トマス哲学」とひとくくりにすることは間違っており、トマスのなかのプラトン主義的側面をもっと重要視すべきであるということが強調された時期がある。現在このことは当然のこととされ、単純に「アリストテレスにキリスト教が接ぎ木されたのがトマスだ」などという研究者はいない。とはいえ、トマスがアリストテレスの哲学とこれほど本格的に向き合ったという事実を軽視し、「アリストテレス哲学はトマス神学の表面的な意匠にすぎない」という見方をするとすれば、これもまたトマス哲学の重要な面を見逃すことになるはずである。

『神学大全』第二部・第三部

このアリストテレスとの関係は『神学大全』第二部の「倫理的」と称される部分を考える場合にも重要である。トマスの体系的著作である『命題集註解』、『対異教徒大全』、それに『神学大全』の三つを並べてみた場合、『神学大全』の最大の特徴と言えるのはこの第二部の充実ぶりである。人間の行為の構造分析や情念論もそうであるが、とりわけ「徳」に関係した第二部の記述には、『神学大全』にしか認められない内容も多い。そして、この部分は第二回パリ時代に書かれており、トマスがアリストテレスの『ニコマコス倫理学』や『政治学』に精密な註解をほどこしていた時期と重なるのである。第二部の内実がアリストテレス倫理学のただの焼き直しなどではないことは言うまでもないが、それでもこの哲学者の議論の十分な理解とそれに対する反省的考察とがなければ、わたしたちが現在手にしている『神学大全』第二部は成立していなかっただろうと思われる。

そして、キリスト論である『神学大全』第三部は一二七二年ごろにパリで書き始められ、その後ナポリに移ってからも書き継がれる。最大の奇跡であるキリストの受肉からはじまる第三部では、第一部や第二部と比較するならば、当然のことながらアリストテレスへの言及は少なくなり、アウグスティヌスをはじめとする教父たちのさまざまな見解が掲げられ解釈がなされている。人間の自然本性的理性の限界を超えたミステリウムを信仰によって受け容れた上で、そしてもちろん自然本性的理性では理解できないことがらであることを承知しながら、そのミステリウムを可能な限りにおいて「理にかなったもの」として明らかにしようとする努力をトマスは続ける。しかし、キリストの秘跡である悔悛を論じている途中の第九〇問で、トマスは筆を擱いてしまったのである。『神学大全』は未完の著作として残されることになったのだが、第三部全体の構想はすでにトマスが記していたために、書かれなかった残りの部分は弟子が『命題集註解』の並行的な箇所を用いて補い、今日『補遺』として付加されるのが慣例となっている。

三　『神学大全』を読むためのヒント

最初に述べたように、『神学大全』は今ではなじみのない形式で書かれ、また、当時の読者にとっては既知のこととされていた専門用語に満ちた書物である。そこで、トマスの本文だけではなく本書の註も丁寧に読む必要があるという注意は当然のこととして、以下では本書によって『神学大全』を読むときに役に立ついくらかのヒントを述べることにする。

「討論」の形式のこと

本書に略さないで含まれている「問」は一八であり、それぞれの「問」は、二から一六とばらつきはあるが、複数の「項」から構成されている。この一つ一つの「項」が一つのトピックを論じるのであるが、そのトピックは「AはBであるか」や「Aはあるか」という問いの形式によって提示される。これが、先に述べたように、中世の大学の授業形態である「討論」の形式である。どの「項」も次のような形式をとっている（異論と異論答の数は項によって異なる）。

第X項　AはBであるか。

Aは Bではないと思われる。そのわけは、

一、(異論一)・・・・・・・・・・・・・・・・・・・・

二、(異論二)・・・・・・・・・・・・・・・・・・・・

三、(異論三)・・・・・・・・・・・・・・・・・・・・

しかし反対に、(反対異論)・・・・・

答えていわなければならない。(主文)

・・・・・・・・・・・・・・・・・・・・・・・・・・・・・・・・・

・・・・・・・・・・・・・・・・・・・・・・・・・・・・・・・・・

それゆえ、

一　についてはいわなければならない。(異論答一)・・・・

二　についてはいわなければならない。(異論答二)・・・・

三　についてはいわなければならない。(異論答三)・・・・

この形式は見慣れないものではあろうが、討論すなわち対話的「吟味の精神」をそのまま形にしたものであると言える。『神学大全』において、この吟味の精神は一見すると吟味する必要のないと思われるようなトピックにまで向けられる。例えば、本書の第三問一項は「神は物体であ

るか」と題されたものであるが、キリスト教中世の世界ではこのような問いは問うに値しないものであると思われるのにもかかわらず、トマスはあえて問いを立てている。大事なのは「神は物体ではない」という結論そのものではなく、その結論にいたる過程で「物体とはそもそも何であるのか」についての吟味をすることである。本書を読む場合に、各「項」のタイトルだけを見て内容をつまらないものと判断しないようにしなければならない。その場合にも参考になるのは、各「問」と各「項」の最初に訳者が付している註である。その註ではその箇所で論じられ吟味されている課題の内実が、簡潔に要約されているので参考になる。

もう一つ、読者は各「項」の「異論」と「異論答」の部分を読まず、「主文」だけでトマスの考えが分かったと思わないように注意しなければならない。「異論」はトマスの結論に反する立場の表明であるが、トマスはこの立場にも一定の合理性を認めている場合が大半である。つまり、「異論」もそれなりの根拠を持っているのであって、その根拠を吟味することを通じて、「主文」で直接的に表現されるトマス自身の結論的立場に対するさまざまな観点からの補完がなされる。それゆえ、「異論答」の部分では「異論」の立場が完全に否定されるというよりは、「この意味では異論は正しいが、別の意味では正しくない」といった批判がなされるのである。また「項」の論点の性質によっては、「主文」はきわめて短く、「異論答」を書くことの方に主眼が置かれている場合もある。結局のところ、読者は「項」の全体を読むほかないという、当然のことが求められるのである。

三段論法のこと

『神学大全』全体の序論的な意味を持つ第一部第一問で、この書物は「聖なる教え」の書物であるとされ、その第二項ではこの教えが「学である」と結論されている。この「学」とは曖昧な意味ではなく、「学問的知識」を意味する。「学問的」とは結論を結論だけ取り出して主張するのではなく、その主張を支持する理由によって結論を根拠づけることである。結論のための「理由」には、権威ある著者の言葉（聖書やアリストテレスなど）の場合もあるし、自然本性的理性によって認めざるを得ない知識の場合もある。しかし、個々の主張内容ではなく「形式」の面を見るならば、『神学大全』の「異論」、「主文」、「異論答」はいわゆる「三段論法」のかたちを持っている議論の積み重ねである。

典型的な例を、この形式が明瞭な「異論」のなかから挙げてみる。第一九問一項「神には意志があるか」の第二異論は次のように分析できる。

（大前提）「意志は一種の欲求である」
しかるに、
（小前提）「欲求は、まだ所有されていないものにかかわるのであるから、不完全性を示す」

ゆえに、
（結論）「意志は不完全性を示す」
しかるに、
（二番目の小前提）「（神は完全であり）、神に不完全性は適合しない」
それゆえ、
（最終の結論）「神に意志はない」

このように「推論をたどる」ということが、『神学大全』を「読む」ということなのである。

その場合にいくつか注意すべきことがある。一つは、この例の「二番目の小前提」の「神は完全であり」の部分は原文には明示的に記されていないということである。形式的には「神が完全である」という命題がなければ、推論としては不完全であり「最終の結論」は導き出すことができない。しかしここでトマスは「神が完全である」ということは、既知のこととして、明示的に述べる必要がないと判断しているのである。だから、読者はこの命題が推論の一部分として必要であることを自分で確認し補わなければならないのである。

注意すべき二番目のことは、言うまでもないことのようだが、「異論答」は「異論」の推論に対応したものとなっているということである。「異論」は形式的には妥当で間違っていない推論だから、この「最終の結論」を否定したいトマスは、その結論に至る前提となっている主張のいずれかを偽として退けなければならないことになる。つまり、右の例でいえば「大前提」、「小前提」、「二番目の小前提」のいずれかの主張を否定しなければならないはずであるから、読者は「異論答」のテキストをその角度から読み、どの主張がトマスによって否定されているのかを見なければならない。そうすると、この「項」の実際の「異論答二」では「小前提」が否定されていることが分かるのである。

第三に、読者は「根拠が付されていない主張」に注意しなければならない。この例でいえば、「小前提」の「欲求は不完全性を示す」という主張には、「まだ所有されていないものにかかわるのであるから」という理由が付されているし、「二番目の小前提」の「神に不完全性は適合しない」という主張には「神は完全であるから」という根拠（明示的には書かれてはいなかったのだが）がある。それに対して「大前提」の主張には何も理由が付されていない。このような場合、その主張は根拠が必要な主張なのだが、その根拠は既知の当然のこととしてトマスが省略したのか、それとも、その主張は根拠の必要のない「自明な命題」と見なされているのか、あるいは言葉の定義の問題なのか、といったことを考えてみる必要がある。

『神学大全』の体系性ということ

このように『神学大全』のテキストは根拠づけの推論の連鎖であるから、本文のなかに「先に述べたように」といった表現が頻出することになっている。場合によってはどの箇所を参照すべきかをトマス自身が指示してくれているし、そうでない場合であっても、長い研究の歴史によって参照すべき箇所がどこであるのかは明らかとなっている。本書の本文でも参照すべき箇所が記してあるので、その箇所を確認してほしい。

ただ、『神学大全』はユークリッドの『原論』あるいはスピノザの『エティカ』のような公理的な体系なのではない。定義、公理、公準から定理を証明するようなものではない。だから、参照箇所は「先に述べたように」だけではなく、「後に述べることになるように」といった表現で指示されることもあるのである。『神学大全』は線的な議論で結論にいたるのではなくて、議論・根拠づけのネットワークをなしている。だから、読者は一つの「問」、そのなかの一つの「項」を読む場合でも、『神学大全』の全体構成を念頭においておかなければならない。その全体構成を「別表」として掲げてあるのでつねに参照していただきたい。また、本文に付された註において、当該箇所が『神学大全』の別のどの箇所と連関しているのかが示されていることも多いので参考になる。読んでいる箇所が思わぬ別の論点と結びついていることに気づくことは、『神学大全』を読む楽しみの一つである。

神を論じながら世界を論じる

最後に、『神学大全』のうち本書に訳されている部分の内容について、読者に一つだけ注意を喚起しておきたい。「別表」を見るならば本書が含む内容は、『神学大全』全体の序論にあたる第一問を除けば、「神の一なる本質」を論じた部分であることが分かる。第二問で神の存在が証明され、第三問から第一一問で「神は何であるか」あるいは「何でないか」を論じて、神の有するさまざまな属性が順次示される。その後、われわれが神をどのように知るのかということの吟味と神の名の考察をはさんで、第一四問から第二六問まで神のはたらきと至福とが論じられている。だから、本書に含まれる内容は一貫して神が主題であるように見えるし、そう言って間違いない。しかし実は、神の被造物つまりこの世界が論じられているとも言えるということを忘れてはならない。なぜなら、次のように考えられるからである。本書で論じられている内容に現れてくる「神」は、トマスの頭のなかでは聖書の神、アブラハム・イサク・ヤコブの神を「背景にしている」ことは間違いないにしても、議論の対象である神は第二問の「存在証明によって知られた」神である。そして、トマスの「神の存在論証」はこの世界を出発点とするものであり、「この世界の最終的な根拠であるX」の存在が証明され、そのXが「神」という名前で呼ばれている。だから、「神」と呼ばれているXについてのさまざまな述語、例えば「単純である」、「完全である」などは、実はXの存在証明の出発点であったこの世界を裏側から眺めたもの、つまり「この世界は単純ではない」、「この世界は完全ではない」という認識を逆転させたものである。だから、Xである「神」についてなにごとかを知るということとこの世界を分析して知るということとは、二つの別のことではなく一つのことなのである。

以上のように考えると、本書でトマスは「神を論じながら、世界を論じている」ことになる。だから注意深い読者は、例えば神の善性が論じられているときには実は世界がどのような意味で善いものなのかが論じられ、神が知性認識するものであることが論じられているときには実は被造物である人間の知性認識とはどのようなものであるのかが吟味されていることを見いだすはずなのである。

『神学大全』は決して読むのが容易な書物ではない。さまざまな準備と綿密さが必要とされる。しかし、決してキリスト教の信仰がなければ了解できないものではなく、西洋哲学において人々が世界をどのように理解してきたのかを透明に示し、また、われわれがどのように世界を理解すべきかについても指針を与えてくれる古典なのである。

（京都大学大学院教授）

本書についての凡例

・本書は一九七五年に刊行された中央公論社『世界の名著　続5　トマス・アクィナス　神学大全』（責任編集　山田晶）を底本とし、ほぼそのまま二巻本として再編集したものである。

・ただし、底本と本書には以下のような相違がある。

－　底本では略された第一六問「真理について」を川添訳としてあらたに付した。これはこの箇所の重要性のためだけではなく、訳者が底本刊行後の一九七九年ごろからトマス・アクィナスの「真理論」を京都大学の講義で取り上げていたことを想い、再刊する機会があれば必ずやこの箇所を追加したであろうと考えたためである。この部分の註も川添による。

－　人物名や著作名について、その一部を現在より一般的に通用していると思われるものに改めた。

－　本文と註のほとんどは底本のままであるが、ごく一部に川添による補完や訂正を行い、その部分は〈〉で記した。

－　底本冒頭にある山田による解説「聖トマス・アクィナスと『神学大全』」は、中公クラシックスの編集方針のために掲載せず、あらたに川添による解説を付した。

－　「年譜」と「索引」にも一部変更を加えた。また、巻末に「本書を読み終えたら」として参考書籍をあげた。

－　その他、本文や註に散見される誤植や誤りを訂正したが、とくに重要なものを除いて註記しなかった。

・この訳の底本と聖書や古典の引用については、訳者の「後記」に次の記述がある。

「本訳底本としては、マリエッチ版 S.Thomae Aquinatis Angelici Summa Theologiae, cura et studio Sac. Petri Caramello, cum Textu ex Recensione Leonina, Prima Pars Marietti（1952）を用いた。これは、レオ一三世の命により編集を開始されたトマス全集（一八八二年以降、続巻中。『レオニナ版』と称せられる）所収のテキストにもとづくものである。《スンマ》は三部に分かたれ、そのうちの第二部は、更に二つの部分に分かたれている。これを引用する場合には第二・一部、第二・二部と略記した。

教父の引用には、ミーニュ版のギリシアおよびラテン教父集 Patrologia graeca, Patrologia latina の巻と欄の数を註記した。たとえば、ギリシア教父集三巻六四八、ラテン教父集七六巻一一九七。教父のなかで、ディオニシウスとボエティウスの著作の若干のものには、トマスの註解が存在する。これについては、マリエッチ版によって、註解の講と節の数を註記した。たとえば、ディオニシウス『神名論』第九章について、トマス『註解』第二講八五六。

アリストテレスを引用するさいには、トマスはたいてい巻数だけをあげるが、それの章とベッカー版アリストテレス全集のページと行の数を註記し、またそれに該当するトマスの註解がある場合には、マリエッチ版によって、註解の講と節の数を附記した。たとえば『形而上学』第二巻について、第一章九九三b一一。トマス『註解』第一講二八二。

聖書を引用するさいには、トマスはたいてい、章の数だけをあげるが、本訳においては、節の数を括弧に入れて補った。たとえば『智書』第一〇章〔一〇節〕。また、それに該当するトマスの註解がある場合には、マリエッチ版によって、註解の講と節の数を附記した。ただしこれはいつもしたのではない。とくにそこに引用された聖書の意味を、トマスのコンテキストのうちで理解するに役立つ場合のみに限った。トマスの用いた聖書はヒエロニムス訳「ウルガタ版」であるが、かならずしも現行のウルガタ版に正確に一致するとはかぎらない。『詩篇』の章節は、聖書教会訳の章節とずれる場合があるが、煩を避けてウルガタ版のそれのみを記した。光明社版『旧約聖書』第三巻所収の『詩篇』の章節の数はトマスのそれと一致する。なお、聖書の書名は、『ヨハネ福音書』、『ローマ人への手紙』、『コリント人への手紙第二』というような現行の呼び方をとらず、『ヨハネ伝』『ロマ書』『コリント後書』のようにした。このほうが、トマスの簡潔な文体に適合すると考えたからである」。

なお、『詩篇』について現行聖書とウルガタ版聖書は以下のように対応する。

現行聖書	ウルガタ訳
1-8	1-8
9	9A
10	9B
11-113	10-112
114	113A
115	113B
116	114-115
117-146	116-145
147	146-147
148-150	148-150

アウグスティヌス『告白』（山田訳、中公文庫）の松﨑一平解説より

・また訳語の選択についても、訳者による次の註記がある。

「訳語はなるべく現行のものを用い、ことさらに異を立てなかった。ただ二つの訳語だけについて釈明しておきたい。一つはアリストテレスの『デ・アニマ』を『心理学』と訳したことである。これに対しては、アリストテレスの『デ・アニマ』は、現代的意味での「心理学」ではないという抗議の出ることが予想される。それにもかかわらずあえてこの訳語を選んだのは、現代のいわゆる科学としての「心理学」が「心理学」と呼ばれることを自ら放棄して、「人間環境科学」とか「人間行動科学」とかいうものに変身しつつある現在、「心理学」の名はむしろ、アリストテレスに返上すべきであると考えたからである。じっさい、彼こそは「プシケー」(心)についての「ロゴス」(学)としての「プシコロギア」を体系的に考察した最初の人なのである。もう一つ、principium は通常「根源」と訳されるが、私はこれを「根原」と訳した。それは、同じ語が、「原理」「始原」「原則」とも訳され、また「原因」causa という語と密接な関係を有していることを示すためであった。その他の特殊な訳語については、註においてその意味と、そのように訳した理由とを説明しておいた」。

川添による第一六問の訳文と註においてもこの方針を踏襲した。

〈別　表〉

第一部　神

- 聖なる教　第一問
- 一なる本質
  - 神は存在するか　第二問
  - 神は何であるか（何でないか）
    - 神の単純性・完全性・善性・無限性・遍在・不変性・永遠・一性　第三―一一問
    - 神は被造物によってどういう仕方で認識されるか　第一二問
    - 神の名　第一三問
  - 神のはたらき
    - 知性
      - 神の知　第一四問
      - イデア・真・偽　第一五―一七問
    - 神の生命　第一八問
    - 意志
      - 神の意志　第一九問
      - 愛・正義と憐れみ（意志のみに関わること）　第二〇―二一問
      - 摂理・予定・生命の書（意志と知性に関わること）　第二二―二四問
    - 能力　第二五問
  - 神の至福　第二六問
- 三位一体
  - ペルソナの発出・起原　第二七―三一問
  - 父・子・聖霊　第三二―四三問
- 創造
  - 被造物の神からの発出・悪の問題　第四四―四九問
  - 被造物の区別
    - 天使　第五〇―六四問
    - 物体　第六五―七四問
    - 人間　第七五―一〇二問
  - 被造物の保存と統宰　第一〇三―一一九問

第二部 人間の神への運動

第二・一部 一般倫理

究極目的と至福		第一―五問
人間のはたらき	意志的行為	第六―一七問
	行為の善悪	第一八―二一問
	情念	第二二―四八問
はたらきの根原	習態・徳・罪	第四九―八九問
	法	第九〇―一〇八問
	恩恵	第一〇九―一一四問

第二・二部 特殊倫理

対神徳――信仰・希望・愛	第一―四六問
枢要徳――賢明・正義・剛毅・節制	第四七―一七〇問
特別の恩恵――預言・脱魂・奇跡等	第一七一―一七八問
観想的生活と活動的生活	第一七九―一八二問
司牧者の身分と修道者の身分	第一八三―一八九問

第三部 神に向かうための道なるキリスト

御言の受肉	第一―二六問
キリストの誕生・生涯・受難・復活・昇天	第二七―五九問
秘跡――洗礼・堅信・聖体・告解	第六〇―九〇問
〔補遺〕 告解(つづき)・終油・叙階・婚姻	第一―六八問
〔補遺〕 終末――復活と審判	第六九―九九問

神学大全 I

序言

カトリック真理の教師の使命は、進んだ者たちに教授するだけではつきない。使徒が『コリント前書』第三章〔一―二節〕において、「あたかもキリストにおける幼児に対するように、私はあなたがたに乳を飲ませ、堅い食物は与えなかった」というところによれば、初学者を導くこともその任務に属している。そこで、この書においてわれわれの意図するのは、キリスト教に関することがらを、初学者を導くにふさわしい仕方でつたえることである。

じっさいわれわれの見るところ、この教の入門者たちは、さまざまな人々の書いたものによって、かえって大いに妨げられている。[2] それは、一つには不必要な問題、項目、論証がいたずらに増加しているためであり、一つには初学者のぜひとも知るべきことがらが、学習の順序によらず書物の解説の必要に応じ、あるいはたまたま催される討論の機会に応じてつたえられるためであり、一つには同じことの度重なる反覆が聴く者の心に倦怠と混乱とを引き起こすためである。そこでわれわれは、これらの、またこれに類する他の欠点を避けるように努めながら、神の助力に信頼して、聖なる教に属することがらを、題材の許すかぎり簡潔明快に追求してみたいと思う。

(1) 「カトリック」Catholicus は、一般的ないし普遍的を意味するギリシア語「カトリコス」Katholikos に由来する。これをキリスト教会に附した最初の人は、アンティオキアの司教イグナティウス（三五―一〇七頃）であったといわれる。それは次の意味で用いられる。（一）地域的な教会ないし信者の集団に対し、それらすべての個々の教会を包含する一つの普遍的教会、およびすべての信者によって共通普遍的に告白されている教会の教。（二）異端に対し正統の教。（三）特に教会史家によっては、教会が東西に分離する（一〇五四）以前の統一的教会をさす。分離後、西方教会がカトリックを称するに対し、東方教会は「正統」orthodoxus を呼称する。（四）十六世紀の宗教改革以後は、プロテスタントに対しローマ教会の名となる。「カトリック」と聞けば現代のわれわれは（四）の意味を考えがちであるが、トマスは宗教改革以前の人であり、具体的には（三）の意味が適合する。トマスにとっては、ローマを首座とする西方教会こそは使徒継承の正統かつ普遍的教会である。しかしトマスは東方教会の伝統をもけっして無視していない。かえってこれに対し深い敬意をはらい、東方教会の教父や偉大な神学者たちの著作をしばしば引用している。東西教会の再統一、真の意味での普遍的教会の実現は、トマスの終生意図してやまぬところであった。

②　十二世紀から十三世紀にかけて西欧においては、各地の大学を中心に神学の研究が隆盛をきわめ、教父たちの主要な教説をまとめた『命題集』の註解という形で多くの問題についての講義が行なわれるとともに、聖書、教父、アリストテレスをはじめとする哲学者たちの著作の註解が書かれ、またしばしば討論会が催され、その過程は筆記され、その結果おびただしい神学哲学の著作が産出された。このスコラ学の隆盛は他面において、学問の無益な煩雑化をもたらした。トマス自身これまで『命題集』の註解を書き、聖書や哲学者の著作を解説し、また多くの討論に参加してきたのであるが、いまや煩雑な諸問題を整理し、なしうるかぎり簡潔明快な形で、神学全体の体系的叙述をこころみようとするのである。

第一部

第一問　聖なる教について、それはいかなるものであり、いかなる範囲に及ぶか[1]

われわれの意図が或る一定の範囲内に包含されるためには、まず聖なる教そのものについて、それがどのようなものであり、またいかなる範囲に及ぶかについて探究する必要がある。これについては十のことがらが問われなければならない。

一、この教の必要性について
二、それは学であるか
三、一つの学であるかそれともいくつかの学であるか
四、思弁的学であるかそれとも実践的学であるか

五、この教の他の諸学に対する関係について
六、それは知恵であるか
七、この教の主題は何であるか
八、それは論証的であるか
九、それは比喩的ないし象徴的な言い方を用いるべきであるか
一〇、この教の聖書はいくつかの意味で解釈されるべきであるか

(1) 第一問は『神学大全』全体に対して序説的意味を持ち、この書において論じられる神学の性格について考察するものである。トマスがそれを「神学」theologia と呼ばず「聖なる教」sacra doctrina と呼んでいることに注意しなければならない。「聖なる教」の性格については、古来、神学者たちの間でも種々なる論争がある。その主なものは二つある。一つは、この「聖なる教」における自然神学と啓示神学との関係の問題であり、一つは、この「聖なる教」と「聖書」sacra Scriptura との関係の問題である。いまここではこの問題に関する性急な解決をさけて、読者自らこの問題を念頭におきつつ本文を読んで考察されんことを望む。

第一項　哲学的諸学問以外に別の教を持つ必要があるか(1)

第一については次のようにすすめられる。[2] 哲学的諸学問以外に別の教を持つ必要はないと思われる。そのわけは、

一、『集会書』[3]第三章〔二二節〕に、「なんじよりも高いことがらを探《たず》ねてはならない」とあるのによれば、人間は理性を超えることがらを知ろうとしてはならない。しかるに理性に服することがらについては、既に十分に哲学的諸学問においてつたえられている。それゆえ哲学的諸学問以外に別の教を持つのは余計のことだと思われる。

二、更に、教はただ存在するものについての教としてのみ成り立つ。知られるのはただ真のみであるが、真は有と置換されるからである。[4] しかるにいかなる有についても既に哲学的諸学問において取り扱われており、神についても同様である。だからこそ哲学者[5]が『形而上学』第六巻[6]において述べているところからあきらかなように、哲学の或る部門はテオロギア、すなわち「神の学」[7]といわれるのである。それゆえ哲学的諸学問以外に別の教を持つ必要はなかった。

しかし反対に、『テモテ後書』第三章〔一六節〕には、「聖書はすべて神感によるもの[8]であって、教え、戒め、矯正し、義に導くために有用である」といわれている。しかるに神感による書は、人間理性によって発見された哲学的諸学問には属さない。ゆえに哲学的諸学問のほかに、神感による知を持つのは有用である。

答えていわなければならない。人間の救済のためには、[9] 人間理性によって追求される哲学的諸学問のほかに、神の啓示[10]による何らかの教の存在することが必要であった。その理由として第一に次のことがあげられる。そもそも人間は神を目的としてこれに秩序づけられているが、この目的たるや、「神よ、あなたを愛する人々のために[11]あなたが備え給うたことがらを、人間の眼はあなたによらずには見ることができない」という『イザヤ書』第六四章〔四節〕のことばによれば、理性の把握を超えている。しかるに自分の意図と行為とを目的に対して秩序づけるべき人間たちには、まずもってその目的が知られていなければならない。それゆえ人間理性を超える或ることがらが神の啓示によって知らされることは、人間にとってその救済のために必要だったのである。[12]

のみならず、神について人間理性によって追求されうることがらに関しても、人間は神から教を受ける必要があった。なぜなら神についての真理は、もしそれが理性によって追求される場合には、僅かな人々だけに、長い時間をかけて、しかも多くの誤謬をまじえてかろうじて人間にもたらされたことであろうが、まさにかかる真理の認識にこそ、神のうちに存立する人間の全救済はかかっているからである。それゆえ救済がより適切確実な仕方で人々にもたらされるために、神のことがらについて神の啓示によって教えられる必要があったのである。[13]

以上の理由により、理性によって探究される哲学的諸学問のほかに、啓示を通して聖なる教を受けることは必要であった[14]。

それゆえ　一　についてはいわなければならない。人間の認識能力を超えることがらを、人間が理性によって詮索するのはたしかにまちがっている。しかし神によって啓示されたならば、信仰をもってこれを受け容れなければならない。それゆえ引用された箇所においても引き続いて、「人間の理解を超える多くのことがらが、なんじに示された」〔二五節〕といわれている[15]。そして聖なる教はまさにそのようなことがらのうちに成り立つのである。

二　についてはいわなければならない。認識対象を構成する観点が異なれば、学の性格もまた当然異なるものとなる[16]。たとえば天文学者と自然学者とは同じ結論――「地球は丸い」というような――を論証するが、前者が数学的方法、すなわち質料から抽象された方法を用いるのに対し、後者は質料において考察される方法を用いてこの同じ結論に達する[17]。そのように、哲学的諸学問が自然理性の光に照らして知られうるものであるかぎりにおいて取り扱うその同じことがらを、神の啓示の光によって知られうるものであるかぎりにおいて取り扱う学が別に在るとしても、これはなんら差し支えないことである。このようなわけで、聖なる教に属する神学（テオロギア）と、哲学の一部門とされるあの神学（テオロギア）とは、類的に異なっているのである[18]。

① 「哲学的諸学問」philosophicae disciplinae とは、自然理性によって探究される諸学問。それらのうち

存在者たるかぎりにおける存在者を対象とする形而上学、わけても存在の第一原因たる神を対象とする神学は、哲学的諸学問のうち最高の地位を占める。哲学的諸学問という名のもとにトマスは、具体的には、アリストテレス哲学をその典型とするギリシアの学問を考えている。そのような学問において神についての学はすでに「神学」theologia として成立しているのに、それ以外に「聖なる教」なるものを立てる必要があるか。あるとすればそれはいかなる理由によってであるか。これが本項の問題である。この項においてトマスは、哲学の一部門としての自然理性にもとづく神学に対して、啓示にもとづく神学としての「聖なる教」の存在理由をあきらかにしようとするのである。ただしトマスが啓示の立場に立ちながら、自然理性にもとづく哲学的神学に対してけっして敵対的でない点を注意しなければならない。

② **Ad primum sic proceditur.** 詳しくいえば、「第一の問題については、その探究は次のようにすすめられてゆく」ということ。以下同じ表現形式によって各項が始められるが、簡略にしてこのように訳すことにする。

③ 『集会書』**Ecclesiasticus** は、別名『シラクの子イエスの知恵』ないし『ベン・シラの知恵』とも呼ばれ、知恵文学の類に属するユダヤ文書である。前二世紀パレスチナにおいて書かれたと推定される。旧約聖書のギリシア語訳(セプチュアギンタ版)、およびラテン語訳(ヴルガタ版)には収録され、トマスによってもしばしば引用される。しかしユダヤ教の伝統においてはヤムニアの会議(一〇〇頃)以来、外典とされ正典から除外された。プロテスタントの諸派はこの見解に従い、したがって聖書協会訳の『聖書』には収録されていない。〈新共同訳では「旧約聖書続編」として収録されている。〉ヴルガタ版

の全訳なる光明社版『旧約聖書』第三巻に収録されている。

④「有」ensとは「存在するもの」である。この世の中にはさまざまのものがさまざまの仕方で存在しているが、それらはすべて存在するもの、つまり「有」であるかぎりにおいて共通であり、「有」はすべてを包含する最も普遍的な概念である。「有」は知性によって知られるものであるかぎりにおいて「真」verumといわれる。存在するものはすべて知られうるものであるから、すべての有は知性の対象たるかぎりにおいては真である。逆に真なるものはすべて何らかの意味で有である。かくて「有」と「真」との間には、「すべての有は真である」「すべての真は有である」という関係が成り立っている。この関係を「有と真とは置換される」ens et verum convertunturという。「有」と「真」との関係については、第一六問三項「真と有とは置換されるか」において論じられる。

⑤「哲学者」Philosophusと大文字で記されるときには、アリストテレスをさす。特に誤解のおそれのないかぎり以下の訳においてはこれを文字どおり「哲学者」と訳す。それはトマスが特に名指しで「アリストテレス」Aristotelesという場合と区別するためである。

⑥第一章一〇二六a一八。トマス『註解』第六講一一六二―一一六六。このところでアリストテレスは、理論哲学を、(一)質料において存在する可能的有を対象とする「自然学」physica、(二)質料において存在するものから不動の形相を抽象して考察する「数学」mathematica、(三)質料から分離して存在する不変永遠のものを対象とする「神学」theologiaの三部門に区分している。

⑦「テオロギア」theologiaは、ギリシア語で「テオス」theos(神)の「ロゴス」logos(学)であるから、ラテン語の「神の学」scientia divinaに当たる。scientia divinaは「神が知るところの知」という意

味での「神の知」でもある。もっともトマスにおいては、人間が有する「神の知」としての「神学」は、神が神自身について持つ「神の知」の「印影」impressio と考えられるから、根原においては同一に帰する。第一問三項異論答二を参照。および同項註12を参照。

⑧「神感による」divinitus inspirata とは神から受けた神の霊によって照らされ知らされること。つまり「啓示された」revelata こと。ここではそれは「人間理性によって発見された」secundum rationem humanam inventa 哲学の知に対比されている。

⑨「人間の救済のため」ad salutem humanam。ここに「聖なる教」の存在理由が簡明直截に表現されている。では救済とは何か。それを得るためにいかにすべきか。これらの問題の探究が『神学大全』全部の内容をなしている。

⑩「啓示」revelatio とはもともと、「おおい」velamen を「外す」revelare に由来する。人間の眼におおわれて見ることのできない神の奥義が、神の愛によって神の側からそのおおいを外されて人間の前にあらわに開示されることが「神の啓示」revelatio divina である。ただし神の奥義がすべてあらわにされるわけではなく、人間の救済に必要な「或ることがら」quaedam が啓示されるにすぎない。

⑪「あなたを愛する人々のために」diligentibus te。ヴルガタ版では、このかわりに「あなたを待ち望む人々に」exspectantibus te となっている。聖書協会訳もそのように訳しているから、原文の訳としてはそのほうがおそらく正しいのであろう。ただ『イザヤ書』のこの箇所はパウロにより『コリント前書』第二章九節に引用され、そこでは「あなたを愛する人々のために」となっている。トマスは同書簡の『註解』において、「われわれのテキストでは《あなたを愛する人々に》となっている」といっている

（第二講九六）。これによれば、二つの読み方があり、トマス自身そのことを知っていたと考えられる。

⑫ これは啓示によらなければ何人も知ることのできない、絶対に必要な啓示である。神の三位一体、御言《みことば》の受肉のごとき真理がこれに属する。

⑬ これは人間理性によって到達可能ではあるが、現実の人間の生の状態においては、少数の人々にしか到達しえないような神に関する真理である。これは啓示されることが人間にとって絶対必要というのではなく、人間の現実的状態にかんがみて、理性認識の領域にまでさしこんでくる神の啓示である。理性による探究可能な神に関することがらとは、神の存在、およびこれに関連して知られる神の諸属性に関する認識である。それは既に哲学者たちによって探究され発見されてきた真理であるが、そのうちにはまた多くの誤謬が混じているから、トマスは啓示の光のもとにこれらの哲学者たちの神についての認識を吟味し、真理を誤謬から選別し、自然理性によって探究されえた神についての知の全体を聖なる教のうちに包摂しようとするのである。その際、哲学者たちの認識を判定する基準となるのは、モーゼ以来、預言者たちを通して与えられてきた神についての啓示である。その主なるものは、神の存在、一性、永遠、全能、世界の創造主たること、等である。

⑭ ここで啓示による聖なる教が「必要である」と一般的にいわれずに、特に「必要であった」necessarium fuit と完了形でいわれるのは、啓示の歴史的所与性を表現する。なお上記二つの啓示の必要性については、『命題集註解』序第一項、『対異教徒大全』第一巻四、五章、『真理論』第一四問一〇項、特に、『神学大全』第二・二部二問三、四項において詳論される。

⑮ トマスが異論に答える場合には、なるべく異論がよりどころとしてあげる著者と同じ著者、なるべく

同じ著作、なるべく異論の引用した箇所に近い箇所をもって、自分の答の支えとすることが多い。この場合も異論が『集会書』第三章二二節をよりどころとするに対し、同書同章二五節をもって自分の答の支えとしている。なるべく相手と共通の場において相手と討論しようとするトマスの基本的態度のあらわれである。以下にも同じような場合がしばしばあらわれる。

⑯ 原文を直訳すれば、「認識されうるものの異なるラチオは、学の異なりを導入する。」diversa ratio cognoscibilis diversitatem scientiarum inducit. 直訳ではおそらく何のことかわからないであろうから思いきって意訳した。「ラチオ」ratio はトマスのなかに非常にしばしば、さまざまの意味合いをもって出てくる重要なことばであるが、二、三の訳語で統一することはとうてい不可能である。以下においても臨機応変に訳すことにする。この場合は、「認識されうるもの」cognoscibile を「認識されうるもの」として成り立たしめている合理的根拠、ないし観点の意味であり、初期西田哲学のいわゆる「対象構成のアプリオリ」に近いであろう。

⑰ ここでいわれる「天文学」astrologia は、アリストテレスの学の分類によれば広義の数学に属する。すなわちそれは、質料と形相とから成り、感覚的に認識される自然物からその質料を捨象し形相のみを考察する。かかる観点から天体が考察されるときは、その運動は数的関係として把えられる。「自然学」scientia naturalis はこれに対し、自然物を質料と形相から成るものとして考察する。自然学者と天文学者とが同じ地球を対象とするとき、前者は感覚的経験によって地球は丸いという結論に達し、後者は計算によって同じ結論に達するであろう。しかし両者は対象構成の観点（ラチオ）が異なるから異なる学である。

⑱ 異論は、神を対象とする学、すなわちテオロギアは一つの類しかありえないという前提の上に成り立っている。これに対しトマスは、「自然理性の光のもとに知られるもの」cognoscibilia lumine naturalis rationis を対象とする哲学的諸学問の一部門としてのテオロギアと、「啓示の光のもとに知られうるもの」cognoscibilia lumine divinae revelationis を対象とする「聖なる教」としてのテオロギアとは、対象構成のラチオが異なり、したがって類的に異なる学であると答え、「聖なる教」の独自の存在領域を明確にしている。後の神学者たちは、前者を自然神学、後者を啓示神学として、単に対象構成のラチオのみならず対象内容をも峻別するようになるが、トマスの「聖なる教」は、いわゆる「自然神学」に対立する意味での「啓示神学」よりも内容の範囲が広くて、いわゆる自然神学の取り扱う内容をも包含している。そのため或る人々から、トマスは自然と啓示との区別があいまいであると非難されるが、かかる非難はトマスの「対象構成のラチオ」の意味を十分に理解しないところから由来する。

第二項　聖なる教は学であるか①

第二については次のようにすすめられる。聖なる教は学ではないと思われる。そのわけは、

一、学はすべて自明の原理②から出発するものである。しかるに聖なる教は信仰箇条から出発するが、これは自明のものではない。じっさい、『テサロニケ後書』第三章〔二節〕に「すべての

人が信仰を有するわけではない」といわれているように、信仰箇条はかならずしも万人に認められてはいないのである。ゆえに聖なる教は学ではない。

二、更に、学は個別的なことがらには関わらない。[3] しかるに聖なる教は、アブラハム、イサク、ヤコブの行状等のような個別的なことがらについて論ずる。ゆえに聖なる教は学ではない。

しかし反対に、アウグスティヌス[4]は『三位一体論』第一四巻[5]において、「最も救済に役だつ信仰が、それによって生まれ、育てられ、護られ、強められるようなことがらのみが、この学に属する」[6]といっている。しかるにこのようなことは、聖なる教よりほかのいかなる学にも属さない。ゆえに聖なる教は学である。

答えていわなければならない。聖なる教は学である。しかし学には二つの類のものがあることを知るべきである。すなわち或る学は、たとえば算数や幾何学等のように、知性の自然本性的な光[7]のもとに知られる原理から出発するのであるが、また或る学は、上位の学の光のもとに知られる原理から出発する。たとえば光学は幾何学によって知らされた原理から出発し、音楽[8]は算数によって知られる原理から出発するのである。ところで聖なる教は、この第二の意味での学である。なぜならそれは上位の学の光のもとに知られる原理から出発するからである。この場合「上位の学」とは、すなわち神と至福者たちの知[9]にほかならない。それゆえ、ちょうど音楽が算数の学者から自分につたえられた原理を信ずるように、聖なる教は神から自分に啓示された原理を信ずるのである。
それゆえ 一 については いわなければならない。学の原理は自明なものであるか、それとも上位の学の知に還元されるかのいずれかである。聖なる教の原理は、上に述べられたように〔主文〕、この後の場合に属する。
二 についてはいわなければならない。個別的なことがらが聖なる教のなかでつたえられるのは、そのようなことがら自体を主要題目として取り扱うためではない。それらが引用されるのは、一つには、道徳に関する諸学におけるように、生きる模範としてかかげるためであり、一つには、聖書と聖なる教の基礎である神の啓示がそれを通してわれわれにまでつたえられた偉大な人々の権威を宣明するためである。

(1) ここで「学」scientia とは、アリストテレス的な厳密な意味での学である。すなわち、自明の原理にもとづきその上に構築された、必然的に妥当する知識の体系としての学である。ここでトマスは、啓示による知としての「聖なる教」が学的体系たりうるかを問うのである。それは信仰によって受け取られるものであるから学たりえないとも考えられるが、トマスはそのような異論の主張をも十分に踏まえた上で、しかもなお「聖なる教」の学としての成立可能性を論証する。『神学大全』においてトマスがじっさいに遂行する「聖なる教」の学的体系的構築の可能性と正当性とがこの項において根拠づけられる。

②「自明の原理」principia per se nota。直訳すれば、「それ自体によって知られる原理」。学的体系を構成している命題はすべて、より根原的な命題によってその真理性を証明されている。更にその根原的な命題の真理性を証明するより根原的な命題へとさかのぼってゆけば、ついに、少なくともその学の範囲内においてはそれ以上より根原的な命題によって証明されることのできない最も根原的な命題にまで到る。この命題はその真理性を他によらずそれ自体によって知られている原理として「自明の原理」といわれる。

③「学は個別的なことがらには関わらない。」scientia non est singularium. 学は普遍的必然的な知の体系であり知性の対象である。これに対し個別的なことがらは偶然的であり感覚の対象である。ゆえに学の対象とならない。アリストテレス『分析論後書』第一巻三〇章。トマス『註解』第四二講三七六を参照。

④アウグスティヌス（三五四—四三〇）。ヒッポの司教。西方教会における最大の教父であり、以後の西洋キリスト教思想の発展に及ぼした影響は測り知れない。トマスの書においても、「哲学者」のアリストテレス、「使徒」のパウロと並んで「神学者」としては最も多く引用される。多くの著作を遺しているが、彼の思想を全体として把握するのに最も役だつのは、彼自身によって書かれた前半生の記録『告白』（中公文庫）である。

⑤第一章三節。ラテン教父集四二巻一〇三七。『三位一体論』は、四〇〇年から四一九年頃まで、約二十年を費して完成されたアウグスティヌスの主著の一。十五巻から成り、前半（一—七巻）は聖書によって三位一体の玄義を述べ、後半（八—一五巻）においては、神の似像としての魂のうちに存する三一性を探るという仕方でこの玄義が探究されている。

⑥ ここで「学」と訳された scientia は、アウグスティヌス原文の脈絡からいえば、アリストテレス的意味での学的体系的知 episteme ではなくて、むしろパウロの「或る人には知恵のことばを賜わり、或る人には知識のことばを賜わる」(『コリント前書』第一二章八節)の系統を引く、「知恵」sophia, sapientia に対する「知識」gnosis としての scientia である。アウグスティヌスはこの二つの賜物を解釈して、前者は神のことがら、後者は人間のことがらに関わる知であるが、ただし人間に関わる知がすべてそれに含まれるのではなくて、ただ救済に役だつ知のみがそれに属するのであるという。アウグスティヌスがいっているのはそのような意味の「知」であるが、この「しかし反対に」の引用の脈絡のなかでは、それは「学」としての scientia の意味にとられている。

⑦ 「知性の自然本性的な光」lumen naturale intellectus。すべての人間が自然本性的に有している知性は、いわば各人が自らのうちに具えている内なる光であって、人間は理論的実践的認識の根本原理をこの光のもとに明証的に知る。さきに(前項異論答二)、「自然理性の光」lumen naturalis rationis といわれたものと同じものである。

⑧ ここでいう「音楽」musica とは、歌われたり演奏されたりする音楽ではなくて、そのような音楽の理論的基底を研究する学、すなわち韻律の学である。

⑨ 「神と至福者たちの知」scientia Dei et beatorum。聖なる教の根本原理は「神の知」である。神の知は「神の有している知」と「神についての知」との二通りに解されるが、この場合は第一の意味である。「至福者」とは至福なる天使と霊魂たちであって、彼らは天上において神を直観し、それによって神の知にあずかっている。ところでこのような「神と至福者たちの知」は天上のものであり、それに対し

「聖なる教」は地上のものであるから、天上の知がいかにして地上の知の原理たりうるかが当然問題となるが、前者は啓示によって地上の人々に知らされるのである。その際、啓示を受ける者が存在しなければならない。それが預言者、キリスト、使徒である。彼らは地上において天上のことがらを啓示され、それを人々につたえたのであるが、人々はそれを聞いて信仰をもってそれを真理として受け取る。かくて信仰によって受け取られた啓示が、下位の学たる「聖なる教」の原理となるのである。

第三項　聖なる教は一つの学であるか①

第三については次のようにすすめられる。聖なる教は一つの学ではないと思われる。そのわけは、

一、哲学者の『分析論後書』第一巻②によれば、「一つの学を成すのは、同一の類の主題に関わる学である」。しかるに聖なる教において取り扱われる創造者と被造物とは、同一の類の主題のうちには含まれない。ゆえに聖なる教は一つの学ではない。

二、更に、聖なる教においては、天使、物体的被造物、人間の道徳について論じられるが、これらのものは異なる哲学的諸学に属している。ゆえに聖なる教は一つの学ではない。

しかし反対に、聖書はそれを一つの学として語っている。たとえば『智書』第一〇章〔一〇節〕には、「神は彼に聖なるものの学〔単数〕を与えた」[3]といわれている。

答えていわなければならない。聖なる教は一つの学である。そもそも能力ないし習態が一であるか否かは、その対象が一であるか否かによってきまるのであるが、[4]ここで一なる対象というのは、対象がその質料的側面からみて一であるということではなく、対象を対象たらしめている形相的性格が一だということである。[5]たとえば人間と驢馬と石とは、質料的側面からみれば異なるが、[6]視覚の対象としての「色あるもの」という形相的性格においては一である。ところで聖書は、[7]既に述べられたように〔一項異論答二〕、ことがらをそれが神から啓示されたものであるかぎりにおいて考察の対象とするのであるから、神から啓示されうることがらであるならば何であれ、この学の対象としての一つの形相的性格において共通する。ゆえにそれらのことは、すべて、一つの学としての聖なる教のもとに包含されるのである。

それゆえ　一　についてはいわなければならない。聖なる教は神と被造物とを同等の仕方で論じるのではない。主要な考察対象はあくまでも神であり、被造物については、その根原たり目的たる神に関係づけられるかぎりにおいて考察の対象となるにすぎない。[8]ゆえに両者について論じられるからといって、そのために学の一性がそこなわれることはないのである。

二　についてはいわなければならない。上位の一つの能力ないし習態において共通の対象とされることがらが、下位のいくつかの異なる能力ないし習態において異なる対象として取り扱われることがあっても、これはなんら差し支えない。上位の能力や習態は、下位のそれよりも普遍的な形相的観点[9]のもとに対象に関わるからである。たとえば共通感覚[10]の対象は「感覚されうるもの」で、それは「見られうるもの」をも「聞かれうるもの」をも自らのうちに包含しているから、共通感覚は一つの能力でありながら五感のすべての対象に及ぶのである。同様に聖なる教は、一つの学でありながら、種々異なる哲学的諸学において取り扱われることがらを、それらがすべて「神から啓示されうるもの[11]」であるという一つの観点のもとに考察することができる。かくて聖なる教は、万物についての一つの単純な知である神の知の、いわば印影のようなものとなるのである。[12]

(1) 神学ということを文字どおりにとるならば、その対象は神のみであってその他のものは別の学の対象となるはずである。また神を理論的に考察する理論神学、神を倫理の根原として考察する倫理神学、その他、聖書の神学、哲学的神学、啓示神学等、さまざまの神学が分かたれうるはずである。トマスの「聖なる教」は内容的にはこれらすべてを包含するが、しかもなおそれが「一つの」学として一つの体系を成すことが主張され、その根拠がこの項において与えられる。

(2) 第二八章八七a三八。ギリシア原文は「一つの学は一つの類(ゲノス)の学である」。ここでは、学の主題 subiectum が一つの類に属するという意味に解されている。トマス『註解』第四一講三六二を参照。

③『智書』は『ソロモンの知恵』とも呼ばれ、伝説的にソロモンの著作とされてきたが、じっさいはもっと新しく、おそらく前一、二世紀のアレクサンドリアのユダヤ人によって書かれたものであろうといわれる。外典とされ、したがって聖書協会訳『聖書』のなかには収められていない。〈新共同訳では『知恵の書』として旧約聖書続編に収められている。〉しかしそのギリシア語版が初代キリスト教思想の形成に及ぼした影響は甚大であり、特にパウロの書簡にいちじるしい。トマスもまたラテン訳をしばしば引用する。光明社版『旧約聖書』第三巻にヴルガタ版からの邦訳が収められている。また、フランシスコ会聖書研究所から、ギリシア原文からの訳『知恵の書』が出ている。ここに引用された「聖なるものの学」**scientia sanctorum** は、神がヤコブに聖なるものについての「知識」（グノーシス）を与えたということであって、いまここで問題とされている「学」の意味ではないが、脈絡上ここでは「学」と訳しておく。「聖なるもの」**sancta** が複数であるのに対し、それの「知」**scientia** が単数で示されている点に「しかし反対に」の典拠として用いられる所以が認められる。

④「能力」**potentia** は、何かをなしうる能力として「なすこと」つまり「はたらき」**actio** に秩序づけられている。はたらきは、何かをするはたらきとして「何か」すなわちはたらきの「対象」**obiectum** に秩序づけられている。かくて「能力」・「はたらき」・「対象」は一つの秩序のもとに在り、対応している。ところで能力ははたらきにおいて「現実態」**actus** になるが、はたらきをやめると「可能態」**potentia** に戻る。しかし純粋の可能態に戻るのではなく、いくらか前よりもはたらきやすく調えられた状態としての可能態になっている。同じはたらきを繰り返していると、この状態はますます強化され、純粋可能

態としての能力と現実態としてのはたらきの中間に在る独自な状態を形成するに到る。この状態を**habitus** という。ところで「学」**scientia** は「知る能力」と「知るはたらき」の中間に在って「容易に知るはたらきに準備された状態」として一つの **habitus** と考えられる。学の一性に関する問題に、**potentia, habitus, obiectum** の一性が論じられるのはそのためである。**habitus** は適当な訳語がないので、いちおう「習態」とここでは訳しておく。

(5) 「対象」**obiectum** はもの自体ではなく対象として構成されたものであり、それ独自の質料的側面と形相的側面とから成っている。質料的側面とは、対象として考察されるさまざまのものである。形相的側面とは、これらさまざまのものを一つの対象として考察する主体に即していえば対象考察の観点であり、対象に即していえば対象を対象たらしめている対象的性格である。これを「対象の形相的ラチオ」**ratio formalis obiecti** という。ここでは「対象を対象たらしめている形相的性格」と訳す。質料的側面においてみれば同一のものが、対象の形相的性格の異なりに応じて異なる学の対象となる。たとえば同じ人間が、医学、生物学、法律学、等の異なる学の対象となる。また質料的側面において異なるものが、対象の形相的性格が一ならば同一の学の対象となる。たとえば、水、電気、星が一つの物理学の対象となる。

(6) この一句、原文にはないが、意味を補って入れる。

(7) 「聖書」**sacra Scriptura** とあるが、前後の脈絡からみて「聖なる教」**sacra doctrina** とするほうがよいように思われる。事実、そうなっている写本もある。

(8) 『神学大全』第一部において、天使、物体、人間、等について論じられるが、それは、これらのものがすべて神を「根原」**principium** とするかぎりにおいてであり、第二部において、人間の倫理について論じられるが、それは人生の究極の「目的」finisが神であるかぎりにおいてであり、第三部において、キリストについて論じられるが、それはキリストが人間を究極目的に導く道だからである。このように、本書において取り扱われるすべてのことは、主要対象としての神に関連せしめられ、したがってそれは「一つの学」となる。

⑼ ここでは「形相的ラチオ」ratio formalisを、主体（能力、習態）への関連のもとに「形相的観点」と訳す。本項註5を参照。

⑽ 「共通感覚」sensus communis。アリストテレスによれば、五感を統一する共通の感覚があり、五感を通して個別的に得られた感覚の所与は、共通感覚において綜合され具体的な感覚像となる。共通感覚は五感に対し「上位の能力」potentia superiorであるが、五感から離れて独立に存在するものではなく、五感を「下位の能力」potentiae inferioresとして自らのうちに包含している。ただしそれぞれの能力にそれぞれ固有の対象があるから、共通感覚にとって一つの対象であるものが、下位の能力たる五感にとって五つの対象となることはなんら差し支えない。共通感覚については、アリストテレス『心理学』第三巻一、二章。トマス『註解』第一—三講を参照。

⑾ 「神から啓示されうるもの」divinitus revelabilia。ここで「啓示されうるもの」revelabiliaといわれるものは、狭義の「啓示」revelatioよりも広い内容を包含する。狭義の「啓示」が人間理性を超越し、ただ神からの啓示によってのみ知られうることがら、したがってまた、絶対に信仰によって受け取られるべきことがらのみを意味するに対し、「啓示されうるもの」は、理性によって到達可能ではあるがその正確な認識が人間にとって困難であるようなことがらにまで及んでいる神の啓示を包含する（本問一項

主文〕。それは自然理性の光と啓示の光とが交錯する領域をも包含する。ジルソンはこのような領域に「キリスト教哲学」成立の可能性の根拠を認める。

⑫ 学としての聖なる教は、啓示されたことがらを原理としてこれを体系的に展開したものであり、展開された体系において、万物について神が有している知としての「神の知」**scientia divina** は、神についてわれわれが有している知としての「神の知」すなわちテオロギアとなる。その意味で、学としての聖なる教は、天上において神が有している「神の知」の地上的展開である。ただし神の有しているすべての知が啓示されるのではなく、われわれに啓示されるのは救済のために必要とされることがらだけであるから、救済知としての聖なる教は、天上における神の知の完全な再現ではなくて、それの不完全な「印影」**impressio** にすぎない。

第四項　聖なる教は実践的学であるか①

第四については次のようにすすめられる。聖なる教は実践的学であると思われる。そのわけは、

一、哲学者の『形而上学』第二巻②によれば、「実践的学の目的は行為である」。しかるに『ヤコブ書』第一章〔二二節〕に、「あなたがたは、ただみことばを聞くだけでなく、その実行者となれ」とあるのによれば、聖なる教は行為を目的としている。ゆえに聖なる教は実践的学である。

二、更に、聖なる教は旧法と新法とに分かたれる。③しかるに法は倫理学に属し、これは実践的学である。ゆえに聖なる教は実践的学である。

しかし反対に、実践的学は人間によってなされるべきことがらに関わる。たとえば倫理学は人間の行為に関わり、建築学は建築に関わる。しかるに聖なる教が主として関わるのは神であり、これは人間によってなされるべきことではなく、かえって人間のほうが神によってなされたもの、神の業《わざ》なのである。ゆえに聖なる教は実践的学ではなく、むしろ思弁的学である。④

答えていわなければならない。聖なる教は、既に述べられたように〔前項異論答二〕、一つの学でありながら、異なる哲学的諸学に属することがらに及ぶが、それはこれらさまざまなもののうちに「神の光のもとに知られうるもの」という同一の形相的性格が認められるからにほかならない。それゆえ哲学的諸学においてはたしかに思弁的学と実践的学とは別のものであるが、聖なる教はこの両者を自らのうちに包含するのであって、それは神が御自身とそのなし給うところのことを、同一の知によって知るのに似ている。⑤

それにしても聖なる教は、実践的というよりはむしろ思弁的である。なぜならそれは人間的行為よりはむしろ神のことがらを主に論じるのであり、人間的行為について論じるのは、その行為によって人間が神の完全な認識――そのうちに永遠の至福は成り立つ⑥――に秩序づけられているかぎりにおいてのことにすぎないからである。

これによってまた、異論に対する答はあきらかである。

① 聖なる教が実践的性格のものか思弁的ないし観想的性格のものかについては、中世の神学者たちの間に論争があった。福音的愛の実践を強調するフランシスコ会の神学者たちは、伝統的に聖なる教の実践的性格を強調する。トマスはその観想的性格を重視するが、それは実践に対立する思弁ではなくて、むしろ実践と思弁とを包含する高い立場から把えられた観想性である点を注意しなければならない。

② 第一章九九三b二〇—二一。ここでアリストテレスは学を、その目的に従って、真理の認識それ自体を目的とする理論的学と、その認識を実行に秩序づける実践的学とに区別している。「理論的」の原語theoretikeはtheoreinすなわち「観る」というギリシア語動詞に由来する。すなわち真理を観ることそれ自体を目的とする学の意味である。これに対し「実践的」の原語praktikeは、pratteinすなわち「実行する」というギリシア語動詞に由来する。

③ 「旧法」lex vetusとは旧約聖書、「新法」lex novaとは新約聖書のうちに含まれる法である。神の啓示は旧約時代と新約時代とを通じてなされたのであり、したがって、神からの啓示をその原理とする聖なる教は旧法と新法とを含み、また両者に分かたれる。

④ 「思弁的学」scientia speculativa。これはラテン語speculari（考察する、眺める）に由来する。ギリシア語theoreinから由来するtheoretica（本項註2参照）と同じ意味であるが、訳語として区別するために、テオレティカ「理論的」に対してこれを「思弁的」とする。

⑤ 神は御自身を知ることによって神以外のもの、すなわち神によってなされ、またなされうるすべての

ものを知る。これについては第一四問「神の知について」において詳論される。「神の知」はかくて思弁的・実践的両方の性格を含んでいるから、それの印影である「聖なる教」もまたそれに似て両方の性格を含む。しかし「神の知」が第一義的に神の神自身についての知であり、そのうちに他のことがらに関するいっさいの知は含まれているように、「聖なる教」も第一義的にはわれわれの有しうる神についての最高の知であり、そのうちに他のいっさいの知は含まれている。ゆえに第一義的には思弁的である。しかしそれは哲学的諸学の次元において実践的に対立する思弁的ではなくて、両者を包含する高次の思弁的である。

⑥人間の究極目的は神の完全な認識に到達すること、「神を見ること」visio Dei である。そこに「永遠の至福」aeterna beatitudo が存する。「聖なる教」はこの至福直観に秩序づけられている。しかし、しばしば誤解されるように、トマスはこの直観がこの世で得られるとはけっしていっていない。それは天上のものであり、地上においてわれわれの有する「聖なる教」は、あくまでもその不完全な印影にすぎない。visio Dei については、第一二問「神はいかなる仕方でわれわれによって知られるか」において詳論される。

第五項　聖なる教は他の諸学よりも高位のものであるか[1]

第五については次のようにすすめられる。聖なる教は他の諸学よりも高位のものではないと思われる。そのわけは、

一、確実性は学の位に属している。しかるにその原理について疑いえない他の諸学は、疑う余地のある信仰箇条を原理とする聖なる教よりも確実であると思われる。ゆえに他の学のほうがこの教よりも位が高いと思われる。

二、更に、下位の学は上位の学から何かを受け取るものである。たとえば音楽の学者は算数学者からその原理を受け取るのである。しかるに聖なる教は哲学的諸学問から何かを受け取っている。その証拠にヒエロニムス[2]はローマ市の偉大な演説家に宛てた『書簡』[3]のなかで、昔の学者たちは[4]、「哲学者たちの教や学説をその著作のうちにたくさんもりこんでいるので、それらの著作について世間的教養と聖書の知識と、そのいずれを先に感心したらよいかあなたは戸惑うであろう」といっている。それゆえ聖なる教は他の諸学よりも下位のものである。

しかし反対に、『箴言』第九章〔三節〕に、「彼はその婢をつかわして、市の高い所で呼ばわせた」とあるのによれば、他の諸学はこの教の婢であるといわれている。[5]

答えていわなければならない。この学は或る意味では思弁的、或る意味では実践的であるが、

思弁的、実践的をあわせて他のいっさいの学を超越する位に在る。そもそも思弁的学のうちの或るものが他のものより高位であるといわれるのは、一つには確実性においてすぐれているからであり、一つにはその題材がすぐれているからである。しかるにこのいずれの意味においても、この学は他の思弁的諸学にまさっている。まず確実性についていえば、他の諸学があやまつ可能性のある人間理性の自然的光から確実性を受けるのに対し、この学は欺かれることのありえない神の知の光からその確実性を受けているのである。また題材の卓越性についていえば、この学がその高さにおいて理性を超越することがらを主たる対象とするのに対し、他の諸学はただ理性に服することがらを考察するにすぎない。

さてまた実践的学のうちでは、より究極的な目的に秩序づけられているものほど高位である。たとえば国家の学は軍事の学より高位であるが、それは軍隊の善が国家の善に秩序づけられているからにほかならない。ところで実践的学であるかぎりにおけるこの教の目的は永遠の至福であり、実践的諸学の有する他のすべての目的は、至福を究極目的としてそれに秩序づけられている。それゆえいかなる意味においても、この教が他の学よりも高位であることはあきらかである。

それゆえ　一　についてはいわなければならない。本性上確実なことがらがわれわれにとって、われわれの知性の弱さのために不確実になることがあっても、これはなんら差し支えない。じっさいわれわれの知性は、『形而上学』第二巻[6]にいわれているように、「本性上最もあきらかなものに対し、あたかも蝙蝠《こうもり》の眼が太陽の光に対するような関係にある」。それゆえ信仰箇条について或る人々に疑いの生ずることがあるとしても、それはことがら自体の不確実のためではなくて、人間知性の弱さのためである。にもかかわらず、最も高いことがらについて持つことのできる知は、たとえごく僅かであっても、つまらぬことがらについて持つことのできる最も確実な知識より望ましい。このことは『動物論』第一一巻⑦に述べられているとおりである。

二 についてはいわなければならない。この学は哲学的諸学問から何かを受け取ることもありうるが、それはぜひともこれらの学問を必要とするためではなくて、この学においてつたえられることがらをよりいっそう明瞭にするためである。じっさいこの学はその原理を他の諸学からではなく直接に神から、啓示によって受け取っている。それゆえこの学は他の学をいわば自分より上位のものとしてそこから受け取るのではなく、それらの学をいわば自分よりも下位のもの、ないし婢として使用する。すなわち、国家の学が軍事の学を用いるように、支配的な学が従属する学を用いるという仕方で使用するのである。そしてこのように他の諸学を使用することは、この学の欠陥ないし不十分のゆえではなく、むしろわれわれの知性の欠陥のゆえになされる。じっさいわれわれの知性は、自然理性（それから他の諸学は出発する）によって知られることがらから出発する場合、この学においてつたえられる理性を超えたことがらへと、いっそう容易な仕方でみちびかれるのである。⑧

①　ラテン語 dignus のもとの意味は「……に値する」ということである。そこから価値ある、名誉ある、尊敬すべき、高位の、等の意味が出てくる。この項においては、聖なる教が他の諸学に優越するのはいかなる意味においてであるかが論じられる。

②　ヒエロニムス（三四二頃―四二〇）。ラテン教父の一人。聖書学者として有名。はじめローマで古典文学を研究したが、キリスト教に回心後は聖書研究に没頭し、聖書の原語を学ぶため東方諸国を遍歴し、晩年はベツレヘムの修道院において禁欲的な研究生活を送った。多くの聖書註解を書き、またギリシア系のキリスト教著作家の翻訳をしたが、特に重要なのは教皇ダマスス（三〇四頃―三八四）のすすめによって着手し長年月をかけて完成された旧新約聖書全部の原典からのラテン訳（ヴルガタ版）であって、これはその後長く西方教会の欽定版となった。彼はまた当時の教会や社会一般の事情を知るために資料的価値の高い多くの書簡を残している。ここに引用される書簡もその一つである。

③　『書簡』第七〇。ラテン教父集二二巻六六七―六六八。

④　ここで「昔の学者たち」doctores antiqui というのは、クレメンス（一五〇頃―二一五頃）、オリゲネス（一八五頃―二五四頃）を代表者とする二、三世紀のアレクサンドリア学派の教父たちをさすのであろう。彼らはいずれも古典的教養の深い人々であって、彼らに引用されたギリシア著作家の断片は、現代でも古典文学と哲学研究のための豊富で重要な資料となっている。

⑤　これが悪名高き「哲学は神学の婢」ancilla theologiae のもとである。しかし引用された『箴言』の箇所は、「知恵」sapientia が自分のもとに人々を呼び寄せることをいっているのであって、そのために婢

の役目をなす者は、預言者とも使徒とも解されるであろう。それをこの論では、「知恵」を聖なる教に、「婢」をそれに奉仕する哲学的諸学問にみたてているのである。

(6) 第一章九九三b九―一一。トマス『註解』第一講二八二。そこでアリストテレスは真理探究の困難の原因について述べて、真理はその本性上明々白々たるものであるが、真理に対して人間の眼は、白昼の光に対する蝙蝠の眼のようなものであるといっている。この説をトマスは真理としての「聖なる教」に適用する。

(7) アリストテレス『動物部分論』第一巻五章六四四b三一―三三。

(8) 〈本問第一項で述べられたように、聖なる教えの原理は信仰箇条であり、これは神が神自身について有している知の内容を啓示したものである。だから聖なる教えという学にとっての上位の学・知は神自身が有している知である。それに対して哲学的諸学の原理は人間の自然本性的理性であるから、聖なる教えが哲学的諸学にとって直接の上位の学というわけではない。したがって「いわば自分より下位のもの、ないし婢として」と言われているときの「いわば」は、直接的な上位・下位の関係を言っているのではないことに注意すべきである。〉

第六項　この教は知恵であるか(1)

第六については次のようにすすめられる。この教は知恵ではないと思われる。そのわけは、一、その原理をよそから受ける教は、知恵の名に値しない。「秩序づけられるのではなく、秩序づけることこそは智者にふさわしい」[2]からである。しかるにこの教は、既に述べられたところからあきらかなように〔本問二項〕、よそからその原理を受けている。ゆえにこの教は知恵ではない。

二、更に、知恵には他の諸学の原理を吟味するという仕事が属している。ゆえに『倫理学』第六巻[3]には、それは諸学の「頭」の地位に在るといわれるのである。しかるにこの教は他の諸学の原理を吟味しない。だから知恵ではない。

三、更に、この教は研究によって獲得される。しかるに知恵は神から注がれることによって得られるのであって、それゆえ『イザヤ書』第一一章〔二節〕においてあきらかなように、聖霊の七つの賜物のうちに数えられるのである。[4]ゆえにこの教は知恵ではない。

しかし反対に、『申命記』第四章〔六節〕の、律法の始まるところで、「これは諸々の民の前に示すべき、なんじらの知恵と悟りである」といわれている。

答えていわなければならない。この教は、すべての人間の知恵のなかで、単に或る領域に限ることなく端的に、最もすぐれた意味において知恵である。そもそも智者の智者たる所以はものごとを秩序づけ判断することにあるが、判断は高い原因にもとづき下位のことがらについてなされるものであるから、いずれの領域においてもその領域の最高原因について考察する者が智者といわれる。たとえば建築の領域についていえば、家の形相を考案する技術者が、材木を切ったり石を準備したりする下位の技術者に対して智者、棟梁と呼ばれ、その意味で『コリント前書』第三章〔一〇節〕には、「知恵のある棟梁のように私は土台を据えた」といわれるのである。更にまた、人間生活の全領域にわたっては、思慮ある人が人間的行為をしかるべき目的に秩序づけるかぎりにおいて智者といわれる。その意味で『箴言』第一〇章〔二三節〕には、「思慮深い人には知恵がある」といわれている。したがって、全世界の最高原因たる神を端的に考察する人は、最もすぐれた意味で智者と呼ばれる。それゆえ知恵はアウグスティヌスの『三位一体論』第一二巻⑤においてもあきらかなように、「神的なことがらについての認識」であるといわれるのである。ところで聖なる教は、最高原因であるかぎりにおける神をその考察の最も固有な対象とする。なぜならそれは神を、単に被造物を通して知られうるものであるかぎりにおいて論じるのみではなく(『ロマ書』第一章〔一九節〕に「神について知られることは彼らにあきらかである」といわれているように、被造物を通して知られうるかぎりの神を認識したのは哲学者たちであった)、その上また神自身について御自身だけに知られ、他の者たちには啓示によって伝えられたことがらについても論じるからである。それゆえ聖なる教は最もすぐれた意味で知恵であるといわれる。

それゆえ 一 についてはいわなければならない。聖なる教はその原理を何らかの人間的な知から受けるのではなくて、神の知から受ける。そしてわれわれの有するすべての認識は、この神の知を最高の知恵としてそれによって秩序づけられているのである。

二　についてはいわなければならない。他の諸学の原理は自明で証明されえぬものであるか、それとも別の或る学において何らかの自然理性によって証明されるかのいずれかである。しかるにこの学に固有の認識は、啓示によるものであって自然理性によるものではない。それゆえ他の諸学の原理を証明することはこの学の務めではなく、ただそれらの学について判断することだけがその任務に属している。すなわち他の学のうちにこの学の真理に反することが見いだされる場合には、そのことの全体を偽として斥ける。それゆえ『コリント後書』第一〇章〔四―五節〕においても、「これによって謀計と、神の知に逆らって驕るとりでとをことごとく打ち砕く」といわれているのである。

三　についてはいわなければならない。判断は智者の任務であるが、判断には二つの仕方があるから、知恵ということも二つの意味に解される。すなわち誰かが判断するということは、或る場合には傾向性によってなされる。たとえば徳の習態を有している人は徳によって行なわれるべきことがらについて、そのようなことがらへの傾向性を有しているかぎりにおいて正当に判断する。この意味で『倫理学』第一〇巻[6]においても、有徳の人は人間的行為の尺度であり基準であるといわれているのである。もう一つは、認識という仕方でなされる。たとえば倫理学に造詣深い人は、たとえ有徳でなくても徳の行為について判断することができるであろう。ところで神のことがらについての第一の判断の仕方は、聖霊の賜物とされる知恵に固有なものであり、かかる知恵について『コリント前書』第二章〔一五節〕には、「霊の人は万事を判断する」云々といわれ、またディオニシウスは[7]『神名論』第二章[8]において、「ヒエロテウスが[9]学者となったのは単なる学習によるものではなく、神から知を受けることによってであった」といっている。それに対しこの学は、啓示から原理を受けるにしても、やはり研究によって獲得されるものであるから、第二の仕方でもって判断するのである。

(1) 「知恵」sapientia に当たるギリシア語は sophia である。ギリシアとユダヤにそれぞれ固有の知恵の思想の伝統があり、パウロやアウグスティヌスもそれぞれ独自の意味でこのことばを用いている。しかし全体を通じていえることは、「知恵」が「知識」と区別されて最高知を意味するということである。トマスはさまざまな著者によって用いられ、さまざまな脈絡のなかでさまざまなニュアンスをもってあらわれる知恵の意味を「原因の知」というアリストテレスの定義によって統一し、聖なる教は、最高原因たる神についての啓示知なるがゆえに、最高度に「知恵」の名に値すると結論する。

(2) アリストテレス『形而上学』第一巻二章九八二a一七—一九。トマス『註解』第二講四二。アリストテレスはこの章において、「知恵」sophia を定義して「原因の知」であるとなし、存在の第一原因を研究する第一哲学こそは、最もすぐれた意味で知恵の名に値するという。

(3) 第七章一一四一a一九。〈トマスが単に『倫理学』Ethica と呼ぶ時には、アリストテレスの『ニコマコス倫理学』を指している。〉トマスは「知恵」が諸学の「頭」といわれる理由を説明していう。いかなる学も知恵といわれるわけではなく、特に最も尊ぶべき神的なことがらにかかわる学が知恵と呼ばれる。それはちょうど、頭のなかに在る感覚中枢が五体のすべての運動を規制するように、すべての学に原理を与えて規制するから諸学の「頭」といわれる。トマス『註解』第六講一一八四。

(4) 『イザヤ書』には、地から木が生じその若枝の上に「主の霊」spiritus Domini がとどまるといわれている。それは、「知恵」sapientia、「悟り」intellectus、「思慮」consilium、「剛毅」fortitudo、「知識」scientia、「敬虔」pietas、「畏れ」timor という七つの霊である（同書第一一章二―三節）。トマスはこれを、人間を超自然的に完成するために魂に注がれる聖霊の七つの賜物であると解釈する。賜物については、第二・一部六八問において詳論される。

(5) 第一四章二二。ラテン教父集四二巻一〇〇九。アウグスティヌスはここで、「永遠なるものの観想」としての「知恵」sapientia を、「時間的なるものを善用するはたらき」としての「知識」scientia と区別している。〈本問第二項の註6を参照〉

(6) 第五章一一七六a一七―一八。トマス『註解』第八講二〇六二。

(7) ディオニシウスと呼ばれる人は、『天上位階論』『教会位階論』『神秘神学』『神名論』（いずれも原文はギリシア語）の著者とされる。この人は中世時代、パウロがアレオパゴスの丘で改宗させたギリシア人（『使徒行伝』第一七章三四節）と同一視され、上記の諸著作は東西両教会において非常に尊重され、多くの神学者により研究され註解されてきたが、十六世紀になってその著作者と年代とについて疑義を生じ、多くの論争をへて現在では、著者は五〇〇年頃シリアに生きていた人であろうと推定されている。著者はこれらの著作において、新プラトン哲学とキリスト教との融合を企て、種々なる段階をへて究極的に人間の魂が神に一致するに到る過程を述べている。著者とその年代のことはともあれ、この著作が中世思想、特に神秘思想に及ぼした影響は甚大である。トマスも『神名論』の註解を書いている。

⑧ ギリシア教父集三巻六四八。トマス『註解』第四講。

⑨ ヒエロテウスは、ディオニシウスの師とされる人物である。伝説によれば、彼はアウグストゥス帝の治下にアテナイの名家に生まれ、プラトン哲学に造詣深く、キリスト教に改宗後は、パウロによってアテナイの司教に任ぜられたという。

第七項　この学の主題は神であるか①

第七については次のようにすすめられる。この学の主題は神ではないと思われる。そのわけは、一、哲学者の『分析論後書』第一巻②によれば、いかなる学においても、その主題の「何であるか」が前提されていなければならない。しかるにこの学は神について、その「何であるか」を前提しない。じっさいダマスケヌスも③、「神については、その何であるかを語ることは不可能である④」といっているのである。それゆえ神はこの学の主題ではない。

二、更に、或る学において論じられることがらはすべて、その学の主題のもとに包含される。しかるに聖書のなかでは、神以外の多くのことがら、たとえば被造物や人間の道徳などについて論じられている。ゆえにこの学の主題は神ではない。

しかし反対に、学の主題とは、それについてその学において論議されるところのものである。しかるにこの学においては神について論議される。じっさいこの学はテオロギアと呼ばれるが、それは「神についての論議⑤」ということなのである。ゆえにこの学の主題は神である。

答えていわなければならない。この学の主題は神である。そもそも学の主題に対する関係は、能力ないし習態の対象に対する関係に等しい⑥。ところで或る能力ないし習態に対しその固有の対象とされるものは、すべてがそれを根拠としてその能力ないし習態に関係づけられるその性格である。たとえば人間も石も見る能力に関係づけられるが、それは両者ともに「色あるもの」という性格を有するからであり、したがって「色あるもの」こそが見る能力の固有対象なのである。ところで聖なる教においては、すべてのことがらが神を根拠として論じられる。すなわちそれが神そのものであること、あるいは、根原ないし目的としての神に秩序づけられていることを根拠として論じられる。それゆえ神こそは真の意味でこの学の主題であるといわなければならない。

このことはまた、この学の原理が神についての信仰箇条であるということからしてもあきらかである。すなわち学の全体は潜勢的にその原理に含まれているから、原理の主題とその学全体の主題とは同じものでなければならないのである。

ところが或る人々は、この学において取り扱われる内容のほうだけに注目し、それらのことがらがそれを根拠として取り扱われる性格のことは考慮せずに、この学の主題を別様に規定した。すなわち或る人はこの学の主題は「もの」と「しるし」であるといい[7]、或る人は「恢復の業」であるといい[8]、また或る人は頭と肢体とを含む「キリストの全体」であるという[9]。たしかにこの学においては、これらすべてのことがらが論じられる。しかしすべて神への秩序のもとに論じられるのである。

それゆえ　一　については、たしかにわれわれは神について、その「何であるか」を知ることができない。しかしこの教においてわれわれは、神について考察されることがらとして、自然ないし恩恵を通しての神の結果を、神の定義のかわりに用いるのである。それはちょうど或る哲学的諸学において原因に関することがらが、原因の定義のかわりに結果をとり、結果によって論証されるという場合に似ている。

二　についてはいわなければならない。聖なる教において論じられる他のいっさいのことがらは、神のもとに包含される。ただし神の部分、種、ないし属性としてではなく、何らかの仕方で神に秩序づけられているものとしてそのもとに包含されるのである。

⑴「主題」subiectum とは、それについて何事かが語られるものであり、命題でいえば「主語」に当たる。学についていえば、その学がそれについて探究し、それについて論じる主たる題目である。トマスは「聖なる教」の主題を神であるとなし、そこにおいて論じられるすべてのことがらは、すべて神との何らかの関連において取り上げられるのであるとする。この規定は一方において「聖なる教」に統一を与えるとともに、他方においてその内容をきわめて豊富なものとする。なぜならば神以外のものはすべて神の被造物として何らかの関係を神に対して有し、したがって神を主題とする「聖なる教」は、存在するいっさいのものについての何らかの認識を自らのうちに包含することとなるからである。

⑵ 第一章七一ａ一二―一四。トマス『註解』第二講一四―一九。そこで、学が成立するためにはその学の主題について、それが「在る」ということとともに「何であるか」quid est ということがあらかじめ知られていなければならないといわれている。「何であるか」はそのものの「定義」である。学が成り立つためには、まずもってその主題が定義されていなければならないというのである。

⑶ ヨハネス・ダマスケヌス（六七五頃―七四九頃）。東方教会の偉大な神学者。多くの著作と聖書註解を書いたが、特に重要なのは『正統信仰論』（原文はギリシア語）である。この書において、彼は、創造、受肉、三位一体、秘跡、マリア論等、キリスト教の重要な教理についての東方教父等の説を綜合し、いわば東方教会の『神学大全』を完成した。この書はギリシア、スラブ等、東方の神学者たちに重要な影響を及ぼしたのみでなく、ラテン訳されて西方教会の学者たちにも大きな影響を与えた。トマスによってもしばしば引用されている。

⑷『正統信仰論』第一巻四章。ギリシア教父集九四巻八〇〇。この言表によってもうかがわれるように、

ダマスケヌスの神学はアリストテレス哲学を基にしている。

⑤ テオロギア theologia というギリシア語は「テオス」(神) についての「ロゴス」、ラテン語にすれば、「デウス」についての論 sermo de Deo に当たる。

⑥ 能力、習態、対象の関係については、三項註4を参照。

⑦ ペトルス・ロンバルドゥスの『命題集』をさす。この書は神学の内容を、神的なことがらそれ自身としての「もの」res と、それの「しるし」signa としての秘跡 sacramenta という二つの類に大別し、これを四巻に分け、三位一体 (第一巻)、創造と罪 (第二巻)、受肉と徳 (第三巻)、秘跡 (第四巻) という順序で、これらの問題に関係ある教父たちの命題を集めて編集されている。この書は西方教会においては十三世紀以降のスコラの時代を通じ神学の教科書として広く用いられ、多くの神学者によって『註解』が書かれた。トマスも初期に『命題集註解』四巻を書いている。ロンバルドゥス (一一〇〇頃—六〇) は、パリの司教。東西教父の著作に造詣深く、上記の『命題集』のほか、パウロの『書簡』、『詩篇』についての註解を書いた。トマスの時代において権威であり、彼自身若い時代にその註解を書いたロンバルドゥスに対して、いま神学の主題についてトマスがはっきりと批判的立場に立っていることを注意すべきである。ただしそれを否定するのではなく、自らの体系のうちに包含するような立場に立っているのである。

⑧ サン＝ヴィクトルのフーゴー (一〇九六頃—一一四一) の説。フーゴーはサクソニア出身。ヴィクトル派修道院の司祭。アウグスティヌスおよびディオニシウスの著作を通してキリスト教的プラトニズムの思想を深め、独自の神秘思想に到達した。その主著『秘跡論』(原文はラテン語) において、すべて

の被造物は神の思惟内容の可感的表現であるという思想を展開した。「恢復の業」opera reparationis とは、堕落した人間性のキリストによる恢復をいう。『秘跡論』第一巻一部二章。ラテン教父集一七六巻一八三。

⑨ ムランのロベルトゥス（一一六七歿）の説。この人はイングランド出身、パリに学び、アベラルドゥス（一〇七九―一一四二）の建てた学校の後継者となる。のちイングランドに戻り、ヘレフォードの司教となる。『命題集』を著わす。アベラルドゥスの系統を引く合理主義者で、同時代のベルナルドゥス（一〇九〇―一一五三）の神秘主義に対立する。

第八項　この教は論証的であるか①

第八については次のようにすすめられる。この教は論証的ではないと思われる。そのわけは、一、アンブロシウス②は『カトリックの信仰』第一巻③において、「信仰が求められているところでは論証をやめよ」といっている。しかるにこの教においては特に信仰が求められているのであって、だからこそ『ヨハネ伝』第二〇章〔三一節〕においても、「これらのことが書き記されたのは、あなたがたが信ずるためである」といわれているのである。ゆえに聖なる教は論証的ではない。

二、更に、もしも論証的であるとすれば、その論証は権威[4]によるか、それとも理性によるかのいずれかである。もし権威によるとすれば、これはこの教の品位にふさわしくないと思われる。なぜならボエティウス[5]によれば、権威からの引用は論証力がきわめて薄弱だからである。[6]またもし理性によるとすれば、これはこの教の目的にふさわしくないと思われる。なぜならグレゴリウス[7]の『教話[8]』によれば、「人間理性によって検証されうることならば、わざわざ信仰するに値しない」からである。ゆえに聖なる教は論証的ではない。

しかし反対に、『テトス書』第一章〔九節〕には、司教について、「教に適う信頼すべきことばを護り、健全な教によって人々をはげまし、反対を唱える者たちに対して論証できる人[9]」でなければならないといわれている。

答えていわなければならない。他の諸学が論証を用いるのは、その原理を証明するためではなく、かえってその原理から出発して論証をすすめ、その学のうちに含まれている他のことがらを証明するためであるが、ちょうどそれと同様に、この教が論証を用いるのは、信仰箇条というこの教の原理を証明するためではなく、かえってそこから出発して何かこの原理以外のことがらを証明するためである。使徒が『コリント前書』第一五章〔一二節以下〕において、キリストの復活をもとにして論証をおしすすめ、人間一般の復活を証明するのはその例である。[10]

それにしても次のことを考えてみなければならない。哲学的諸学の場合には、下位の学はその原理の証明をせず、原理を否定する者に対して議論もせず、このような仕事は上位の学に委ねるのであるが、哲学的諸学のなかで最高の学である形而上学はこれに反し、原理を否定する者に対して、もしその者が原理の一部を認める場合にはこれと議論する。しかしながらもし彼が原理を全然認めない場合にはこれと議論することができない。[11]しかしその場合でも、彼がもち出す反対の理由を論破することはできるのである。

かくて聖書[12]は、それより上位のものはないから、その原理を否定する者と議論するが、もし相手が神の啓示によって得られることがらのうちの或る点を認める場合には、論証という仕方で議論する。たとえば異端者[13]に対してはわれわれは聖なる教の権威にもとづいて議論し、また信仰箇条の或る一項を否定する者に対しては信仰箇条の別の一項によって議論するのである。だがしかし相手が神から啓示されることがらを何一つ信じない場合には、もはや理由をあげて信仰箇条を証明する道は残されていない。しかしその場合でも、もし相手が信仰に反対して何らかの理由をもち出すならば、これを論破する道は残っている。じっさい、信仰は不可謬の真理に依拠し、真理の反対を論証することは不可能であるから、信仰に反対してもち出される証明なるものが、じつは論証ではなくて、論破されうる理窟にすぎないことはあきらかである。

それゆえ 一 についてはいわなければならない。たしかに人間理性による論証は、信仰に関することがらを証明するには無力である。しかしこの教の場合は、上に述べられたように〔主文〕、信仰箇条から出発してそれ以外のことがらを論証するのである。
二　についてはいわなければならない。権威にもとづいて論証するということは、この教の最大の特色である。この教の原理は啓示によって得られるものであるから、啓示を受けた人々の権威が信じられなければならないのである。しかしそれがためにこの教の品位がそこなわれることはない。なぜならば人間理性にもとづく権威からの引用はきわめて薄弱であるにしても、神の啓示にもとづく権威からの引用はきわめて有力なものだからである。

それにしても聖なる教は人間理性をも用いる。しかしそれは理性によって信仰を証明するためではない。そういうことをすれば信仰の価値は失われるであろう。この教が理性を用いるのは、この教のなかでつたえられる何か他のことがらを明瞭にするためである。じっさい恩恵は自然を廃することなくかえってこれを完成するものであるから[14]、あたかも意志の自然的傾向性が愛徳に奉仕するように[15]、自然理性は信仰に従わなければならないのである。それゆえ使徒も『コリント後書』第一〇章〔五節〕において、「すべての理性[16]をとりこにして、キリストに服従させる」といっている。そこでまた聖なる教は、哲学者たちが自然理性によって真理を知りえた場合には、彼らの権威をも用いる。パウロが『使徒行伝』第一七章〔二八節〕においてアラトゥス[17]のことばを引用し、「あなた方の詩人たちのうちの或る者もいうように、われわれは神の子孫である」というのはその例である。

しかし聖なる教はかかる権威を、いわば教外の蓋然的論拠[18]として用いるにすぎない。それにひきかえ正典[19]の権威は、教にとって固有的でありかつ必然的論証力を有するものとしてこれを用いる。それ以外の教会博士[20]たちの権威は、教内のものではあるがしかし蓋然的な論拠としてこれを用いる。われわれの信仰は、正典を書いた使徒と預言者とに対してなされた啓示に依拠するのであって、たとえ何らかの啓示が他の博士たちになされたとしても、かかる啓示には依拠しないからである。それゆえアウグスティヌスはヒエロニムスに宛てた『書簡』のなかでこういっている。「ただ正典と呼ばれる書物に対してのみ、その著者はそれを書いたさいまったく誤たなかったと絶対確信するほどの特別の敬意を払うことを私は学びました。それにひきかえ他の書物は、たとえそれがいかに素晴らしい聖性と教とによって卓越したものであろうとも、そのように考えそのように書いたのがまさにその著者たちであるがゆえにそこに書かれていることは真なのであると、そう思わないようにして読んでいます[21]」。

(1) 「論証的」argumentativa とは、或ることがらの真理性を推論を用いて証明することである。議論する相手を説得するために論証が用いられる。聖なる教と論証との関係については、哲学的諸学問の場合とは異なる独自の難問が生ずる。哲学的諸学問の場合は、その原理は理性によって自明な普遍的第一原理に還元されるから、論証が正しいかぎり何人もこれを承認せざるをえない。これに対し、聖なる教の原理は信仰箇条であって理性を超越する。ゆえにこれを強いて理性によって論証すればかえって信仰をそとなうことになる。しかし他面、信仰の真理を宣明するためには論証も必要である。そこでこの項は、聖なる教において論証の使用されうる可能性の根拠、この論証の方法、およびその限界について論じる。

(2) アンブロシウス(三三九頃―三九七)。ミラノの司教。ローマの貴族の出身。法律を学び知事となったが、その徳望によってミラノの司教におされてのちは、司牧と著述と、また国家の不正な干渉に対して教会の権利を擁護するため、偉大な功績をのこした。その人格と説教とによってアウグスティヌスの回心のために大きな影響を与えた。著作は『教役者の職務について』をはじめキリスト教道徳に関するものが多い。ギリシア語の造詣深く、東方教父たちの著作をラテン語に翻訳、紹介することにより、以後の西方教会の神学発展に基礎を与えた。

(3) 第一三章八四。ラテン教父集一六巻五四八。

(4) ここで「権威」auctoritasといわれるのは、その言説が学界ないし教界において、非常に尊敬され重きをなしている古典的著者からの引用である。

(5) ボエティウス(四八〇頃―五二四頃)。ローマ貴族の出身。テオドリック帝の政治顧問、執政官となったが陰謀の嫌疑を受けて処刑された。ギリシア哲学の造詣深く、アリストテレスやポルフュリオスの論理学書をラテン訳したが、これは中世スコラ哲学の一つの原泉となった。獄中で書かれた『哲学の慰め』は新プラトン哲学的傾向の強いものであるが、中世に広く愛読された。三位一体についての神学的小論文は、その後のスコラ哲学的三位一体論の形成に対して、その基本的概念(特にペルソナの概念)の厳密な定義を提供した。トマスはその小論文について『註解』を書いている。彼の著作はトマスの『神学大全』においてもしばしば引用される。

⑥　ボエティウス『キケロのトピカ註解』第六巻。ラテン教父集六四巻一一六六以下。

⑦　グレゴリウス（五四〇頃―六〇四）。執政官の子に生まれ、ローマの市長となったが、莫大な領地財産をすてて施し、修道僧となった。五九〇年、教皇に選ばれて後は、荒廃したイタリアを復興し、東ローマ帝国の干渉からローマ教会の独立を獲得し、ベネディクト修道会を保護し、イングランドを改宗させるなど、中世の西欧世界の形成のため、根本的な働きをした。著作もまた非常に多いが、思弁的というよりはむしろ実践的道徳的性格にすぐれ、理念的にはアウグスティヌスに従っている。彼はアウグスティヌスが古代末期にのこした教会の理念を、中世という歴史的時代に実現した人であるといわれる。

⑧　『講解』第二六。ラテン教父集七六巻一一九七。「講解」Homiliaとは、もと聖書の或る題目についてなされた説教を意味する。すぐれた説教者の教話は記録され編集されて、司祭や修道士たちの読書の材料とされた。グレゴリウスにも、福音書の諸題目についての多くの教話があり、それは中世を通じ大いに尊重され広く読まれた。

⑨　ラテン文ではarguereとなっている。反対を唱える者に対して「答弁する」「あやまりを指摘する」の意味である。トマスも同書の『註解』第三講二四においては、arguereとは「論駁する」convincereことであるといっている。ここではしかし「論証的」argumentativaとの関連において「論証する」と訳しておく。つまり、力ずくで相手をやりこめるのではなくて、道理を説いて相手のあやまりを説得するの意味である。

⑩　パウロは復活を否定する人々に対して、もしキリストが復活しなかったならばわれらの宣教は空しく、信仰は空しく、われらは神の前に偽証人となる。われわれの信仰はキリストの復活という「事実」の上

に立てられている。ところでキリストは人々の初穂として復活したのである。ゆえに初穂たるキリストが復活したならば、すべての人間も復活するはずだと説く。ここにトマスは、「キリストの復活」という信仰箇条を原理としてそこから人間一般の復活を結論する「論証」を認めるのである。

⑪ 諸学の根本原理は矛盾律に帰着する。ゆえに矛盾律を否定する者に対しては諸学は議論することができない。形而上学は矛盾律を否定する者を相手に議論し、論証によってその正当性を証明する仕事を引き受ける。矛盾律とは、同じものが同じ観点のもとに「あり」かつ「ない」ことはありえないという法則である。これを否定する者は「ある」と「ない」とを同一視するのである。ゆえに彼らは少なくとも「ある」とか「ない」とかいうことは認めている。これをも認めない者に対しては、形而上学は論証という仕方で矛盾律を証明することはできない。アリストテレス『形而上学』第四巻四、八章。トマス『註解』第一七講七三八を参照。

⑫ 「聖書」sacra Scriptura。或る写本ではこのかわりに「聖なる教」sacra doctrina となっている。そのほうがよいかも知れない。第三項註7を参照。

⑬ 「異端者」haereticus とは、よく誤解されるように、キリスト教を否定する者、あるいはキリスト教以外の宗教を信ずる者をいうのではなくて、キリスト教のうちにとどまりながら信仰箇条のうちの或るものを勝手にえらび、或るものを否定し、あるいは勝手な解釈をほどこし、教内において分派をなす者をいうのである。だから彼らとは共通の基盤であるキリストの教をもとにし、あるいは彼らも共通に認める信仰箇条の或るものをもとにして議論をたたかわせることができる。

⑭ 「恩恵は自然を廃することなくかえってこれを完成する。」gratia non tollit naturam, sed perficit. これ

はトマスの根本思想である。理性は人間に自然的に賦与されたものであり、信仰は超自然的恩恵である。両者は次元的に絶対に区別されなければならないが、しかし矛盾するものではない。かえって自然は恩恵によって完成せしめられるのである。理性は信仰を完全に説明しつくすことはできないが、信仰によって得られた認識内容を人々の前にいっそう「明瞭にする」manifestare ために役だつのである。

⑮ 意志は自然本性的に創造主なる神を志向する。それは意志が神に対して有している自然的愛である。「愛徳」caritas とはこれに対し、神から超自然的にそそがれる恩恵としての愛であり、これを受けた者は神を超自然的に愛するようになる。しかし意志の自然的愛と超自然的愛徳とは矛盾も対立もせず、かえって自然的愛は超自然的恩恵としての愛によって完成せしめられる。ゆえに自然的愛は愛徳に奉仕すべきものである。このようなトマスの説に対しては、意志が自然本性的に神に向かうとするならば、人間はなにゆえ罪を犯すのかという疑問が当然生じてくるが、これに答えるためには「原罪」peccatum originale の教をまたなければならない（第二・一部八二問以下）。しかし原罪によって人間の意志のうちに不秩序が生じているにしても、にもかかわらず意志が自然本性的に神を志向していることは根原的事実であって、恩恵は原罪による意志の邪曲をいやし、これをあるべき姿勢に戻し、更にこれを神への愛に燃え上らせるのである。超自然的恩恵としての愛徳については、第二・二部二三問以下において詳論される。

⑯ ギリシア原文では noema、ラテン訳では intellectus となっている。「ノエマ」は「理性」ではなくむしろ「考えること」「思い」の意味である。トマス『註解』第一講三五二も「人間が知ることのすべて」と解している。しかしここでは前後の脈絡から「理性」と訳しておく。

⑰ アラトゥスは、前三世紀半ばに生きていたキリキア出身のストア派の詩人。この句は彼の詩『ファイノメナ』からの引用である。
⑱ 「蓋然的論拠」argumenta probabilia。絶対に真というのではなく、真である度合が大きい論拠。だからこれを学の原理とすることはできない。
⑲ 「正典」canonica Scriptura。教会において、神の啓示の書であることが正式に認定されている書物。すなわち預言者および使徒によって書かれた旧約および新約聖書。
⑳ 「教会博士」doctores ecclesiae。教会においてその教の正統性とその人格の聖性とが正式に認められ、その著作が権威あるものとされる学者たち。特に教父たち。
㉑ 『書簡』第三二第一章三節。ラテン教父集三三巻二七七。教父の権威の取り扱い方をいかにすべきかという問題に対して、最大の教父たるアウグスティヌスの口を通し、これまた偉大なる教父ヒエロニムスに宛てた書簡において語らしめるところに、トマスの教父引用の巧妙さをみるべきである。

第九項　聖書は比喩を用いるべきであるか①

第九については次のようにすすめられる。聖書は比喩を用いるべきではないと思われる。そのわけは、

一、最下位の教に固有なことは、既に述べられたように〔五項〕、すべての学のなかで最上位を占めるこの学にはふさわしくないと思われる。しかるにさまざまな類似や表象を用いてすすむのは、すべての教のなかで最下位のものである詩に固有なことである。ゆえにかかる類似を用いることは、この学にはふさわしくない。

二、更に、この教の目的は真理をあきらかにすることにあると思われる。ゆえに真理をあきらかにする者に対しては報酬が約束され、『集会書』第二四章〔三一節〕にも、「わたしを輝かす者は永遠の生命を得るであろう」といわれるのである。しかるにかかる類似を用いるならば、それによって真理はかえっておおわれてしまう。ゆえに神的なことがらを物体的事物の類似によってつたえることは、この教にふさわしくない。

三、更に、被造物はそれが崇高なものであればあるほど、いっそう神に似たものになってゆく。それゆえもし被造物の或るものが神を表現するため転用されるとしたならば、かかる転用はとりわけ崇高な被造物からなされるべきであって、最下位の被造物からなされるべきではなかったであろう。しかるに後のほうの転用が、聖書のなかにはしばしば見いだされるのである。[2]

しかし反対に、『ホセア書』第一二章〔一〇節〕には、「わたしは多くの幻を彼らに示した。そしてわたしは預言者たちの手によって類似をもって語った」といわれている。しかるに何かを類似によってつたえることは比喩にほかならない。ゆえに比喩を用いることは聖なる教に属する。

答えていわなければならない。神的なことがらや霊的なことがらを、物体的事物の類似のもとにつたえるのは聖書にふさわしいことである。そもそも神はすべてのもののためにそれぞれの本性に適合した仕方で配慮する。ところで人間にとっては、可感的なことがらを通して可知的なことがらに到達するのがその本性に適合している。われわれの認識はすべて感覚に端を発するものだからである。それゆえ聖書のなかでわれわれに、霊的なことがらが物体的事物の比喩を用いてつたえられるのは適当なことであり、ディオニシウスが『天上位階論』第一章[3]において、「神の光線が色とりどりの聖なるヴェールに包まれずに直接にわれわれを照らすことは不可能である」という所以もまさにここにある。

更にまた、『ロマ書』第一章〔一四節〕に「わたしは知恵ある者にも無知なる者にも責任がある[4]」といわれているように、万人に対して平等に提供されている聖書が、霊的なことがらを物体的事物の類似のもとに提供するのは適当なことである。それは、かかる方法を用いることによって、可知的なことがらをそれ自体として把握するだけの力のない未開の人々にも、何とか聖書が理解されうるものとなるためである。

それゆえ 一 については、ことがらをいきいきと表現するためである。じっさい、人は本性的にかかる表現をよろこぶ。これに対し、聖なる教が比喩を用いるのは、既に述べられたように〔主文〕、ひとつには必要、ひとつには有用のためである。[5]

二　についてはいわなければならない。ディオニシウスが述べているように、[6]神の啓示の光線はそれを包む可感的形象によってそこなわれることはなく、それ自身の真理のうちにとどまっている。そこで啓示を受けた精神は類似のうちに安住していることが許されず、可知的なことがらの認識にまで高められるのである。また啓示を受けた人々を通じて、その他の人々も可知的なることがらについて教えられる。それゆえ聖書の或る箇所において比喩をもってつたえられていることがらが、他の箇所においてはもっとはっきりした仕方で説明されるのである。それにしても真理が形象のもとに隠されるということは、熱心な真理の探究者たちを鍛錬するために有益であり、また『マタイ伝』第七章〔六節〕に「聖なるものを犬に与えるな」といわれるあの無信仰な人々の嘲笑に対して真理を護るためにも有益である。

三　についてはいわなければならない。ディオニシウスが『天上位階論』第二章[7]において教えているように、聖書のなかで神に関することがらが高貴な物体よりはむしろ下等な物体の形象のもとにつたえられているのは適切である。それには三つの理由がある。第一に、これによって人間精神はよりよく誤解から解放されることができるからである。じっさいかかる形象が神のことがらについて固有の意味で用いられているのでないことは明白だからである。これに反し、もし高貴な物体の形象を用いて神のことがらが語られたとしたならば、この点があいまいになったたかも知れない。なかんずく、物体以上に高貴なものを考えてもみることのできない人々の場合において然りである。[8] ——第二に、かかる表現の仕方は、われわれがこの世において神について有する認識にいっそう適しているからである。というのは、神についてはそれが何であるかということよりも何でないかということのほうが、われわれにとってはいっそうあきらかである。[9] それゆえ神からかけ離れたものを類似として用いるほど、神はそれについてわれわれが語ったり考えたりするものを超越するということについてのいっそう真実の判断がいだかれるようになるのである。——第三に、かかる形象によって神のことがらは、それに値しない人々に対し、いっそう深く隠されるようになるからである。

(1) 「比喩」metaphora は、ギリシア語の「別の所に移す」を意味する動詞 metapherein に由来する。そこから、或る語をその本来の意味から移して、それと何らかの類似性を有する別の意味を表わすように用いられた語をメタフォラという。聖書のなかには多くの比喩的表現が見いだされるが、聖書が聖なる教の原理であり、聖なる教が学たることを要求するとすれば、学の原理たるもののうちに「比喩」のようなあいまいな表現が用いられるのは不適当であると思われる。このような疑問に答えてこの項においては、聖書が比喩を用いるのは適当であること、のみならず啓示の書としての聖書にとっては、比喩を用いることは或る意味で必然であることが論証される。

(2) これは提起された問題に対する異論というよりはむしろ、聖書のなかで神を表わすのに物体的類似がしばしば用いられることに対する疑問である。

③ 第二節。ギリシア教父集三巻一二一。『天上位階論』は霊的生活における三つの段階、すなわち浄化、照明、一致の道について論じている。

④ パウロは神によってすべての異邦人の使徒とされたから、ギリシア人にも未開人にも、智者にも無知なる者にも福音を宣べるべき義務を負うている。トマス『註解』第五講九三を参照。

⑤ すなわち、可感的なものから可知的なものへすすむという人間本性の「必然性」**necessitas** と、無知なる者にも理解できるものにするという「有用性」**utilitas**。

⑥ 本項註3と同じ箇所。

⑦ 第二節。ギリシア教父集三巻一三七。

⑧ 「高貴な物体」**corpora nobilia** とは、日、月、星のような天体のこと。「下等な物体」**corpora vilia** とは地上の諸物体のこと。もし神の比喩として日、月、等の天体が用いられたならば、けじめのつかない人々は、天体そのものを神と思いあやまったかも知れない。地上の物体が比喩として用いられる場合は、神との異なりはあまりにもあきらかであるから、かかる誤解を起こすおそれはない。

⑨ 〈この点については第三問序および註2を参照。〉

第一〇項　聖書は一つの文字のもとにいくつかの意味を含むか[1]

第一〇についでは次のようにすすめられる。聖書は一つの文字のもとにいくつかの意味を、すなわち歴史的（ないし文字的）、比喩的、寓意的（ないし道徳的）、および上昇的意味を含まないと思われる。そのわけは、

一、一つの文字のうちにいくつかの意味が含まれる場合には混乱と欺瞞とが生じ、論証の確実性が失われる。それゆえ多義的命題をもとにして論証はすすめられず、それをすると虚偽の推理が生ずる。しかるに聖書は一点の虚偽もまじえずに真理を示す力を持つべきである。それゆえ聖書においては、一つの文字のもとにいくつかの意味がつたえられるべきではない。

二、更に、アウグスティヌスは『信仰の功用』[2]において、「旧約聖書と呼ばれる書物は、四種の意味を含んでつたえられる。すなわち、歴史的、原因的、対比的、比喩的意味である」といっている。しかるにこの四つは上記の四つの意味とはまったく別のものであると思われる。それゆえ聖書の同じ文字が上記の四つの意味に従って解釈されるのは適当ではないと思われる。

三、更に、上記の意味のほかに、譬喩的意味というのがあるが、これはさきの四つの意味のうちには含まれていない。

しかし反対に、グレゴリウスは『道徳論』第二〇巻[3]においていっている。「聖書はまさにその

独自な語り方によってすべての学を超越する。すなわちそれは或ることばによってできごとを語りながら、まさにその同一のことばによって秘義④を告げるのである」。

答えていわなければならない。聖書の著者は神である。神は単に或る音声を用いてあることがらを表示させるだけではなく（このことならば人間にもできる）、更にまた、ことがらそれ自体を用いて別の或ることがらを表示させる力をも有している。そこで、音声が何らかのことがらを表示するのはすべての学に共通のことであるが、この学は特に、音声によって表示されることがらそれ自体が、更にまた何事かを表示するという特徴を有している。そこで音声がことがらを表示するというこの第一の表示の仕方は第一の意味にかかわり、それが歴史的ないし文字的意味⑤である。これに対し、音声によって表わされることがらが更にまた別のことがらを表わすという表示の仕方は霊的意味⑥といわれ、それは文字的意味を基本とし前提としている。

ところでこの霊的意味はまた三つに分かたれる。すなわち使徒が『ヘブル書』第七章〔一九節〕においていっているように、旧法は新法の前表であり⑦、新法はまたディオニシウスが『教会位階論⑧』においていっているように、未来の栄光の前表であり、また新法において、その頭（キリスト）においてなされたことがらは、われわれがなすべきことがらのしるしである。そこで、旧法に属することがらが新法に属することがらを表示するかぎりにおいて比喩的意味⑨が成立する。またキリストにおいてなされたことがら、あるいは、キリストを表示するものにおいてなされたことがら[10]が、われわれのなすべきことのしるしであるかぎりにおいて、道徳的意味[11]が成立する。また永遠の栄光のうちに在ることがらを表わすものとしては、上昇的意味[12]が成立する。

ところで著者が表わそうと直接に意図しているのは文字的意味であるが、聖書の著者はすべてを同時にその思想のうちに包含している神であるから、アウグスティヌスが『告白』第一二巻[13]においていっているように、文字的意味だけをとってみても聖書の一つの文字のうちにいくつかの意味が含まれているとしても、これはなんら不都合なことではないのである。

それゆえ 一 についてはいわなければならない。このようにいくつかの意味があるからといって、そこから同名異義[14]の多義性やそれとは別の種類の多義性が生ずることはない。なぜならば、このようにいくつかの意味が分かたれるのは、既に述べられたように〔主文〕、一つの音声が多くのことがらを表わすからではなくて、音声によって表示されることがらそれ自体が他のことがらのしるしでありうるからである。したがってまた聖書のうちには、いかなる混乱も起こらない。なぜなら、すべての意味は「文字的意味」という一つの意味を基礎としており、アウグスティヌスがドナトゥス派のヴィンケンティウスを駁する『書簡』[15]のなかでいっているように、論証はただこの文字的意味からのみ引き出されうるのであって、比喩的にいわれることから引き出すことはできないからである。しかしそのために聖書から何かが失われることはない。なぜなら霊的意味のもとに含まれていて信仰にとって必要なことは、必ず聖書のどこかに、文字的意味によって、はっきりとつたえられているからである。

二　についてはいわなければならない。歴史的、原因的、対比的ということの三つの意味は、一つの文字的意味に属している。じっさい、アウグスティヌス自身が説明しているように、[16]歴史的意味はことがらが単に述べられるだけの場合に成り立つし、原因的意味[17]は語られたことがらの原因が示される場合に成り立つし（たとえば主が『マタイ伝』第一九章〔八節〕において、モーゼが妻を出す許しを与えたのは何故かというその原因を説明して、それは彼らの心が頑《かたく》なであったからだという場合）、対比的意味[18]は一方の聖書の真理が他方の聖書の真理に矛盾しないということが示される場合に成り立つ。ただ比喩的意味だけが、これ一つで三つの霊的意味を代表している。[19]同様にサン＝ヴィクトルのフーゴーも『命題集』第三巻[20]において、比喩的意味のうちに上昇的意味をも含ませて、歴史的、比喩的、寓意的[21]という三つの意味をあげているのである。

三　についてはいわなければならない。譬喩的意味[22]は文字的意味のうちに含まれる。音声によって表示されることがらのうちには、固有の意味でいわれることもあり譬《たとえ》としていわれることもあるが、この後の場合の文字的意味は譬そのものではなくて、その譬でいい表わされていることがら自体だからである。たとえば聖書において「神の腕」といわれる場合、その文字的意味は、神にそのような物体的肢体があるということではなくて、この肢体によって表わされているもの、つまり「働きの力」があるということである。これによって、聖書の文字的意味のうちに偽はけっして含まれえないことはあきらかである。

(1) 前項において聖書が比喩を用いる理由があきらかにされたが、比喩的に語られるということは、聖書の文字はいくつかの意味を含んでいるということにほかならない。聖なる教にとって聖書は原理の地位を占めるから、この教の研究者にとっては聖書の意味の解釈方法はきわめて重要な問題となる。そのためにはまず、聖書の含む意味にはどのような種類があり、いかなる理由にもとづいて区別されるかがあきらかにされなければならない。この問題の探究は、神話の意味を合理的に解釈しようとしたギリシアの哲学者に端を発し、ストア哲学において神話解釈の方法として確立した。ユダヤ人の哲学者アレクサンドリアのフィロン(前二〇頃―五〇頃)は、この方法をモーゼの五書の解釈方法として採用した。いわゆる聖書のアレゴリア的解釈がここに始まった。アレクサンドリアの教父たち、特にオリゲネス(一八五頃―二五四頃)は、この方法を新約聖書に適用した。しかし対象がギリシアの神話からモーゼの五書、更に新約聖書と移るにつれて、更に多くの意味の種類を分類する必要が生じ、大いに論じられさまざまな説があらわれた。この項においてトマスは、この長い伝統を有する問題に対して彼自身の立場からの解決を与え、それによって諸説を彼独自の仕方で整理している。

(2) 第三章五節。ラテン教父集四二巻六八。『信仰の功用』は、旧約聖書を否定するマニ教徒を駁して、聖書に四つの意味の含まれていることを示し、旧約と新約とを一貫するキリスト教信仰をあきらかにした書である。

(3) 第一章一節。ラテン教父集七六巻一三五。ここに『道徳論』と訳した書物《Moralia》は、聖書の記事を「道徳的意味」sensus moralis に従って解釈したものである。
④「秘義」mysterium。ギリシア語 mysterion に由来する。文字の奥に隠された深い真理。
⑤「歴史的意味」sensus historicus。ギリシア語 historia に由来する。ヒストリアとは、できごとのありのままの叙述である。ゆえに歴史的意味とは、その音声によって語られているできごととしての意味である。「文字的意味」sensus litteralis はラテン語 littera に由来する。リテラは文字である。ゆえにそれは「文字どおりの意味」である。
⑥「霊的意味」sensus spiritualis。聖書に「文字」littera の意味と「霊」spiritus の意味とを区別したのはパウロである。「文字は殺し、霊は活かす」(『コリント後書』第三章六節)。オリゲネスは、人間が肉体と霊魂とから成るように、聖書も、誰にも知られる文字どおりの意味と、その奥に隠された霊的意味とから成り立っているという。文字を通してその奥に隠されている霊的意味を読み解くことが聖書解釈者にとって重要な仕事であり、この仕事を果たすためには神の霊すなわち聖霊の助けを必要とする。しかしそのために文字的意味が軽んぜられ無視されてはならない。文字の意味は霊的意味の「基本」fundamentum であり「前提」suppositum である。霊的意味はまた「神秘的意味」sensus mysticus ともいわれる。
⑦『ヘブル書』第七章においては、旧約の司祭職と大司祭たるキリストとが比較され、前者は移り変わるが後者は永遠である、前者は不完全であるが後者は完全である、そのように旧約の律法は不完全であり、完全な新約の法によってとって代わられるべきものであったといわれている。
⑧第五章。ギリシア教父集三巻五〇一。「未来の栄光」futura gloria とは、世の終わりに到来する栄光

の世界である。われわれが現在生きている世界は多くの暗黒面を含み、けっして完全ではないが、キリストによってもたらされた恩恵によって、既に、きたるべき栄光の世界の「前表」figura となっている。

⑼「比喩的意味」sensus allegoricus。「アレゴリア」allegoria はもとギリシア語 allos agoreuein すなわち「別様に語る」という動詞に由来し、或ることがらを別の仕方で、特にたとえを用いて具象的に表現すること、ないし、かかる表現そのものを意味する。ギリシアでは神話を隠れた意味のアレゴリアとして把え、その意味を解読する技術が発達した。この方法はアレクサンドリアのフィロンを通して教父たちに継承され、中世における聖書解釈の主要なる方法となった。この意味での sensus allegoricus は、文字的意味に対立する意味の領域の全体を包含し、トマスのいわゆる「霊的意味」に相当するものであるが、トマスはここではその意味を局限して、「旧約が新約を前表するかぎりにおいて成り立つ意味」としている。

⑽「キリストにおいてなされたことがら」ea quae in Christo sunt facta とは、キリスト自身のなしたことがら。これは福音書に記されている。「キリストを表示するものにおいて in his quae Christum significant なされたことがら」とは、何らかの意味でキリストの前表的性格を有するアダム、アブラハム、ヨナ、等のごとき旧約の人物が、キリストの前表たるかぎりにおいてなしたことがら。これは旧約聖書に記されている。

⑾「道徳的意味」sensus moralis。ギリシアにおける神話のアレゴリア的解釈は、神話のなかに自然現象の説明を読みとる方向と、道徳的教訓を読みとる方向とに分かれ、自然学的意味と道徳的意味とが探究された。この方法は二つともフィロンによって聖書解釈の方法として用いられ、前者は『創世記』の創

造論的解釈へと発展した。他面彼は旧約聖書の諸人物の行状のうちに普遍的道徳的意味を探究している。トマスは「道徳的意味」をそのうちに読みとるべき対象を「キリスト」の行状にしぼっている。ただし旧約の諸人物はキリストの前表としてみられるから、彼らの行状の道徳的解釈は、トマスのキリスト中心的な道徳的解釈のうちに包含される。

⑿「上昇的意味」**sensus anagogicus**。ギリシア語 **anagoge** は、「上方にみちびく」ことを意味する。教父たちは人間精神を、可感的事象から出発して霊的世界の観想にまで上昇させることをアナゴーゲーといい、また聖書に具象的に記されていることがらを端緒として、それの内包する霊的意味の認識にまで精神を上昇させる聖書解釈の方法をアナゴーゲーという。トマスはその意味を限定して、聖書に記されていることがらが未来の栄光の生におけることがらの前表たるかぎりにおいて有する意味を **sensus anagogicus** であるという。――以上四つの意味をトマスは『創世記』第一章三節「光在れ」の解釈を例として次のように説明している。これを物体的光についていわれたと解するのは「文字的意味」である。キリストが教会において生まれることと解するのは「比喩的意味」である。キリストにより栄光の生にみちびかれることと解するのは「上昇的意味」である。キリストにおいてわれわれは心を照らされ愛に燃え立たなければならぬと解するのは「道徳的意味」である。トマス『ガラテヤ書註解』第四章七講二五四を参照。

⒀ 第三一章四二節。ラテン教父集三二巻八四四。そこでアウグスティヌスは、自分の聖書解釈だけが正しくて他人の解釈は正しくないと主張する人々に対して、神は聖書記者を通して一つの文字が多くのことがらを同時に表示するような仕方で語るのであるから、自分の解釈ばかりを主張すべきではないと戒

めている。『告白』（中公文庫第Ⅲ巻一六七ページ以下）を参照。

⑭「同名異義」aequivocatioとは、音声は同じで意味は全然異なることばをいう。たとえば、「橋」と「端」と「箸」とは「ハシ」という音声においては同じだが意味はまったく異なる。同じ文章ないし議論のなかで、同じことばが断わりなく同名異義的に用いられる場合には混乱が生ずる。

⑮『書簡』第九三第八章二四節。ラテン教父集三三巻三三四。「ドナトゥス派」Donatistaは、四世紀のはじめアフリカに起こったローマ教会からの分離派で、その代表者ドナトゥスのゆえにこのように呼ばれる。教理的には、不道徳な聖職者の執行する秘跡の効力を認めない厳格主義であったが、政治的にはローマ本国に対する植民地アフリカの反感と独立運動を基盤にしていた。アウグスティヌスは教会の一性という立場からこれに反対した。この派は四一一年カルタゴの会議において正式に異端を宣告されたが、信奉者は七、八世紀においてサラセン人によりアフリカ教会が完全に滅亡するまで続いた。

⑯ 異論二に引用された同じ箇所。本項註2を参照。

⑰「原因的意味」aetiologiaは、ギリシア語aitia（原因、理由）に由来する。

⑱「対比的意味」analogia。ギリシア語analogiaは、比例、関係、類似、等を意味する。アウグスティヌスは『信仰の功用』第三章五節同所において、新約聖書と旧約聖書とが矛盾しないことが示される意味であるという。つまりこの二つの聖書の間の対比ないし対応を示す意味である。

⑲ ここでアウグスティヌスの用いる「アレゴリア」の意味が、トマスの用いる特殊的意味よりも広く、「霊的意味」に相当するものであることが、トマス自身によって確認されている。アウグスティヌスは、上掲書同所においてアレゴリアを説明して、そこに記されていることが文字どおりにとられるべきでな

く、「具象的な例として」figurative 解されるべきときに成り立つ意味であるという。

⑳ これについては『聖書と聖書記者について』第三章。ラテン教父集一七五巻一一。『秘跡論』第一巻四章。ラテン教父集一七六巻一八四を参照。

㉑ 「寓意的意味」sensus tropologicus。ギリシア語 tropos（話し方、型式、比喩）に由来する。教父たちにおいては sensus tropologicus は sensus spiritualis ないし sensus allegoricus とほぼ同じ意味で用いられている。トマスはこれを「道徳的意味」と同一視する。

㉒ 「譬喩的意味」sensus parabolicus。ギリシア語 parabole に由来する。これはもと「並べて置く」ことを意味し、そこから「比較」「譬」の意味が生じた。教父たちは sensus parabolicus を文字的意味に対する霊的意味として用いることもあり、その用法はかならずしも一定しない。トマスはこれを「譬」の表示する意味として限定し、文字的意味の一つの場合としてそのうちに含ましめている。

第二問　神について、神は存在するか

さてこの聖なる教の主要なる意図は、神についての認識をつたえることであり、それも、既に述べられたところからあきらかなように〔一問七項〕、単にそれ自体としてあるかぎりの神だけではなく、諸事物、特に理性的被造物の根原であり目的であるかぎりの神についての認識をつたえることにあるから、この教の説明を意図するわれわれは、まず第一に神について、第二に理性的被造物の神に向かう動きについて、第三にキリストについて論じることにしよう。① キリストは、人間であるかぎりにおいては②、われわれにとって神に向かうための道なのである。

ところで神についての考察は三つの部分に分かたれる。まず第一にわれわれは神の本質に属することがら③を、第二にペルソナの区別に関することがら④を、第三に神からの被造物の発出に属することがら⑤を考察しよう。

さて神の本質については、まず第一に神は在るかということが⑥、第二にどのように在るか、というよりはむしろ、どのようにないかということが⑦考察されなければならない。第三に神のはた

らきに属することがら、すなわち知と意志と能力とについて考察されるべきであろう。⑧
第一に関しては次の三つが問われる。
一、神在りということは自明であるか
二、それは論証されうることであるか
三、神は存在するか

① ここに『神学大全』全体の構成が端的に示されている。第一に、神について論じるのは「第一部」である。第二に、目的としての神に向かう理性的被造物の動きについて論じるのは「第二部」である。トマスは広い意味での実践哲学の諸問題をかかる「動き」という観点のもとに把えるのである。第三に、目的としての神に到る道がキリストである。マリア論、秘跡論を含めた広義のキリスト論が「第三部」の内容をなす。

② 「人間であるかぎりにおいては」secundum quod homo と特に断わったのは、「肉となった神」であるキリストは、神の本性と人間の本性とを兼有するからである。われわれにとって「道」となるのは「人間であるかぎりの」キリストである。神としてのキリストについては、神の第二のペルソナとして三位一体論で取り扱われる。

③ ここで「神の本質に属することがら」ea quae ad essentiam divinam pertinent といわれる場合の「本質」essentia とは、「存在」esse に対する本質という狭い意味ではなくて、存在をも含めた意味での essentia、つまり神の「在る」esse ということに関わるいっさいのことがらを包含する。ゆえに神が

「在るか」という問題も、神が「どのように在るか」という問題もすべて神の本質に属することがらとなる。第二問から二六問までを含む。

⑷「ペルソナの区別」distinctio personarum に関することがらとは三位一体論に属することがらである。第二七問から四三問まで。

⑸「神からの被造物の発出に属することがら」ea quae pertinent ad processum creaturarum ab ipso とは、神による万物の創造、および創造されたもの、物体、天使、人間についての論である。第四四問から一一九問まで。

⑹「神は在るか。」an Deus sit. これが第二問において取り扱われる神の存在、および存在論証に関する問題である。

⑺「神はどのように在るか、というよりはむしろ、どのようにないか。」quomodo sit, vel potius quomodo non sit. 神の「何であるか」quid est は知られない。それゆえ「どのように在るか」、つまり神の「在り方」modus essendi が探ねられる。というよりはむしろ、われわれに知られる被造物の在り方を神について否定してゆくという仕方で、神が「どのようにないか」が規定されてゆく。第三問から一三問まで。ただしこのうち一二問と一三問とはいくらか問題の性質が異なるが、これについては第一二問序註1を参照。

⑻「神のはたらきに属することがら」ea quae ad operationem Dei pertinent に関する考察は、次に論じられる、神の内なるはたらきとしてのペルソナの発出（三位一体論）と、外へのはたらきとしての被造物の創造（創造論）との両方の考察に対して、前提的準備的役割を演じている。第一四問から二六問まで。

第一項　神在りということは自明であるか[1]

第一については次のようにすすめられる。神在りということは自明であると思われる。そのわけは、

一、第一原理[2]についてあきらかであるように、そのことの認識がわれわれのうちに自然本性的に内在していることがらは、われわれにとって自明であるといわれる。しかるにダマスケヌスがその書の始めに[3]いっているように、「神が存在するという認識は、万人に自然本性的に植えつけられている」。ゆえに神在りということは自明である。

二、更に、その名辞の意味が知られると同時に知られることがらは自明であるといわれる。これは哲学者が『分析論後書』第一巻[4]において、論証の第一原理の特徴としていることである。たとえば、全体とは何であるか部分とは何であるかが知られると同時に、「いかなる全体も部分よりは大きい」ということが知られるのである。ところでこの「神」という名が何を意味しているかが理解されると同時に、「神在り」の認識は得られる。というのは、この名によって意味されているのは、「それ以上に大きなものが意味されることのできないもの」である。しかるに実在

界にも存在し知性においても存在するものは、ただ単に知性において存在するにすぎないものよりも大きい。ところでわれわれがこの「神」という名の意味を理解すると同時に、それは知性のうちに存在するのであるから、したがってまたそれは実在界にも存在するのでなければならない。ゆえに「神在り」ということは自明である。[5]

三、更に、「真理が在る」ということは自明である。真理が在ることを否定する者も、真理が在ることを認めることになる。じっさい、もし真理がないとすれば、「真理がない」ことは真だからである。しかるにもし何か真なることが在るとすれば、真理はなければならない。ところで『ヨハネ伝』第一四章〔六節〕に、「わたしは道であり、真理であり、生命である」といわれているように、神は真理そのものである。ゆえに「神在り」は自明である。

しかし反対に、哲学者が『形而上学』第四巻[6]および『分析論後書』第一巻[7]において、論証の第一原理について述べているところからあきらかなように、自明なことがらに関しては何人もその反対を考えることができない。しかるに「神在り」ということに関しては、『詩篇』第五二篇〔一節〕に、「愚なる者は心のうちで神なしといった[8]」とあるように、その反対も考えることができる。ゆえに「神在り」は自明ではない。

答えていわなければならない。或ることがらが自明であるというのに二つの場合がある。一つは、それ自体としては自明であるがわれわれにとっては自明でないという場合。一つは、それ自体としてもわれわれにとっても自明であるという場合である。そもそも或る命題が自明であるのは、述語が主語の概念のうちに含まれているからである。たとえば「人間は動物である」という命題は自明であるが、これは「動物」が人間の概念のうちに含まれているからにほかならない。それゆえ述語と主語とについてその「何であるか」が万人に知られている場合には、その命題は万人にとって自明であろう。論証の第一原理の場合はまさにそれに当たる。この原理の名辞[9]をなすものは、有と非有、全体と部分、等々のように誰一人知らない者のない共通的なものだからである。これに反し、述語と主語とについてその「何であるか」が或る人々には知られていないという場合には、その命題はたとえそれ自体としては自明であるとしても、命題の述語と主語とを知らない人々にとっては自明ではないであろう。それゆえボエティウスが『デ・ヘブドマディブス[10]』でいっているように、たとえば「非物体的なものは場所には存在しない」という命題のように、ただ智者たちによってのみ共通に自明なこととして精神にとらえられる命題もある。[11]

そこで私はこういいたい。「神が在る」という命題は、それ自体としては自明である。なぜならこの命題の述語は主語と同じものだからである。じっさい、後にあきらかにされるであろうように〔三問四項〕、神はその存在そのものなのである。しかしわれわれは神の「何であるか」を知らないから、この命題はわれわれにとっては自明でなく論証を必要とする。その論証は、本性的には知られる度合が少ないがしかしわれわれにとってはよりよく知られているもの、すなわち神の結果によって行なわれるのである。⑫

それゆえ　一　についてはいわなければならない。「神在り」ということを、或る混雑したかたちで何か一般的な仕方によって知ることは、われわれに自然本性的に賦与されている。すなわち神が人間にとっての至福であるかぎりにおいてそのような仕方で知られているのである。じっさい人間は自然本性的に至福を熱望するが、人間によって自然本性的に熱望されるものは、自然本性的に知られているのである。⑬　しかしこれは「神在り」ということを無条件に知ることではない。それはちょうど、やって来る人を知るということが、たとえ来る者がペトロであるとしても、無条件に「ペトロを知る」ことであるとはいえないのと同様である。じっさい多くの人々は、人間の完全な善である至福が富であると考えているし、或る人々は快楽、また或る人々は何か別のものをそれであると考えているのである。⑭

二　についてはいわなければならない。この「神」という名を聞く人が、この名は「それ以上大きなものが考えられえないもの」を意味していると解するとはかぎらないであろう。じっさい「神は物体である」と信じていた人さえあるのであるから。たとえまた誰か、この「神」という名はそこにいわれているもの、つまり「それ以上大きなものが考えられえないもの」を意味すると解する者があるとしても、だからといってその人は、この名の意味するものが実在界に存在すると解しているということにはならない。ただそういうものが知性の把握のうちに在ると解しているということが帰結するだけである。「それ以上大きなものが考えられえないもの」が実在することが認められないかぎり、それが実在することは論証されえない。まさにこのことを「神なし」と主張する人々は認めないのである。⑮

三　についてはいわなければならない。一般に真理が在るということは自明である。しかし第一真理⑯が存在するということ、これはわれわれにとって自明ではない。

(1)「自明」per se notum とは、それ自体によってあきらかなことである。もし神の概念が「在る」ということを含むとすれば（あたかも三角形の概念が三角を含むように）、神にとって在ることは自明であるといわなければならない。そのような仕方で神の存在を論証したのはアンセルムスであった。しかしトマスはこれを認めない。なぜならまず神は人間によって完全に概念化されないし、またたとえ概念的に把握されたとしても、概念のうちに含まれる存在はあくまで概念的存在であって、そこから神の「実在」は論証されえないからである。ゆえに神の実在は、神の自明の原理から知られるのでなく、別の原理によって論証されなければならない。本項においてトマスは、アンセルムスとの対決において、自己の論証の態度を打ち出すのである。

(2)「第一原理」prima principia。ここでは論証の第一原理をいう。アリストテレスによれば、それは「すべての人々がそれによって論証を行なう共通の見解」である。たとえば、「あらゆるものは肯定するか否定するかのいずれかでなければならない」（排中律）、「或るものが在るとともに在らずということはありえない」（矛盾律）、等である。『形而上学』第三巻二章九九六b二六―三〇。トマス『註解』第五講三八七。

③『正統信仰論』第一巻一章。ギリシア教父集九四巻七八九。

④第三章七二b一八―二五。トマス『註解』第七講六四―六七。命題のうちには、他の真なる命題を媒介としてその真理性が論証されうる命題のほかに、他の命題を媒介とせずそれ自体によってその真なることがあきらかな命題がある。かかる自明命題においては、その真理性は命題を構成している「名辞」**terminus**、すなわち主語と述語の意味が理解されると同時に知られる。それは、主語のうちに述語の概念が含まれているからである。

⑤この異論はアンセルムスの論拠を代弁するものである。彼は『プロスロギオン』第二章において、次のように神の存在を論証する。神とは、「それより大きなものが何も考えられえない或る者」**aliquid, quo nihil maius cogitari possit** である。ところで誰かがこの名を聞いてこの者を理解するとき、その者はたしかにその人の知性のうちに存在する。しかしただ知性のうちにのみ存在して、知性の外には存在しないとすれば、それよりも大きなもの、すなわち「知性のうちにおいて存在し、のみならず知性の外にも存在するもの」が考えられうることとなり、これはさきの神の概念に矛盾する。ゆえに「それより大きなものが何も考えられえない或る者」としての神は、必然的に知性の外においても存在するのでなければならない。つまり、われわれがそれを考える考えないに関わりなく実在界に存在するのでなければならない。この論証は要約すれば、「神は最大のものである。最大のものは実在をも含む。ゆえに神は実在する」ということになる。つまり「最大のもの」という神の「概念」のうちにその「存在」は含まれているというのである。この論証に対してはアンセルムスの生前から賛否両論に分かれた。ガウニ

ロは、神が「最大のもの」として考えられたからといって、そこから神が現実に存在することは帰結しないといってこれに反対した。トマスもこの論証を否定するが、フランシスコ会派の神学者たちはこの論証に対して好意的であった。近世にはデカルト（一五九六―一六五〇）、ライプニッツ（一六四六―一七一六）によって復活せしめられる。トマスはこの問題を重視し、他の著作においてもしばしば論及している。『命題集註解』第一巻三区分一問二項。『対異教徒大全』第一巻一〇、一一章。『能力論』第七問二項異論答一一。特に『真理論』第一〇問一二項において詳論される。アンセルムス（一〇三三頃―一一〇九）は、イタリアに生まれ、ベネディクト会に入り、後カンタベリーの大司教となる。上記の書のほかに『モノロギオン』『真理論』等多くの著作を書き、「スコラ学の父」と呼ばれる。トマスは神の存在論証に関しては彼と立場を異にするが、他の点では大いに彼を尊敬し重要な命題を彼から引用している。

⑹　第三章一〇〇五b一一―一二。トマス『註解』第六講五九七。そこで、論証の第一原理は最も確実に認識されるものであって、それについては何人も誤りえないといわれている。

⑺　第一〇章八九a六―八。トマス『註解』第一九講一六〇。そこで、論証の第一原理は自明であるのみならず、自明であると人々に考えられることが必然であるといわれている。

⑻　この『詩篇』の一句は、アウグスティヌスの『自由意志論』第二巻二章五節に引用され、同書において展開される神の存在論証の端緒をなしている。アンセルムスも『プロスロギオン』第二章の神存在論証の途中にこの句を引用する。「神なし」という人々が現実に存在するという意識が、「神在り」の信仰に彼らを安住せしめず、信仰をなしうるかぎり合理的に説明しようとするこころみ、ひいては神学形成

のための一つの重要な動機をなしたともいえよう。同じ思想はデカルト『省察』序文にも見られる。

⑨「原理の名辞」**termini principiorum**。論証の第一原理は命題の形で表わされる。「有は非有にあらず」「全体は部分より大きい」等。名辞とはこれらの命題を構成している要素的なことば、「有」「非有」「全体」「部分」等をいう。これらの名辞は万人に共通的に了解されている。

⑩『デ・ヘブドマディブス』**De hebdomadibus**と題されるボエティウスの小論文には、《諸実体が実体的善でないにもかかわらず、存在することにおいて善であるのはいかにしてであるかについて、ローマ教会の助祭ヨハネスに宛てた書》という長い副題がついている。**hebdomada**はギリシア語で「七日間」を意味する。なぜこの書がこの名で呼ばれるようになったかについてはさまざまな説があるが定説はない。標題はともあれ、この小論文は、善と実体、存在と本質、神と被造物の関係、等についての重要な思想を含み、多くの学者の註解を通じてスコラ哲学の形成に大きな役割を演じた。

⑪ラテン教父集六四巻一三一一。トマス『註解』第一講一四—一八。ここでボエティウスは「精神の共通的概念」**communis animi conceptio**を二つに区分して、「等しい量から等しい量を引いた残りの量は等しい」という命題のように何人にもあきらかなものと、「非物体的なものは場所には存在しない」という命題のように、ただ学問のある人々にのみあきらかなものとがあるという。

⑫トマスは「知られうる」**nota**という性質を、単にわれわれ人間との関係において把えるだけでなく、むしろそれぞれのものに本性的に具わる性質であると考える。知られうるという性質は、そのものの現実性にともなう。それゆえより大なる現実性を有するものほどより大なる知られうる性質、すなわち可知性を有する。かかる可知性はそのものの本性に具わる可知性であり、「本性的に知られる」**nota** quoad naturam ものである。この意味においては、純粋現実態なる神は最高度の可知性を有し、「最高度に知られる」maxime nota ものであり、神の結果たる被造物は「より少なく知られる」minus nota ものである。しかし最高度の可知性に対してあたかも蝙蝠の眼が日光に対するような関係にある人間にとっては、本性上より少なく知られるものが「われわれにとってより多く知られるもの」magis nota quoad nos となり、本性上最高度に知られうるものが、最も知られにくいものとなる。それゆえわれわれは神の認識に到るために、まずわれわれにとって知られやすいもの、すなわち神の結果たる被造物の認識を通して徐々に上昇してゆかなければならない。第一問五項異論答一、および同項註6を参照。

⑬ すべての人間は自然本性的に至福を熱望する。至福は神を見ることのうちに成り立つ。ゆえに人間はすべて神に向かう自然本性的愛を有している。しかるに知られずには愛されることもできない。ゆえに神はすべての人間に自然本性的に知られている。そのかぎりにおいて神の知は人間の自然本性に賦与されているともいえる。しばしば誤解されるように、トマスは論証の手続きをへてはじめて神の存在と、存在する神についての知を獲得するのではない。神に対する自然本性的愛とその愛に前提される自然本性的知とは、トマスにおいてもアウグスティヌスにおけると同様、神探究の根本前提となっている。

⑭ 人々が至福であると考えて追求する富、快楽、名誉、等に関しては、第二・一部二問において詳論される。人間が自然本性的に至福としての神を知り愛するならば、なぜ人々はこの世において神以外のこれらさまざまなものを至福であると思いあやまるのか。これはトマス倫理学の根本問題であり、つきつめてゆけば倫理を超える問題となるであろう。

⑮ トマスはここで「存在する」を「知性の把握のうちに在る」esse in apprehensione intellectus という

場合と、「実在界に存在する」esse in rerum natura という場合とに分けている。何かを考えるとき、その何かは考える人のあたまのなかに在る。これが前の「在り方」である。人がそれについて考える考えないに関わりなく現実の世界に存在する。これが後の「在り方」である。この二つの在り方は次元を異にし、混同されてはならない。アンセルムスの論証は、神を彼と同じ仕方で定義する人が、そこから必然的に神は「在ると考えざるをえない」ということを述べているだけで、神がわれわれの考えると否とにかかわらず「実在する」ことの証明にはならないとトマスは批判する。しかしよく誤解されるように、彼はアンセルムスの論証を全面的に否定しているわけではない。神が「最大の有」maxime ens であること、したがって当然実在すべきであることはトマスも認めている。ゆえに神をかかるものとして共通に認め合う人々の間においてはこの論証は有効であろう。しかしかならずしもすべての人間が神をかかるものとして認めているとは限らず、それを認めない人々に対してはアンセルムスの論証は効力を持たない（この点については、『命題集註解』第一巻三区分一問二項異論答四に論じられる）。トマスが求めているのは、さまざまな仕方で神を考えている人々をも説得し、彼らに対しても有効であるような存在論証である。静かな修道院の中で思索にふけっていたアンセルムスと、西欧キリスト教世界におしよせるサラセンの思想攻勢を眼前にして、より激烈な思想の戦場において神の存在を自他に説得しうる論証を求めていたトマスと、その精神史的状況の相違を背景においてはじめて、トマスのアンセルムス批判は理解される。

⒃ 「第一真理」prima veritas とは、すべての真なることがらを真たらしめている、すべての真理の第一原因としての真理である。かかる真理の存在は自明なことではなく、論証によってはじめて知られる。

神の存在の第四の道（本問三項主文）がその論証である。

第二項　神在りということは論証されうるか[1]

第二については次のようにすすめられる。「神在り」ということは論証されえないと思われる。そのわけは、

一、「神在り」は信仰箇条である。しかるに信仰に属することがらは論証されえない。論証はことがらを知らしめるものであるが、信仰はこれに対し、『ヘブル書』第一一章〔一節〕の使徒のことばによってあきらかなように「見えないことがら[2]」に関わるものだからである。ゆえに「神在り」は論証されえない。

二、更に、論証の媒介となるものは、そのものの「何であるか」である。[3] しかるに神については、ダマスケヌスがいうように、[4] われわれはその「何であるか」を知りえず、ただ「何でないか」を知りうるのみである。ゆえにわれわれは「神在り」を論証することができない。

三、更に、もし「神在り」が論証されるとしたら、神の結果による論証以外にはないであろう。しかるに神の結果は神に比例しない。なぜなら神は無限であるのに結果は有限であり、有限なる

ものの無限なるものに対する比例はないからである。[5] しかるに原因は自分に比例しない結果をもってしては論証されえないから、「神在り」は論証されえないと思われる。

しかし反対に、使徒は『ロマ書』第一章〔二〇節〕において、「神の見られえないところのものは、造られたものによって知られ、あきらかに認められる」[6]といっている。このことはしかし、造られたものによって「神在り」が証明されぬかぎり、ありえないであろう。何かについてまず第一に知られるべきことは、そのものが「在るか」ということだからである。

答えていわなければならない。論証には二つの仕方がある。一つは、原因によるものであって、そのことがなぜそうあるかという「原因による論証」といわれる。これは端的な意味でより先なるものによる論証である。一つは、結果によるものであって、そのことがそうあるという「事実による論証」といわれる。これはわれわれにとってより先なるものによる論証である。[7] じっさい、或る結果がその原因よりもわれわれにとってよりあきらかな場合には、われわれは結果を通して原因の認識へとすすむのである。ところでいかなる結果から出発するにしても、その結果の固有原因が[8]「存在する」ということは論証されうる（ただしこれは、結果のほうがわれわれによりよく知られている場合である）。なぜなら、結果は原因に依存するものゆえ、結果の存在が認められればその原因が先在することは必然であるからである。それゆえ、「神在り」ということはわれわれにとって自明ではないから、それはわれわれに知られている結果によって論証されるべきことがらである。[9]

それゆえ 一 についてはいわなければならない。「神在り」ということ、その他、『ロマ書』第一章〔一九節〕でいわれているように、神について自然理性によって知られうるこれに類することがらは、信仰箇条ではなくてその前提である。[10] じっさい恩恵が自然を前提するように、完成が完成されるべきものを前提するという仕方によって、[11] 信仰は自然本性的認識を前提するのである。もっとも、それ自体としては論証され知られうることが、その論証を理解するだけの力のない人によって「信ずべきことがら」として受け取られることがあるとしても、これはいっこうに差し支えないことである。[12]

二 についてはいわなければならない。原因が結果によって論証される場合、原因が存在することを証明するためには、原因の定義のかわりに結果を用いる必要がある。とりわけ神が在ることを証明する場合それは必要である。じっさい、何かが存在することを証明するためには、証明の媒介として、その名が何を意味するかを把握していなければならないが、それが何であるかを把握しなければならぬということはない。「何であるか」という問は、「在るか」という問の後にくるものだからである。[13] ところで神の名は、後に示されるであろうように、結果からつけられる。[14] それゆえ「神在り」を結果によって論証する場合、われわれはこの「神」という名が何を意味するかを把え、それをもって論証の媒介として用いることができるのである。

三 についてはいわなければならない。原因に対する比例を有していない結果をもってしては、原因についての完全な認識を得ることはできない。しかし、既に述べられたように〔主文〕、いかなる結果をもってしても、その原因が存在することは、明瞭にわれわれに論証されうるのである。そこでこのような仕方で「神在り」も、神の結果から論証することができる。もっとも結果をもってしては、神をその本質において完全に認識することは不可能であるが。

① 「神在り」は自明でなく、その認識に到達するためには論証を必要とする。しかし論証の性格が問題である。トマスが批判したアンセルムスも、単純に神在りは自明だといっているのではなく、やはり論証を行なっているのである。トマスが斥けるのは、ア・プリオリに神の概念から出発する論証である。神はそれ自体としては知られないから神の概念から出発することはできない。この世界の存在から出発し、世界の存在の第一原因の存在をつきとめ、これを「神」と呼ぼうというのがトマスの論証方法である。この項はその方法について論じられる。

② 「見えないことがら」non apparentia とは、ここでは眼に見えないことがらではなくて、人間によって理解されえないことがらをさす。「見えることがら」apparentia については「知」scientia が得られる。「見えないことがら」についての確信を与えるものが「信」fides である。このかぎりにおいて「信」と「知」は対立する。異論はこの対立を根拠としている。トマスの『ヘブル書註解』第一講五五八を参照。

③ 何かについて何事かが論証されるために、まずそのものの「何であるか」が定義されていなければならない。定義としての「何であるか」は、「それによって論証がなされる媒介」medium demonstrationis である。

④『正統信仰論』第一巻四章。ギリシア教父集九四巻七九七。

⑤「比例」proportio は、この異論では「或る一定の量的関係」として把えられている。原因と結果との間に或る比例が成り立つ場合には、この比例を手がかりとして、結果から原因の在り方を推察することができる。これが結果による原因の証明の基本原則である。しかるに比例が成り立つためには、両項ともに有限でなければならぬ。神は無限、結果たる被造物は有限であるから、両者の間にはいかなる比例関係も成り立たない。

⑥引用された箇所の全文をあげれば、「神の見られえないところのもの、その永遠の力と神性とは、天地創造このかた、造られたものによって知られ、あきらかに認められる」。神に関するこれらのことがらが「造られたもの」によって知られる以上、その主体たる神の存在は当然知られなければならないという論拠である。『ロマ書』のこの箇所は教父以来、信仰によらず理性によって、「造られたもの」すなわち被造物の考察を通して、神の存在が知られうることを示す権威として、しばしば引用される。トマス『ロマ書註解』第六講一一七—一二二を参照。

⑦「原因による論証」demonstratio propter quid と「事実による論証」demonstratio quia との区別は、アリストテレスに由来する。『分析論後書』第一巻一三章。トマス『註解』第二三講一九二以下を参照。「論証」demonstratio とは或ることを「知らしめる」facere scire ことである。ゆえに未知なることを論証するには、既知なることから出発して推論をすすめてそれを知らしめるに到る。われわれには、或ることがらの原因がよく知られていて、原因の知から出発して結果の知に到る場合もあり、逆に、結果が

よく知られていて結果の知から出発して原因の知に到る場合もある。ところで原因は本性的に結果よりも先なるものであるから、原因による論証は「端的な意味でより先なるものによる」per priora simpliciter といわれる。結果による論証は、結果がわれわれによりよく知られている場合に用いられるから、「われわれにとってより先なるものによる」per priora quoad nos といわれる。アリストテレスによれば、それぞれの学のうちにこの二つの論証の仕方がありうる。トマスはこの考えを神の存在論証に適用する。

⑧「固有原因」causa propria とは、或ることがらの（一）自体的必然的、（二）直接的という二つの条件を具えた原因である。（一）自体的必然的は附帯的偶然的に対立する。「医者が癒す」といわれるとき、「医者」は「癒し」の自体的必然的原因である。これに対し、「歌手が癒す」といわれるとき、「歌手」は「癒し」の偶然的原因である。「歌手」は「歌う」ことの自体的必然的原因である。（二）「医者が癒す」といわれるとき、「医者」は「癒し」の直接的原因である。これに対し、「人間が癒す」といわれるとき、「人間」は「癒し」の間接的原因である。なぜなら「癒す」のは「人間であるかぎりにおける人間」ではなくて「医者であるかぎりにおける人間」だからである。ゆえに「医者」が「癒し」の固有原因である。アリストテレス『形而上学』第五巻二章一〇一三b三〇以下。トマス『註解』第三講七八三以下を参照。

⑨　この論証の分類によれば、「それ以上大きなものが考えられえないもの」という神の概念から「神在り」という帰結をみちびき出すアンセルムスの論証は、原因による結果の論証である。この論証は、かかるものとしての神の概念がわれわれにとって自明であるということを前提する。しかしトマスによれ

ばそれは自明ではない。ゆえに神の存在論証に「原因から結果へ」という方法を用いることはできない。「結果から原因へ」の方法がとられなければならない。

⑩『ロマ書』第一章一九節「神について知られうることは彼らにあきらかである」。この「彼ら」は「異邦人」を意味する。ゆえに神の存在およびそれに附随することがらは、啓示によらなくとも自然理性によってすべての人間に知られうるのである。本項註6を参照。

⑪ イエスは律法と預言者について、「私はそれを廃するために来たと思ってはならない。廃するためではなく、完成するために来たのである」(『マタイ伝』第五章一七節)といっている。ここでは旧約と新約との関係は敵対的なものではなく、むしろ未完成と完成との関係として把えられている。トマスはこの思想を啓示と理性、恩恵と自然との関係に適用する。さきにもいわれたように、恩恵は自然を廃するものではなく、かえってこれを完成するものである。第一問八項異論答二、同項註14参照。同じことは理性によって得られる自然認識と啓示に対する信仰との関係についてもいわれる。

⑫「信ずべきことがら」credibile は、そのうちに、自然理性による理解を超越し、絶対に信仰によって受け取られるべきことがら(厳密な意味での信仰箇条)とともに、それの前提となるべきことがら(神の存在、諸属性)をも含んでいる。後者は理性による認識の可能なことがらであり、いわゆる「自然神学」theologia naturalis はこの領域に関して成り立つのであるが、しかしその論証を理解しえない人々にとって、それが「信ずべきことがら」として受け取られることはなんら差し支えない。信仰は万人の救済のためのものであり、救済されるために人間はかならずしも神学者である必要はないのである。

⑬ ここで或るものの名について、その名が「何を意味するか」quid significat という問と、その名によっ

て示されるものが「何であるか」quid est という問とが区別されている。或る物が「存在する」ことを論証するためには、かならずしもそのものの「何であるか」(本質)が知られている必要はない。いな一般に、或るものの本質が知られる前に、そのものが「在る」ということが知られていなければならない。存在の知は本質の知に先だつのである。しかし或る物が「在る」ということが知られるためには、その物を示す「名」が何を意味するかがまず知られていなければならない。全世界を神の被造物、すなわち神の結果とみるトマスは、この世界に印されている原因の類似性からその第一原因たる者に「神」という名をつけ、次にその名によって意味されているものの「存在」を証明するという手続きをとる。本問三項主文。

⒁ 神の名のさまざまな造り方については、第一三問において詳論される。

第三項 神は存在するか①

第三については次のようにすすめられる。神は存在しないと思われる。そのわけは、

一、反対的に対立するものの一方が無限である場合には、他方は完全に滅ぼされるはずである。しかるにこの「神」という名のもとに理解されるのは、何か無限に善なるものである。ゆえにもしも神が存在するとすれば、いかなる悪も見いだされないはずである。しかるに世界には悪が見

いだされる。ゆえに神は存在しない。[2]

二、更に、少数の根原によって成就されうることは、それより多くの根原によってなされるのではない。しかるに世界に見られるすべてのことは、神が存在しないと考えても、それ以外の根原によって成就されうると思われる。すなわち、自然本性的なことがらは自然という根原に還元されるし、意図にもとづくことは人間理性ないし意志という根原に還元される。ゆえに「神在り」とすべき必要性はまったくない。

しかし反対に、『出エジプト記』第三章〔一四節〕には、神御自身の口から、「われは在りて在る者なり」[3]といわれている。

答えていわなければならない。神が存在することは、五つの道によって証明されうる。第一の最もあきらかな道は、動きの側面から取られるものである。[4]そもそも[5]（一）この世界のなかで何物かが動いているということは確実であり感覚によって確認される事実である。（二）ところで動いているものはすべて、他者によって動かされている。動いているものはすべて、それに向かって動いている目的に対し可能態に在るかぎりにおいて動いているのであるが、動かすものはこれに対し、現実態に在るかぎりにおいて動かすのである。動かすとは、何かを可能態から現実態に引き出すことにほかならないが、何かが可能態から現実態に引き出されうるためには、何らかの現実態に在る者によらなければならない。たとえば可能的に熱いものである木材を現実的に熱いものたらしめ、これによって木材を動かし変化させるのは、火という現実的に熱いものなのである。ところで同じものが同じ観点のもとに現実態に在ると同時に可能態に在ることはできず、このことはただ異なる観点のもとにおいてのみありうる。たとえば現実的に熱いものが同時に可能的に熱いということはありえないが、同時に可能的に冷たいものではある。それゆえ或るものが同じ観点のもとに同じ仕方で動かすものでありかつ動かされるものであること、つまり、自分自身を動かすものであることはできない。それゆえ動いているものはすべて、他者によって動かされているのでなければならない。(三) ところでその動かしている他者そのものが動いている場合には、その他者はまた別の他者によって動かされているはずであり、その別の他者もそれとはまた別の他者によって動かされているはずである。しかしこの系列を追って無限にすすむことはできない。なぜならその場合には、何か第一の動者は存在しないことになり、したがってまた他のいかなる動者も存在しないことになるからである。じっさい第二次的な諸動者は第一の動者によって動かされるかぎりにおいてのみ動かすのである。たとえば、杖がものを動かすのは、ただ杖が手によって動かされるかぎりにおいてである。(四) それゆえ、何者によっても動かされることのない何か第一の動者にまで到ることは必然である。これをすべての人々は神と解する。⑥

第二の道は、作出因⑦の根拠にもとづくものである。そもそも、(一) この可感的世界のうちにわれわれは作出因の秩序の存在することを見いだす。(二) しかしながら何かが自分自身の作出因であることは見いだされないし、またそういうことはありえない。なぜならその場合には、そのものはそのもの自身よりも先に存在することになるが、これは不可能だからである。[8]（三）ところで作出因の系列を追って無限にすすむことはできない。なぜならすべての秩序づけられた作出因のうち、第一のものは中間のものの原因であり、中間のものは最後のものの原因である。中間のものが複数であるにせよただ一つであるにせよ。しかるに原因が取り去られれば結果も取り去られる。ゆえに、もし作出因のうち第一のものがないとすれば、最後のものも中間のものもないであろう。しかるにもし作出因の系列を追って無限にすすむとすれば、第一の作出因は存在せず、したがってまた最後に作り出されるもの（結果）も中間の作出因も存在しないことになるであろう。これはあきらかに偽である。（四）それゆえぜひとも何らかの第一作出因が在るとしなければならない。これをすべての人々は神と名づける。[9]

第三の道は、可能的なるものと必然的なるものとを根拠として得られる。[10]それは次のような道である。（一）われわれは諸事物のうちに、存在することも存在しないことも可能であるものを見いだす。諸事物のなかには生成消滅し、したがって存在することも存在しないことも可能であるものが見いだされるのである。（二）ところでこのようなものがすべて、常に存在することは不可能である。なぜならば、存在しないことが可能であるものは、いつかじっさい存在しないからである。[11]（三）それゆえすべてのものが存在しないことの可能なものであるとすれば、いつか世界には何も存在しなかったことになる。(四) もしこれがほんとうだとすれば、今も何も存在しないはずである。なぜならば、存在しないものが存在し始めるためには、何か存在するものによらなければならないからである。ゆえにもし存在するものは何もなかったとすれば、何かが存在し始めることは不可能であったし、したがって今も何も存在しないはずである。これはあきらかに偽である。(五) ゆえにかならずしもすべての有が可能的なるものであるわけではなくて、諸事物のなかには何か必然的なるものも存在するのでなければならない。(六) ところですべて必然的なるものは、その必然性の原因を他のものから受けるか、受けないかのいずれかである。(七) しかし必然性の原因を他のものから受ける「必然的なるもの」の原因の系列を追って無限にすすむことはできない。それは今、作出因の場合に証明されたと同様である。(八) それゆえひとも、それ自体によって必然的であるような何者かが存在するとしなければならない。それは、必然性の原因を他から受けるのではなく、かえって他のものにとって必然性の原因であるような何者かである。これをすべての人々は神という。[12]

第四の道は、諸事物のうちに見いだされる段階から得られる。すなわち、(一) 諸事物のうちには、何かより多く・より少なく善[13]なるもの、真なるもの、高貴なるもの、等々が見いだされる。(二) しかるに「より多く・より少なく」ということは、種々異なるものについて、それらが何か最大度にかくあるものに種々異なる仕方で近づく度合に応じていわれるのである。たとえば最大度に熱いものによりいっそう近いものが、よりいっそう熱いといわれる。それゆえ何か最も真なるもの、善なるもの、高貴なるもの、したがって最大度に存在する者が在る。じっさい、『形而上学』第二巻[14]においていわれているように、最大度に真なるものは最大度に存在する者にほかならないのである。(三) ところで或る類において最大度にこれこれであるといわれるものは、その類に属するすべてのものの原因である。たとえば、これも同書においていわれていることであるが[15]、最大度に熱いものとしての火は、すべての熱いものの原因である。(四) それゆえすべての存在者にとって、存在と善とあらゆる完全性の原因でもあるような何者かが存在する。この者をわれわれは神というのである[16]。

第五の道は、諸事物の統治ということからとられる。われわれは、認識を欠いているもの、すなわち自然物体が目的のために働くのを見る。このことは、それらのものが最善のものを獲得するためにいつも、あるいは非常にしばしば[17]、同じ仕方で働くという事実からあきらかに知られる。それゆえこれらの物は偶然的にではなく意図的に、目的に到達するということはあきらかである。ところで認識を欠く者が目的に向かうには、矢が射手によって指示されるように、何か認識し理解する者によって指示されるのでなければならない。ゆえに、すべての自然物がそれによって目的に秩序づけられる何らかの知性認識者が存在する。われわれはこれを神という[18]。

それゆえ　一　についてはいわなければならない。アウグスティヌスが『エンキリディオン[19]』

において いっているように、「神は最大度に善き者であって、悪をも善用するほどに全能であり善き者でなかったとしたら、御業《みわざ》の中にいささかたりとも悪の存在を許すことはなかったであろう」。このように悪の存在を許容し、悪からさえも善を引き出すことは、神の無限の善性に属しているのである。

二 についてはいわなければならない。自然が或る定められた目的のために働くのは、何か上位の作用者の指示によるものであるから、自然から生ずることがらは、やはり第一原因としての神に必然的に帰着する。同様、意図的になされることがらも、人間の理性と意志とは異なる何かもっと高い原因に帰着するのでなければならない。人間の理性や意志は変わりやすく欠陥をこうむりやすいものであるが、可動的で欠ける可能性のあるものはすべて、既に示されたように〔主文〕、何か不動で自体的に必然的な第一の根原に帰着せしめられなければならないのである。

(1) 本項においては、五つの道を通して神の存在が論証される。この五つの道は、それぞれトマスに到る西洋の哲学のなかに長い歴史を有している。トマスはそれをきわめて簡潔に表現している。読者のなかには、神の存在論証としてはあまりにも簡単すぎると思われる人があるかも知れない。しかしトマスはこの問題については既に他の著作において詳細に論じ（特に、『対異教徒大全』第一巻一三、一五、一六章。『真理論』第五問二項。『能力論』第三問五項。『自然学註解』第七巻二講、第八巻九講。『形而上学註解』第一二巻五講）、ここではそれを要約しているのである。また或る人は、かかる論証はカントによって完全に否定されたと思うかも知れない。しかし詳細に考察するとそう簡単に克服されたとも思われない。とにかくいろいろな問題を含んでいる。この論証の意味は創造論（四四問以下）に及んではじめて理解されるであろう。

② もしも神が存在するならば世界に悪はないはずだ。しかるに世界に悪は存在する。ゆえに神は存在しない。これは古来、神の存在を否定する有力な根拠とされてきたものである。この異論は、この古典的神否定論を代弁している。

③ 「われは在りて在る者なり。」Ego sum qui sum. これは、シナイ山上において神にその名を問うたモーゼに対し神が与えた答である。この名の意味は古来さまざまに解釈された。アレクサンドリアのフィロンは、神が「在る者」とされていることから、真実の存在（オン）を追求したギリシア哲学、とりわけプラトン哲学とイスラエル思想との一致点をここに見いだした。アウグスティヌスはここに、神の永遠性を読みとる。トマスはここに、神における存在と本質との同一という彼の哲学の根本原理を読みとっている（一三問一一項）。近世以後の聖書学者たちは、中世の存在論的解釈を斥け、言語学的研究にもとづいてさまざまな解釈をこころみている。

④ 第一の道は、「第一動因」prima causa movens としての神の存在論証である。ここで「動き」motus というのは、しばしば誤解されるように単なる場所的移動のみを意味するのではない。ここで「動き」とは、実体の生成消滅、性質の変化、量の増大減少、場所の移動を含めた意味での動きである。それは一般に、何らかの意味で可能態に在るものが現実態に移ることであり、「可能態に在るものとしての可能態に在るものの現実化」potentia existentis entelechia, secundum quod huiusmodi est と定義される。

純粋可能態に在るものには動きはない。純粋現実態に在るものにも動きはない。動きは可能態から現実態への移行のうちに成り立つ。アリストテレス『自然学』第三巻一章二〇一a一〇―一一。トマス『註解』第二講二八三―二八五を参照。

⑤ 以下の（一）（二）等の数字はトマスの原文にはないが、論証の区切りを示すために特に附ける。

⑥ 第一の論証を要約すれば、（一）世界には動いているものが在る。（二）動いているものはすべて他者によって動かされている。（三）動かすものと動かされるものの系列を無限にすすめることはできない。（四）第一動者が存在しなければならない。これが神である。この論証はアリストテレス『自然学』第七巻一章、第八巻四、五章にもとづくものである。この論証は十二世紀、アリストテレスの自然学に関する諸著作が西欧に紹介されるまでは西欧の学者たちには知られていなかった。西欧ではじめてこの論証を試みたのはバスのアデラルドゥス（十二世紀）であるといわれる。ユダヤ人哲学者マイモニデス（一一三五―一二〇四）もこの論証を用いている。トマスの師アルベルトゥス・マグヌス（一二〇〇頃―一二八〇）は教父以来の神存在論証にこの論証を附け加えている。トマスは五つの道のなかではこの論証を最も基本的なものと考えていたらしい。『対異教徒大全』第一巻一三章にはこの論証がアリストテレスのテキストに即して詳細に展開されているし、また彼の体系を簡略にまとめた『神学綱要』第三章においては、神の存在論証としてはただこれ一つをあげて、そこから神の不変、永遠、必然、等の諸性質をみちびき出している。

⑦ 「作出因」causa efficiens。efficiens は efficere<ex・facere（作り・出す）に由来し、effectus<ex・factus（作り出されたもの、結果）に対応する。つまり、結果を生ぜしめる原因として、結果との関係

において把えられたものが作出因である。第一の論証における「動因」causa movensも、それが動かすことによって何らかの結果を生ぜしめるかぎりにおいては「作出因」である。だから「動因」とは別に「作出因」なる原因の類があるわけではない。「動因」はすべて何らかの意味で「作出因」であり、「作出因」はすべて何らかの意味で「動因」である。しかし両者は単なる同義語でもない。作出因というときは単に動きの原因であるのみならず結果を生ぜしめる原因として、原因の意味がより広くかつより深い次元で把えられている。

⑧ 原因は結果に先だつものである。ゆえに何か自己の原因なるものがあるとすれば、そのものは自己自身に先だつことになる。これは不可能である。

⑨ 作出因による論証もアリストテレスにまでさかのぼる。『形而上学』第二巻二章において彼は、四原因（質料、形相、目的、動因）のいずれも無限に系列をすすむことはできず第一のものがなければならないといっている。その場合の論証方法がここで作出因の系列における第一のものの存在論証に用いられている。ただしアリストテレス自身はここから神の存在を結論してはいない。これを神の存在論証に用いたのは、アラビアの哲学者アヴィセンナ（九八〇―一〇三七）である。西欧ではアラヌス・アブ・インスリス（一一一六頃―一二〇二／三）、アルベルトゥスがこの論証を用いている。

⑩ 「必然的なるもの」necessariumとは、アリストテレスによれば、「それと別様にありえないもの」quod non contingit aliter se habereである。『形而上学』第五巻五章一〇一五a三四。トマス『註解』第六講八三二。「可能的なるもの」possibileとはこれに対し、「別様にありうるもの」である。ただしアリストテレスにおいては「別様にある」という場合の「ある」はかならずしも存在を意味せず、「これ

これである」とか「このようにある」とかいうような性質や状態の「ある」をも包含している。しかるにトマスはここでは「ある」を存在の意味にとり、possibile を「存在することも存在しないこともできるもの」、これに対し necessarium を「必然的に存在するもの」としている。このように「可能的なるもの」と「必然的なるもの」とが「存在」existentia の次元に移されることによって、両者の関係が神の存在論証に使用されうることとなる。

⑪ 〈このように訳されているテキストはマリエッティ版では次のようになっている。Impossibile est autem omnia quae sunt talia, semper esse: quia quod possibile est non esse, quandoque non est. しかしこの前半部分は Impossibile est autem omnia quae sunt, talia esse であったとする研究者もおおい。これは「ところで存在するものがすべて、このようなものであることは不可能である。なぜならば、存在しないことが可能であるものは、いつかじっさい存在しないからである」となる。第三の道の推論の構造については、このテキストの問題を含めて、多様な解釈が存在する。〉

⑫ 可能的存在者と必然的存在者との関係による神の存在論証は、「存在」esse と「本質」essentia との区別を根底にしている。すなわち存在を必然的に有する本質が「必然的なるもの」であり、存在を偶然的に有する本質が「可能的なるもの」である。ゆえにこの論証は、事物において存在と本質とを明確に区別したアラビアの哲学者に端を発する。すなわちファーラービー(九五〇歿)、アヴィセンナがこの概念を用いて神の存在を論証している。マイモニデスはこの論証を精密にした。彼は次の三つの可能性に分ける。(一)すべての存在者は生成も消滅もしないか、(二)すべての存在者は生成し消滅するか、(三)或る存在者は生成も消滅もせず、或る存在者は生成消滅するか。(一)(二)の可能性は斥けられ、

(三)の場合の可能的存在者と必然的存在者との因果関係が問われ、第一の必然的存在者たる神の存在が論証される。トマスのこの論証はマイモニデスの系統を引くものである。

⑬ ここで「より多く・より少なく」magis et minus ということは、単なる量だけではなく質についても、またすべての存在についてもいわれうるような最も広い意味にとられている。その場合、何らかの意味で「より多く・より少なく」といわれる度合は、何らかの意味での「存在」esse の度合に還元される。

⑭ 第二章九九三b二八—三一。トマス『註解』第二講二九八。ここでアリストテレスは、「ある」esse ことは「真である」verum esse と同じであり、したがって「あることの原因」causa essendi たるものは、最大度に「ある」とともに最大度に「真」である。ものは「ある」を有する度合に応じて真理性を有するといっている。この場合の「ある」はかならずしも「存在」を意味せず、「熱くある」という例からも知られるように、ものの性質ないし本性を意味するとも考えられる。しかしトマスはこれを「存在」として解する。

⑮ 同章九九三b二五—二六。

⑯ 第四の論証は、存在の段階についてのアリストテレスの説にもとづくものである。この論証についてはさまざまの評価がある。或る人は否定的であり、これはトマスの斥けたアンセルムスの論証と本質的に同じものであるという。或る人は、この論証は存在と価値の段階についての経験に出発点を置くのであって、ア・プリオリに神の概念から存在を引き出すアンセルムスの論証とは本質的に異なるものであるという。

⑰ 「いつも、あるいは非常にしばしば」semper aut frequentius。ここで、ただ「いつも」とだけいわず

に「非常にしばしば」と附け加えたのは、自然界に起こるできごとのうちにも少数の例外的なことが認められるからである。しかし大局的に見ればそれら少数の例外も何らかの秩序のもとに起こっている。

⑱ 第五の道は、目的論的論証といわれる。自然界に起こるできごとが何らかの秩序を有しており、全体として或る目的を目ざして動いていること、したがって世界に秩序を与えそれによって世界を統治する第一の理性的存在者が存在しなければならないこと、それが神であること。かかる思想は聖書のなかにもギリシアの哲学者たちのなかにもひんぱんにあらわれる。ただこの思想をこのような論証形式によって表現することにおいて、トマスはダマスケヌスに多くを学んでいる。ダマスケヌス『正統信仰論』第一巻三章。ギリシア教父集九四巻七九五。

⑲ 第三章一一節。ラテン教父集四〇巻二三六。『エンキリディオン』は、詳しくは『ラウレンティウスに宛てた、信、望、愛についてのエンキリディオン』。キリスト教の教理を簡潔に述べている。

第三問　神の単純性について[1]

或るものについて、そのものの「在る」ということが知られた場合、探究すべくなお残されている問題は、「どのように在るか」であり、このことが問われるのは、そのものの「何であるか」を知るためである。しかしわれわれは神について、その「何であるか」を知りえず、ただ「何でないか」を知りうるのみであるから、われわれは神について「どのように在るか」ではなく、むしろ「どのようにないか」を考察しうるのみである。[2] それゆえわれわれはまず第一に、神はどのようにないかを、第二に、われわれによってどのように知られるかを〔一二問〕、第三に、どのように名づけられるかを〔一三問〕考察しなければならない。

ところで神についてそれがどのようでないかを示すことは、神から神にふさわしくないもの、すなわち複合、運動、等々を除去してゆくことによって得られる。それゆえまず第一に、神の単純性について探究しよう。これによって神から複合が除去される。ところで物体的事物においては単純なるものは不完全で部分的であるから、第二に、神の完全性について〔四―六問〕、第三に、神の無限性について〔七―八問〕、第四に、不変性について〔九―一〇問〕、第五に、一性について〔一一問〕探究しよう。第一については八つのことが問われる。

一、神は物体であるか

二、神には形相と質料との複合があるか

三、神には何性、本質ないし本性と基体との複合があるか

四、神には本質と存在からの複合があるか

五、神には類と種差との複合があるか

六、神には基体と偶有との複合があるか

七、神は何らかの仕方で複合されているかそれともまったく単純であるか

八、神は他のものとの複合に入りうるか

(1) 本問から第一一問にかけては、神にふさわしくない性質を神から取り除いてゆくという方法によって、次々と神の諸性格が示されてゆく。これらの性格はしかし、神の本質そのものを表わすものではなく、またこれらの性格が神の属性として神のうちに実在するわけでもない。それらはすべて被造物の有限性を神について否定し、この否定を媒介として神に帰せられる諸概念なのである。ゆえにこの箇所においては、被造物との比較において神についての基本的諸概念が得られるとともに、またその過程において逆に、神との比較において被造物についての基本的諸概念が見いだされてゆく。すなわち存在そのもの

なる神との比較のもとに、被造的有限的存在者なる被造物の存在構造が透視され、それによってトマス哲学の基本概念（存在、本質、形相、質料、現実態、可能態、等々）の意味が鮮明に浮き出されるのである。

⑵　かかる神探究の方法は、「否定の道」via negativa ないし「除去の道」via remotionis、またかかる方法によって得られる神の知の体系は「否定神学」theologia negativa といわれる。この方法は、一者の超越性を強調してそれを思惟と言説を超える者として否定的に規定したプロティノス（二〇五頃—二七〇）にさかのぼるが、その思想の影響を受けたギリシア教父たち、特にニュッサのグレゴリウス（三三〇頃—三九五頃）、ディオニシウスらによって、東方キリスト教神学における一つの伝統となった。またそれはスコトゥス・エリウゲナ（八一〇頃—八七七頃）によって西欧に紹介され、サン＝ヴィクトル派やドミニコ会の神学者たちに大きな影響を与えた。トマスはそのような思想的伝統を継承している。しかし彼においては「否定の道」一辺倒になることなく、同時に、被造物のうちに見いだされる完全性を最大にしてこれを神に帰するという「完全性の道」via perfectionis が併用されている。トマスの否定神学的側面がスコラ哲学の枠内に抑えられえたのはそのためである。トマス以後、否定神学的傾向はドミニコ会のなかで、スコラ哲学の枠を超えて深化され、エックハルト（一二六〇頃—一三二七）、タウラー（一三〇〇頃—六一）らの神秘思想を生み出す。

第一項　神は物体であるか[1]

第一については次のようにすすめられる。神は物体であると思われる。そのわけは、

一、物体は三次元の拡がりを有するものである。しかるに聖書は神に三次元の拡がりがあるとしている。すなわち『ヨブ記』第一一章〔八節〕には、「神は天よりも高い。なんじは何をなしえよう。冥府《よみ》[2]よりも深い。いかにして知りえよう。その量は地よりも長く、海よりも広い」といわれている。ゆえに神は物体である。

二、更に、形あるものはすべて物体である。形は量にまつわる質だからである。[3]しかるに神には形があると思われる。『創世記』第一章〔二六節〕に、「われわれは、われわれの像に、われわれにかたどって人間を造ろう」と記されているが、ここに「像」といわれるのは形のことである。じっさい、『ヘブル書』第一章〔三節〕に「彼（キリスト）は栄光の輝き、神の本体の形にまします[4]」とあるが、この「形」とは「像」を意味する。ゆえに神は物体である。

三、更に、身体の部分を有するものはすべて物体である。しかるに聖書には神に身体の部分があるとされている。たとえば『ヨブ記』第四〇章〔一〇節〕には、「もしなんじが神のごとき腕を持つならば」、『詩篇』〔第三三篇一六節〕には、「主の眼は義人の上に在る」、『詩篇』〔第一一七篇一六節〕には、「主の右手は力を示し給うた」といわれている。ゆえに神は物体である。

四、更に、位置[5]はただ物体だけが有するものである。しかるに聖書には神について、位置に関することが語られている。たとえば『イザヤ書』第六章〔一節〕に、「私は主が坐し給うのを見た」、『イザヤ書』第三章〔一三節〕に、「主は裁くために立つ」といわれている。ゆえに神は物体である。

五、更に、物体および何か物体的なるもの以外には、場所の出発点や到達点となりうるものは何もない。しかるに聖書においては、神が場所の到達点であるといわれている。すなわち『詩篇』〔第三三篇六節〕には、「なんじら神に近づいて照らされよ」とある。また出発点であるといわれている。すなわち『エレミア書』第一七章〔一三節〕には、「御身《おんみ》から離れる者はその名を地に記されるであろう」といわれている。ゆえに神は物体である。

しかし反対に、『ヨハネ伝』第四章〔二四節〕には、「神は霊である」といわれている。

答えていわなければならない。神は絶対に物体ではない。このことは三つの仕方で証明することができる。第一に、いかなる物体も動かされずには動かすことがない。これは個々の事例から帰納してあきらかなことである。しかるに既に示されたように〔二問三項〕、神は動かされえない第一動者である。[6]ゆえに神が物体でないことはあきらかである。

第二に、第一有[7]たるものは必ず現実態に在り、いかなる意味においても可能態にはない。じっさい、可能態から現実態になってゆく同一物についていえば、可能態のほうが現実態よりも時間的に先であるが、端的にいえば現実態のほうが可能態よりも先である。可能態に在るものが現実態に引き出されるには、現実態に在る者によらなければならないからである[8]。しかるに、既に示されたように〔二問三項〕、神は第一有である。ゆえに神のうちに何らかの可能態が在るということはありえない。ところが物体はすべて可能態に在る。連続的なるものはかかるものであるかぎりにおいて、無限に分割可能なるものだからである[9]。ゆえに神は物体ではありえない。

第三に、神は、既に述べられたところからあきらかなように〔二問三項〕、諸々《もろもろ》の有のうち最も高貴なるものである。しかるにいかなる物体も、諸有のなかで最も高貴なるものではありえない。なぜなら、物体は生きているか、それとも生きていないかのいずれかである。ところで生きている物体はあきらかに、生きていない物体よりも高貴である。しかるに生きている物体は、物体であるかぎりにおいて生きているのではない。そうだとすれば、物体はすべて生きているということになろう。それゆえ物体は、何か物体とは別のものによって生きているのでなければならない。たとえばわれわれの身体という物体[10]は魂によって生きているのである。しかるに物体がそれによって生きているそのものは、物体よりも高貴である。ゆえに神が物体であることはありえない。

それゆえ　一　についてはいわなければならない。さきに述べられたように〔一問九項〕、聖書はわれわれに霊的かつ神的なことがらを物体的なものの比喩のもとにつたえている。それゆえ三次元の拡がりが神に帰せられる場合には、物体的量の比喩のもとに神の力の量[11]が示されているのである。たとえば「深さ」によっては「隠れたものを知る力」が、「高さ」によっては「万物にまさる力の卓越」が、「長さ」によっては「神の存在の持続」が、「広さ」によっては「万物に及ぼされる愛情」が示されているのである。――あるいは、ディオニシウスが『神名論』第九章[12]においていっているように、神の「深さ」は「その本質の把握されえぬこと」を、「長さ」は「すべてに浸透する神の力の発出」を、「広さ」は万物が神の保護のもとに含まれるかぎりにおいて「万物の上に神がおし及んでいること」を意味するとも解される。

二 についてはいわなければならない。人間が「神の像に」といわれるのは、身体に関することではなくて、人間がそれによって他の生物にまさるところのものに関してのことである。それゆえ『創世記』第一章〔二六節〕には、「われわれの像に、われわれにかたどって人間を造ろう」と語られた後、引き続いて、「海の魚、等々を治めさせるために」といわれているのである。ところで人間がすべての生物にまさるのは理性と知性とに関してである。それゆえ人間は、非物体的なものである知性と理性[13]とにおいて、神の像[14]にかたどられているのである。

三 についてはいわなければならない。身体の部分が聖書のなかで神に帰せられるのは、はたらきの上での何らかの類似性にもとづくことである。たとえば眼のはたらきは見ることである。それゆえ神について眼といわれる場合には、これは感覚的でなく知性的な仕方で見る神の力を意味する。他の諸部分についても同様である。

四　についてはいわなければならない。位置に関することがらも、神にはただ或る種の類似性にもとづいて帰せられるにすぎない。たとえば「坐せる者」といわれるのはその不動性と権威とのゆえであり、「立てる者」といわれるのは神に逆らういっさいを打ち砕くその強さのゆえである。

五　についてはいわなければならない。神は到る所にましますから、神に近づくというのは身体の歩みによるのではなく、精神の状態によることである。神から遠ざかるというのも同様である。かくて近づくとか遠ざかるとかいうことは、場所的運動の類似のもとに、霊的状態を示しているのである。

(1)「物体」corpus とは、質料と形相とから成り、三次元的に限定された空間を占有し、また何らかの仕方で感覚の対象となりうるものである。神がこのような物体でないことはわかりきったことで、いまさらことごとしく論証するのは形式主義だと思う人があるかも知れないが、けっしてそうではない。この論証を通していくつかのことが明確にされる。第一に、世界というものの全体を「生ける物体」と考えて、これが神だと主張するストア哲学、およびこれに類似するすべての唯物論的汎神論がこの論証によって排除される。第二に、聖書のなかに神を物体的なもの、ないし物体的身体を有するもののように述べられている箇所は、文字どおりにではなく霊的ないし比喩的意味に解釈されなければならないという聖書解釈の大原則が、この論証によって基礎づけられる。第三に、神を物体と比較し、神は物体ではないことが論証されてゆく過程において、「不動の動者」、「第一有」、「純粋現実態」、等の神の基本的性格の意味が、否定の道を通して漸次に明確にされてゆく。

② 「冥府」infernus。死者の霊魂の住む場所。地下の非常に深い所に在ると信じられていた。

③ アリストテレスによれば、「形」figura は「質」qualitas の類に属する。形には三角形、四角形、等があるが、これらは「量」quantitas の類に属するから、これらの形は「量にまつわる質」qualitas circa quantitatem といわれる。ところで量は物体の属性であるから、「形あるもの」figuratum は物体でなければならない。『範疇論』第八章一〇a一一以下を参照。

④ 「神の本体の形」figura substantiae eius。トマスによれば、御子キリストは見えざる神を表わす真の「像」imago であるという意味でここに「形」といわれているのである。『ヘブル書註解』第一章二講二七。

⑤ 「位置」situs は、「これこれの所に」ubi という範疇に、「場所における諸部分の秩序」という概念を加えることによって得られる範疇である。トマス『自然学註解』第三巻五講三二二を参照。

⑥ 神は「動かされえない第一動者」primum movens immobile である。すなわち神は自分自身動かされることなく、しかも万物を動かす。万物の動きの第一原因として「第一動者」である。このことは特に、第二問三項における神の存在論証の「第一の道」によって証明された。

⑦ 「第一有」primum ens とは、第一義的に存在する者である。神は第二問三項主文において論証されたように、すべての意味において万物の第一原因であり、神によらなければいかなるものも存在すること

ができない。すべてのものの存在は神に依存し、神は存在の第一原因であり、したがってまた、第一義的に存在する者、「第一有」である。以下の論証において繰り返し用いられる純粋現実態、不動の動者、自存する存在そのもの、等の神の性格は、すべてこの「第一有」たる性格に還元され、またそこから導き出される。そして、この「第一有」たる神の基本的性格は、第二問三項の神の存在論証から得られたものである。かくて、『神学大全』全体は最初に置かれた神の存在論証を土台とし、逆に、神の存在論証の有する重大なる意味が、以後の問題の展開において漸次にあきらかにされてゆくという構成になっている。

(8) 「より先・より後」prius-posterius ということはさまざまの意味でいわれる。たとえば、時間的、場所的、順序、認識に関して、等々である。これらはすべて「或る観点のもとに」そういわれるのであって、無条件に、すなわち「端的に」simpliciter ではない。端的な意味においては、「他のものなしに在りうるもの」が、「他のものなしに在りえぬもの」よりも先である。ものは一般に、まず可能態に在り、それから漸次に現実態に移行するのであるから、そのものに即して考えれば時間的には、可能態は現実態よりも先であるが、可能態から現実態に移るためには、既に現実態に在るもののはたらきを受けなければならないから、端的な意味においては、現実態は可能態よりも先である。アリストテレス『形而上学』第五巻一一章。トマス『註解』第五講を参照。

(9) 「連続的なるもの」continuum とは、アリストテレスによれば、「その部分が互に接し合う共通の境界を持つもの」(『カテゴリー論』第六章四b二〇—二六)であり、また「無限に分割されうるもの」(『自然学』第二巻二章一八五b一〇—一一)である。トマスによれば、前者は「連続的なるもの」の形相的定義であり、後者は質料的定義である。トマス『天界論註解』第一巻二講九。線、面、物体、場所、運動、等が連続的なるものである。

⑩ ラテン語 corpus は「物体」であるが、人間の「身体」は、人間の「魂」によって生気づけられている物体として、やはり同じ corpus という名で呼ばれる。そこで corpus nostrum（直訳すれば「われわれのコルプス」）を、「われわれの身体という物体」と訳しておく。

⑪ 「量」quantitas は「物体的量」quantitas corporea と「力の量」quantitas virtualis とに区別される。前者は、長さ、深さ、広さ、重さ、等であって、ただ物体のみに帰せられる。後者はそれぞれのものに固有な力の大きさであって、その度合はそのものの有している形相の完全性の度合によってきまる。たとえば「熱」の形相をより完全な仕方で有するものほど、より多く「熱する力」を持つ。このような量は、かならずしも物体に限らない。天使、魂のような霊的存在者も、それぞれの形相の完全性に応じて「力の量」を持つと考えられる。神の力は無限であるから、神はいわば無量の「力の量」を持つというべきであろう。この二つの量については、第四二問一項異論答一において論じられる。

⑫ ギリシア教父集三巻九一三。トマス『註解』第二講八二六。

⑬ 「知性」intellectus と「理性」ratio とは、本質的には同じ人間の能力である。ただ知性と理性とが区別して並記される場合には、前者は可知的対象を直観する能力を、後者は推理によって既知の対象から未知の対象の認識へと動いてゆく能力を意味する。両者の区別については、第七九問八項「理性は知性と別の能力であるか」において論じられる。

⑭ 人間が「神の像に」造られたといわれるところから、「神の像」imago Dei であるということは、人

間を他の被造物から区別する人間の本質的特徴とされる。神の像に造られた人間は、そのかぎりにおいてすべて「神の像」を持っている。しかし「神の像に」といわれるこの「に」に力点を置くと「神の像」はそれを実現すべく人間が造られた人間の究極目的の意味にとられる。「神の像」はすべての人間が既にそれで「ある」ものであるとともに、それで「あるべき」人間の課題である。トマスはこのような二重性を有する「神の像」について、第九三問「人間の産出の究極目的について」において論じている。

第二項　神には形相と質料との複合があるか[1]

第二については次のようにすすめられる。神には形相と質料[2]との複合があると思われる。そのわけは、

一、魂を有するものはすべて、質料と形相とから複合されている。魂は身体の形相だからである。[3]しかるに聖書においては、神に魂があるとされている。たとえば『ヘブル書』第一〇章〔三八節〕には、神御自身のことばとして、「わが義人は信仰によって活きる。もし信仰を棄てるならば、わが魂に適わないであろう」という句が引用されている。ゆえに神は質料と形相とから複

合されている。

二、更に、怒り、喜び、等は、『心理学』第一巻においていわれているように、魂と身体との結合体が感ずる情念である。[4] しかるにこのような情念が聖書では神にあるとされている。たとえば『詩篇』〔第一〇五篇四〇節〕には、「主はその民に対し、怒り猛った」といわれている。ゆえに神は質料と形相とから複合されている。

三、更に、質料は個体化の根原である。[5] しかるに神は個であると思われる。じっさい神が多くのものについて述語されることはないからである。[6] ゆえに神は質料と形相とから複合されている。

しかし反対に、質料と形相とから複合されているものはすべて物体である。延長的量[7]は質料にまず第一に内属するものだからである。しかるに神は、既に示されたように〔前項〕、物体ではない。ゆえに神は質料と形相とから複合されてはいない。

答えていわなければならない。神が質料を有するなどということはありえないことである。その理由はまず第一に、質料は可能態に在るものである。しかるに既に示されたように〔前項主文〕、神は純粋現実態[8]であって、いかなる可能態性も含んではいない。ゆえに神が質料と形相とから複合されたものであることはありえない。

第二に、質料と形相とから複合されているものはすべて、その形相によって完全であり善なるものである。[9] ゆえにそれは、質料が形相を分有するかぎりにおいて、分有によって善なるものでなければならない。[10] しかるに第一の善であり最善である神は、分有による善ではない。なぜならば、分有によって善なるものよりも本質によって善なるもののほうがより先だからである。[11] ゆえに神が質料と形相とから複合されているなどということはありえない。

第三に、はたらく者はそれぞれ、自己の形相によってはたらく。[12] ゆえに、その形相に対するあり方によって、そのものの「はたらく者」としてのあり方もきまる。それゆえ、第一のそれ自体によってはたらく者は、第一のそれ自体によって形相であるところの者でなければならない。しかるに神は、既に示されたように〔二問三項主文〕、第一作出因であるから、第一のはたらく者である。したがって神は、その本質によって形相であり、[13] 質料と形相とから複合されたものではない。

それゆえ 一 についてはいわなければならない。神に魂があるとされるのは、はたらきにおける類似性のゆえである。じっさい、われわれが何かを自分のために欲するということは、われわれの魂から起こる。そのように、神の意志に適うことが、神の魂に適うといわれるのである。

二 についてはいわなければならない。怒りやこれに類することがらが神にあるとされるのは、結果における類似のゆえである。すなわち「罰する」ということは「怒った者」に固有であるから、神の「罰」が比喩的意味で「怒り」と呼ばれるのである。

三 についてはいわなければならない。質料に受容されうる形相は、その質料によって個体化される。質料はすべての物体のもとに在る第一基体であるから、他者において在るということはできない。[14] これに対し形相は、何か他のものによる妨げのないかぎり、複数のものに受容されうる。ところが質料に受容されえず独立に自存する形相は、まさにその「他者に受容されえない」ということによって個体化されている。[15] 神はそのような形相なのである。ゆえに、神が個であるからといって、神が質料を有するということは帰結しない。

① 「物体」は形相と質料とから複合されたものである。ゆえにここであらためて神に形相と質料との複合があるか否かを問うのは重複しているように思われるかも知れない。しかしけっしてそうではない。物体はたしかに「質料と形相とから複合されたもの」ではあるが、そのすべてではない。たとえば「生物」は、質料と形相とから複合されたものであり物体という側面も持つが、単なる物体ではなくそれ以上のものを含んでいる。そこでこの項においては、単に物体のみでなく、物体をも含めた「形相と質料とから複合されたもの」を神と比較し、神から除去することによって、単に神の「非物体性」incorporeitas のみならず、その「非質料性」immaterialitas があきらかにされるのである。

② 「質料」materia とは、物質的自然界のすべての生成消滅のもとに在って、それ自体は生成も消滅もしないものである。それは「形相」forma を受け取ることによって特定の種に限定された個的実体となり、この実体の複合的部分としてそのうちに内在する。すべての物体的なものは質料と形相とから複合されている。質料が或る形相を受け取ることによって実体が生成し、形相を失うことによって消滅する。質料は形相に対し純粋な可能態として在る。純粋可能態としての質料、すなわち「第一質料」materia primaは、それ自体としては現実世界に存在しない。それは何物であるともいわれえず、まったく無規定なものである。にもかかわらず質料はけっして単なる概念ではない。現実の可感的世界は質料を基体としてその上に成り立っている。その意味で質料は独自の実在性を有している。アリストテレス『自然学』第一巻九章一九二a三一―三二。トマス『註解』第一五講一三九。『形而上学』第七巻三章一〇二九a二〇。トマス『註解』第二講一二八五を参照。

⑶「魂」animaは、アリストテレスによれば、「自分自身のうちに、動きと静止との原動力を有しているような自然物体の形相ないし本質である」。『心理学』第二巻一章四一二b一六。トマス『註解』第二講二三八。魂を形相とする自然物体とは、魂によって生気づけられている物体、つまり生物の「身体」corpusにほかならない。魂は身体なしにはありえない。しかしそれ自身、身体ではなく、身体の現実態である。『心理学』第二巻二章四一四a二〇以下、『形而上学』第八巻三章一〇四三a三五以下を参照。

⑷怒り、喜び、愛、憎み、等の「情念」passionesは、ただ魂だけが感ずるものではなくて、魂と肉体との「結合体」coniunctumとしての生物が感ずるものである。ゆえにかかる情念を感ずるものは、魂と身体から、すなわち形相と質料とから複合されたものでなければならない。『心理学』第一巻一章四〇三a一六―一八。トマス『註解』第二講二二。

⑸形相はそれ自体としては普遍的なものであり、或る特定の質料に受け取られることによってはじめて個体となる。たとえば「人間」の形相はそれ自体としては普遍的なものであり、或る特定の質料に受け取られることによってはじめて「個」individuumとしての人間になる。この意味で質料は「個体化の根原」principium individuationisといわれる。ただしこのことは質料的個体、すなわち可感的世界に存

在する可感的個物についてのみ妥当し、霊的実体には妥当しない。霊的実体は非質料的であるから、質料によって個体化されるのではないのである。この異論は、質料が個体化の根原であるという命題を、それが妥当する範囲を超えてあらゆる個体について妥当させようとしている。

⑥ 複数のものについて述語されるもの、つまり、複数のものを主語とする命題において述語の側に置かれうるものは「普遍」universale の性格を有するものでなければならない。これに対し「個」individuum は、それについて他のものが述語されうるが、それ自体は他者について述語されない。アリストテレス『カテゴリー論』第二章一a二〇―b九を参照。

⑦ 「延長的量」quantitas dimensiva とは、縦、横、高さの三次元に拡がる量である。形相と質料との複合によって物体ができる。物体はそれを構成する質料の側からして必然的に三次元の延長性を得る。その意味で、延長的量は質料に第一に内属するものといわれる。トマス『有と本質』第二章九を参照。

⑧ 「純粋現実態」actus purus。アリストテレスは、世界を動かしている第一動者たる「理性」は、いっさいの質料から離れており、したがっていささかの可能態性も含まず、完全なる現実態に在るといっている。『形而上学』第一二巻六章。トマスはここでは、アリストテレスの論拠に従っている。もっともトマスにおいては、神が純粋現実態であるということは、アリストテレスにおけるように「非質料的」ということだけではなく、純粋現実存在たることを意味するのであるが、このことは後の項（本問四項）においてあきらかになる。

⑨ 質料は無規定で不完全なものである。形相によってはじめて或る特定の種に限定され完成される。またものは完全であるかぎりにおいて「欲求されうるもの」つまり「善きもの」となる。ゆえに質料と形

相とから複合されているものは、その形相からしてそのものに特有な完全性と善性とを得るのである。ただし、ここにいわれる「完全」perfectum、「善」bonumとは、単に道徳的意味だけではなくて、それをも含むが、それよりももっと広い一般的意味のものであり、存在論的概念である。かかる完全性と善とについては、後に第四―六問において論じられる。

⑩「分有によって善なるもの」bonum per participationem。可感的実体は質料と形相とから複合されているというのは、アリストテレスの考えである。このことをトマスは、質料が形相を分有することによって可感的実体ができるのであると解する。ものは形相によって善なのであるから、したがって形相の分有によって存在する可感的実体は、「分有によって善なるもの」であることになる。「分有」はプラトン哲学の根本概念であるが、アリストテレスはそれを斥けた。トマス哲学においてそれは再び重要な役割を演ずる。一般に考えられている以上に、プラトン哲学の根本概念はトマスの体系のうちに浸透している。

⑪「本質によって善なるもの」bonum per essentiamとは、「善」そのものである。他の諸々の「善なるもの」は、この「善」そのものを何らかの仕方で分有するかぎりにおいて善なるものである。ゆえに「善」そのものはすべての「善なるもの」の原因であり、したがってすべての「善なるもの」よりも先である。神はあらゆる意味で「第一有」であるから当然「第一の善」primum bonumであり、したがってすべての「善なるもの」に先だつ「善」そのものでなければならない。ゆえに「本質によって善なるもの」でなければならない。

⑫「はたらき」agereと「形相」formaとの関係。それぞれのものは、現実態に在るかぎりにおいてはた

らく。しかるに「もの」が現実態に在るのは、そのものの形相による。その意味で「はたらく者はそれぞれその形相によってはたらく」unumquodque agens agit per suam formam といわれる。わかりやすい例を用いるならば、猫には猫のはたらきがあり、犬には犬のはたらきがある。犬は犬の形相によって犬のはたらきをなし、猫は猫の形相によって猫のはたらきをなす。それぞれのものにとって、そのものの有する形相は、そのものに固有なはたらきの根原である。はたらきと形相との関係については、第七六問一項「知性的根原は身体に形相として結合するか」において、魂という形相とそのはたらきとの関連において詳論される。

⑬ 神は「その本質によって形相」forma per suam essentiam である。ただし神は、質料に対立する意味での形相ではなく、その意味での形相に対してもなお現実態の位置にある存在そのものであることが、後の項（本問四項）においてあきらかにされる。しかし本項では、神が「質料的でない」ことを主張するのが目的であるから、神は本質によって形相であるといわれる。

⑭ 「基体」subiectum とは、形相を受け取り形相を担うものである。「熱」「白」等の附帯的形相に対しては、これらの形相を受け取り担う「実体」substantia が基体となる。「人間」「犬」等の実体的形相に対しては、これらの形相を受け取り担う「質料」materia が基体となる。ゆえに質料は基体中の基体であり、実体と附帯性とを含むあらゆる形相の「もとに在る」substans 基体である。その意味で質料は「もとに在る第一基体」primum subiectum substans といわれる。かかる質料は、すべての形相を自らのうちに受容しうるものであり、その意味で形相は「質料において在る」esse in materia といわれるが、質料そのものは何物によっても受容されえないから、質料が「他者において在る」esse in alio というこ

とはできない。

⑮　個体化の根原が質料であるということは、ただ質料的個物についてのみいえることである。かならずしもすべての形相が質料によって個体化されるわけではなく、質料によらず形相それ自体によって個体化され独立に存在しているものもある。かかる形相は「単純形相」forma simplex といわれる。非質料的実体なる知性的存在者の形相がそれである。神もまたこの意味での形相である。個体化の根原が形相か質料かということは、中世を通じて大いに論争された問題であり、トマスの批判者たるドゥンス・スコトゥス（一二六四頃—一三〇八頃）は、質料的個物も形相によって個体化されると主張して「個的形相」なるものを説いた。どちらが正しいかというようなことはそう簡単に断定できる問題ではないが、一言、トマスのために弁ずるならば、トマスは質料があらゆる意味で「個体化の根原」であるといっているのではなく、特に質料的事物におけるそれであるといっているのであり、非質料的存在者の領域に関しては、各存在者の「形相」をもって個体化の根原としている点にまず注意すべきであろう。つまりスコトゥスが個体化の根原をおしなべて「形相」に帰着せしめるのに対し、トマスにおいては、個体化の根原は質料的存在者と非質料的存在者の場合とは異なるのであり、ここからこの二つの存在者の領域が同次元ではなくむしろ次元的に異なる領域として、両者を含む被造的世界がより立体的に表象されているように思われる。もう一つ、「質料」というものの重大性がスコトゥスの場合よりもよりいっそう強調されているように思われる。これはどちらが正しいかの問題ではなく、むしろ「世界」を見る視点の相違に帰せられるべきであろう。

第三項　神はその本質ないし本性と同じものであるか①

第三については次のようにすすめられる。神はその本質ないし本性②と同じものではないと思われる。そのわけは、

一、何者も自分自身のうちに在るものはない。しかるに神の本質ないし本性、すなわち神性③は、神のうちに在るといわれる。ゆえに神はその本質ないし本性と同じものではないと思われる。

二、更に、結果はその原因に似たものとなる。すべてはたらくものは、そのはたらきによって自分に似たものを生ずるからである。しかるに被造物においては個体④はその本性と同じではない。たとえば人間はその人間性と同じではない。ゆえに神もその神性と同じではない。

しかし反対に、『ヨハネ伝』第一四章〔六節〕に「私は道であり真理であり生命である」とあるように、神については単に「生ける者」であるといわれるのみならず「生命」であるといわれている。しかるに「生命」が「生ける者」に対する関係は、神性が神に対する関係と同じである。⑤ゆえに神は神性そのものである。

答えていわなければならない。神はその本質ないし本性と同じ者である。これを理解するためには以下のことを知らなければならない。――質料と形相とから複合された事物にあっては、本

性ないし本質は、必然的に個体と相違する。なぜならば本質ないし本性は、そのうちにただ「種の定義[6]」に属するもののみを包含するからである。たとえば「人間性」はそのうちに、ただ「人間」の定義に属するもののみを包含する。じっさい、人間が人間であるのはそれらのものによるのであり、「人間性」という名称はまさにこの、それによって人間が人間であるところのものを表わしているのである。これに反し個的質料[7]は、それを個体化しているすべての偶有とともに、「種の定義」のうちには入らない。たとえば「人間」の定義のうちには、この肉、この骨、白、黒、等は入らない。ゆえにこの肉、この骨、およびこの質料を示す諸偶有は「人間性」のうちには包含されない。しかし「人間であるところの者[8]」のうちには含まれるのである。それゆえ「人間であるところの者」はそのうちに、「人間性」が含まない何ものかを含んでいる。したがって「人間」と「人間性」とはまったく同一というわけではなく、「人間性」という名称は「人間」の形相的部分を示している。定義を構成する諸要素は、物を個体化する質料に対しては、いわば形相という地位にあるからである[9]。

　ところで質料と形相とから複合されておらず、その個体化が個的質料すなわち「この質料」によってなされるのではなく、形相がそれ自身によって個体化されているものにおいては、まさにその形相そのものが「自存する個体」でなければならない[10]。したがってこのようなものにおいては、個体と本性とは相違しない。ところで神は、既に示されたように〔前項〕、質料と形相とから複合されたものではないから、神はその神性であり、その生命であり、また同様の仕方で神について述語されるいかなるものでもなければならないのである。

それゆえ　一　についてはいわなければならない。われわれが単純なものについて語るには、複合されたものについて語る仕方によるほかはない。われわれの認識は複合されたものから得られるからである。[11] それゆえ神について語る場合、その自存性を示すためには、われわれは具体名詞を用いる。われわれのもとにおいて、[12] 自存するのはただ複合されたものだけだからである。その単純性を示すためには抽象名詞を用いる。それゆえ神性とか生命とかまた何かこれに類するものが神のうちに在るといわれることは、われわれの知性がそれを異なるものとして把えることに起因するのであって、もの自体のうちにそういう異なりが実在するというように解されてはならない。

二　についてはいわなければならない。神の結果は神を模倣する。ただし完全にではなく、なしうるかぎりにおいて模倣するにすぎない。また、単純で一なるものが再現されるために多くのものによらなければならないということは、模倣そのものの本来的欠陥に属する。[13] そのためそのの多くのものには複合が生じ、またその複合からして、個体と本性とが同じでないということも起こってくるのである。

① 被造物においては、そのものの「何であるか」を規定する本質ないし本性と、それを有している具体的個体とは同じでない。たとえば個々の人間はそれぞれ共通の人間本質（これを「人間性」という）を持っているが、いかなる個々の人間も「人間性」そのものではなくて、それぞれ「人間性を有する者」として人間性と区別される。これに対して神においては、神と神の本質（これを「神性」という）とはまったく同一である。このことが本項において論証される。これは、次項においてとり上げられる「神の存在と本質とは同じである」というトマス哲学の根本命題の論証のために、その前段階をなすものである。

② 「本質」**essentia** とは「存在者」**ens** を、或る特定の類と種に規定する内在原因である。たとえば、この存在者は「人間」という本質によって「人間」という特定の種に規定される。かかる本質は、この存在者の「何であるか」という問に対する究極的な答としての「定義」**definitio** の内容をなすものとして「何性」**quidditas** といわれる。「本性」**natura** は「自然」とも訳され、自然界に存在する個々のもの、またその総体としての自然界そのもの、また自然を自然たらしめている内在原因を意味する。ボエティウスによれば、**natura** はまず、自然界に存在する個々の「物体」を意味し、拡張されて一般に「実体」**substantia** を意味し、更に拡大されて、単に実体のみならず諸々の偶有をも含めておよそ何らかの仕方で「存在するもの」を意味し、最後に、何らかの仕方で「理解されるもの」を意味するに到った（ボエティウス『エウテュケスとネストリウス駁論』第一章。ラテン教父集六四巻一三四一）。トマスによれば、この第四の意味において「本性」は「本質」と同義語である。ただ **natura** が、その語原 **nasci**（生まれる）からも知られるように、本質をそれに伴う「はたらき」**operatio** との関連から名づけた名称で

あるのに対し、essentia のほうは、それによって、またそれにおいて「存在者」ens が「存在」esse を有するものという意味で「存在」esse との関連において名づけた名称である。トマス『有と本質』第一章を参照。

③「神」Deus という名称は、神を独立に存在する者として具体的に表示している。これに対し、「神性」deitas という名称は、神の本質を抽象的に表示している。

④「個体」と訳された suppositum は、語原的にいうと「もとに」sub「置かれたもの」positum であって、ギリシア語の「ヒュポケイメノン」hypokeimenon に相当する。しかし意味の上から「ヒュポケイメノン」に相当するものとして用いられるラテン語は suppositum ではなくてむしろ subiectum である。subiectum は、偶有や附帯性に対してそれを担う「基体」、述語に対しそれを受ける「主語」と訳される。これに対し suppositum のほうは、「本性」natura に対してその本性を有する個々のものを意味する。たとえば「人間」という本性を有する個々の具体的人間、ソクラテス、プラトン、等が suppositum といわれる。「個体」という訳はこの語の意味の半面しか表わさないが、他に適訳がないのでこのように訳しておく。「主体」と訳す人もあり、この訳はたしかに「個体」という訳の表わしえない suppositum の意味の別の反面を表わすが、subiectum と混同されやすく、また「本性」の普遍性に対するその本性を有する者の個的具体性が表われないので用いないことにする。ただ suppositum を「個体」と訳すと、本来的に「個」を意味する individuum および singulare との区別がつかなくなるおそれがあるが、それを避けるため、individuum は「個」ないし「個物」、singulare は「単独者」「個別者」などと訳すことにする。

⑤「生命」vita は抽象名詞であり、生命という本性を表わす。これに対し「生ける者」vivens は具体名詞であり、生命という本性を有している個的具体的なる者を表わす。ゆえに両者の関係は deitas と Deus との関係に等しい。

⑥「種の定義」definitio speciei とは、或る事物の「種」（スペキエス）の概念を規定する定義である。それは類と種差とから構成されている。たとえば「人間」という種の概念は「動物」という類と「理性的」という種差とから構成されている。「種の定義に属するもの」ea quae cadunt in definitione speciei とは、種の概念を構成する概念要素である。それらの要素は概念として把握されるものである以上、何らかの度合において普遍的なものでなければならない。

⑦「個的質料」materia individualis。質料は二つの在り方において把えられる。たとえば、「可感的実体は質料と形相とから複合されている」とか「質料は可能態に在る」とかいわれる場合の「質料」は一般性において把えられている。つまり、どの質料ということなく一般に質料というものはそういうものなのである。ところが或る特定の個物を個体化している質料はそのような質料一般ではなく、まさに「この個物」の有している「この質料」であり、かかる質料によって形相は個体化されてこの個物の「この形相」となり、またかかる質料によってこの個物は、「ここに、いま」といわれる特定の時空のうちに特定の位置を指定されることになる。かかる在り方において把えられた質料を「個的質料」あるいは「指定された質料」materia signata という。個体化の根原とされる質料（本問二項註5参照）はこれであって、質料一般ではない。この二つの質料の区別については、『有と本質』第二章。『能力論』第九問一項。『神学大全』第三部二問二項において論じられる。

⑧「人間であるところの者」id quod est homo。すなわち、人間といわれるものの具体的全体。「人間」としての普遍的本質だけではなく、この肉、この骨、等の個別的具体的要素から成り、その他いっさいの個別的偶有を包含する全体者である。「人間」の普遍的本質が「人間性」humanitas という抽象名詞で示されるのに対し、この「人間であるところの者」は「人間」homo という具体名詞で示される。

⑨「人間性」という名称は「人間」の「形相的部分」pars formalis を示すといわれると、当然、次の疑問が生ずる。さきに「魂」は身体の形相であるといわれた（前項）。これによれば「人間」にとって「魂」が形相であり「身体」が質料である。しかるにいま、「人間性」が「人間」の形相的部分であるといわれる。これによれば「人間性」は「魂」と同じものでなければならない。しかるに「人間性」は人間の本質であるから単に魂のみならず肉体をも含むものでなければならない。とすると、「魂」が「人間」の形相であるという説と、「人間性」が「人間」の形相的部分であるという説とは食い違うのではないか、と。これは、さかのぼれば、人間の本質（ウシア）は「魂」か、それとも「魂と肉体」とから成る「全体」かというギリシア以来の問題に関連してくるであろうが、トマス自身においては次のように考えられていると思う。すなわち、魂が形相で身体が質料で両者が複合されて「人間」ができるといわれる場合には、人間は質料的世界に存在する一個の自然物として、アリストテレス・トマス的意味での自然学の次元で把えられている。これに対し、「人間性」という人間の「本質」essentia が「個体」suppositum としての「人間」にとって、その形相的部分をなすといわれる場合は、この人間の本質がこの個体を人間「である」者たらしめている形相的なものとして、いわば存在論の次元で把えられている。それゆえ第二項と第三項とでは、形相が把えられる次元が異なるというべきであろう。ただ本項で

はまだトマスに固有な「存在」esse はあらわれず、もっぱら「個体」と「本質」との関係が注目されているから、それは厳密には、ジルソンのいわゆる「本質論的存在論」ontologie essentielle の次元というべきであろう。

⑩　質料と形相とから複合されておらず形相そのものが「自存する個体」suppositum subsistens なる者とは、非質料的知性的実体たる天使である。天使は種的本質が質料によって個体化されることがなく、それぞれの種がそれぞれ独立に存在する（すなわち「自存する」subsistere）から、天使の場合には「種」species が「個」individuum であり、種の数だけの個が存在する。したがってまた、同一の種に属する多数の個的天使というものはなく、各個の天使がそれぞれ相互に種的に異なっている。天使の個体化については、第五〇問「天使の実体について」において論じられる。天使についていわれたことは、更にすぐれた意味で神についていわれる。

⑪　「単純なもの」simplicia とは、質料と形相とから複合されていない純粋形相的なるもの。「複合されたもの」composita とは、質料と形相とから複合されているもの。かかるものはすべて可感的である。われわれの認識はすべて感覚を通して得られるから、われわれによってまず認識されるのは「複合されたもの」であり、「単純なもの」の認識は感覚を通して得られた「複合されたもの」の認識内容を分解し、或る要素を捨象し、或る要素を抽象するという知性の操作を経てはじめて得られるのである。

⑫　「われわれのもとにおいて」apud nos とは、われわれ人間が現実に存在しているこの世界においてということである。この世界においてわれわれは単なる精神としてではなく、魂と肉体とから成る複合体として存在しているのであり、またわれわれが自己の身体を媒介としてそれに関わるいっさいの世界内

存在者も質料と形相とから成る複合物である。

⒀「再現」repraesentare とは、もとあったものを「再び」re-「現前させる」praesentare ことである。神の結果たる被造物はすべて原型たる神を何らかの仕方で再現しており、そのかぎりにおいて神の模倣である。しかしいかなる模倣物も原型の完全な再現ではありえずその一面しか再現しえないから、原型をより完全に再現するためには一つの模倣物だけでは足りず、原型をそれの有する多くの面において再現する多くの模倣物を必要とすることになる。このことは模倣が模倣であるかぎりにおいて免れることのできないいわばその本来的欠陥である。

第四項　神においては本質と存在とは同じであるか[①]

第四については次のようにすすめられる。神においては本質と存在とは同じでないと思われる。そのわけは、

一、もしも本質と存在とが同じであるとすれば、その場合には、神の「存在・ある」には何らの附加もなされないはずである。[②] しかるに何らの附加もなされない「ある」は、いかなるものにも述語される共通一般的な「ある」[③] であるから、したがって神はいかなるものについても述語されうる共通一般的な「あるもの」だということになる。しかしこれは偽である。じっさい、『智

書』第一四章〔二一節〕には、「彼らは共通されえない御名《みな》を、木や石に与えた」[4]といわれている。ゆえに神の存在はその本質ではない。[5]

二、更に、神については、既に述べられたように〔二問二項〕、われわれは神が「ある」ということを知ることができる。しかし「何であるか」を知ることはできない。ゆえに神の「ある」すなわち存在と、その「何であるか」、つまり何性ないし本性とは同じではない。[6]

しかし反対に、ヒラリウスは[7]『三位一体論』第七巻[8]において、神においては「存在は附帯的なものではなく、自存する真理である」といっている。ゆえに神において自存するものは神の存在である。

答えていわなければならない。神がその本質であることは既に示されたが〔前項〕、単にそれだけではなく、またその存在でもある。このことはじっさい、いくつかの仕方で証明することができる。まず第一に、何物かのうちにそのものの本質以外にあるところのものはすべて、本質的要素[9]を原因としてそこから生じたものであるか、それとも何か外部のものを原因としてそれによって生じたものであるかのいずれかである。前者はたとえば、「笑いうる」という性質が人間にともなって「人間」という種の本質的要素を原因としてそこから生ずるように、種にともなう固有的属性の場合であり、[10]後者はたとえば、水中に熱が火を原因として引き起こされるという場合である。[11]そこで、もののその存在がその本質とは別である場合には、そのものの存在は何か外部のものを原因としてそれによって引き起こされたか、それともそのものの本質的要素から引き起こされたかのいずれかでなければならない。しかしながら存在が単にものの本質的要素のみを原因としてそこから引き起こされるということはありえない。なぜならば、原因された存在[12]を有する場合には、いかなるものも自分自身の存在原因であるには不十分だからである。ゆえにその存在が本質と別であるものは、他者を原因としてそれによって生ぜしめられた存在を持つのでなければならない。しかしこのようなことをわれわれは神についていうことはできない。われわれは神を第一作出因であるというのであるから〔二問三項〕。それゆえ神においては、存在と本質とが別であるということはありえない。

第二に、存在はいかなる形相ないし本性にとってもその現実性である[13]。たとえば善とか人間性とかが現実態にあるものとして示されるのは、それらが「存在する」ものとして示される場合に限られるのである。ゆえに存在そのものは存在とは別の本質に対して、ちょうど現実態が可能態に対する関係にあるのでなければならない。しかるに神のうちには、既に示されたように〔本問一項主文〕、可能態的なものは何も含まれていないから、神においては本質とその存在とは別のものではない。ゆえに神の本質はその存在である。

第三に、火を有するが火でないものは、分有によって火的なるものである。ちょうどそのように、存在を有するが存在でないものは、分有による存在者である[14]。しかるに神は、既に示されたように〔前項〕、自らの本質である。ところでもしも神が自らの存在でないとしたならば、神は分有による存在者であって本質による存在者ではなく、したがって第一有でもないことになろう。このようなことをいうのは不合理である。ゆえに神は、単に自らの本質であるばかりではなく、自らの存在でもある。

それゆえ 一 についてはいわなければならない。「それに対して附加がなされないもの」というのは、二様の意味に解されうる。一つは、「それに対して附加がなされない」ということが、そのものの定義のうちに含まれている場合である。たとえば「非理性的動物」の定義のうちには、「理性なし」ということが含まれている。一つには、「それに対して附加がなされないもの」とは、「附加がなされる」ということがそのものの定義のうちに含まれていないがゆえにいわれるのであるとも解される。たとえば「動物一般」が「理性なし」であるのは、「動物一般」の定義のうちに「理性を有する」ということが含まれていないからである。しかしながら「理性を欠く」ということがその定義のうちに含まれているわけでもない。そこで、神の「ある」が附加なしの「ある」だといわれるのは第一の意味においてであって、共通一般的な「ある」が附加なしの「ある」だといわれるのは第二の意味においてである。[15]

二 についてはいわなければならない。「ある」ということは、二つの意味で語られる。一つは、存在の現実態を意味する。一つは、魂が述語を主語に結合するときそこに見いだす命題の合成を意味する。そこで、「ある」をもし第一の意味にとるならば、われわれは神の本質を知りえないと同様に神の「ある」を知ることもできない。[16] ただ第二の意味においてのみ、神の「ある」を知ることができるのである。すなわちわれわれは、「神あり」というとき神について形成するこの命題が真であることを知る。[17] そしてこの命題の真であるということをわれわれは、既に述べられたように〔二問二項〕、神の結果から知るのである。

(1) 神においては「存在」esseと「本質」essentiaとは同一である。被造物においては両者は区別され、すべての被造物は存在と本質とから複合されている。これはトマス哲学の根本命題である。「本質」は、既に説明されたように（第三問三項註2）、「存在者」ensの「何であるか」を規定するものであり、これに対して「存在」esseは、それによって「存在者」が現実的に「存在する」existereものであるから、本質は存在者の「である」側面を、存在は存在者の「がある」側面を規定する要素であるという通俗的見解がはびこっており、かかる見解は既に十四世紀のトマス解釈にさかのぼる根深いものであるが、トマスのesseを「がある」という意味での「存在」existentiaと同一視してはならないということは、最近のトマス研究がますますこれをあきらかにしている。esseはもともと「ある」を意味するラテン語動詞不定法現在形であるが、その定形は「人間は動物である」という場合のように、主語と述語を結合する繫辞として用いられるとともに、また「そこに石がある」という場合のように事物の存在（エクシステンチア）を示すためにも用いられる。ensはesseの現在分詞中性形であり、「あるもの」を具体的に示す。essentiaはesseという動詞に由来する抽象名詞であり、いわば「あるもの」の「ある」性を示している。トマスがessentiaに対してesseを用いるとき、彼は前者の抽象名詞、後者の動詞としての性格を十分に利用している。すなわち、抽象名詞としてのessentiaはそれ自体としては未だ「あらず」、「ある」ことへの可能性を示す。これに対し動詞としてのesseはこの可能性を現実的に「ある」ものとしている、そのものの「あるの現実態」actus essendiを意味する。神においてesseとessentiaとが同一であるということは、神が完全に現実的なるesseそのものであり、このesseを限定すべきいかなる有限なるessentiaもないこと、したがって神のesseは無限であり、無限なるesseこそは神のessentiaにほかならぬことを意味する。これに対し被造物のesseは、それぞれの「何であるか」を規定する有限なessentiaによって限定されており、したがってそれぞれ有限なesseによって現実存在することになり、またそれぞれのesseにもとづく「はたらき」の様態も異なってくる。esseは「ある」というのが直訳であるが、それではうまくいかない場合が多いから「存在」という訳語を用いることにする。esseはもちろん「がある」という意味での「存在」existentia, Vorhandenheitを含むが単にそれだけでなく、現実に存在する者の、その本質によって規定されたすべてのはたらきをも含蓄していることを留意しておかなければならない。その意味で、「動物にとってあるesseことは生きるvivereことである」「人間にとってあることは知性認識するintelligereことである」等ともいわれるのである。

② 本質と存在とが異なるものにおいては、単に「ある」というだけではそのものの何であるかは規定されない。その「ある」に更に本質的規定を附加しなければならない。たとえばこのものが人間であるとすれば、このものを示すのに、ただ「これはある」というだけでは足りない。「これは人間である」といわなければならない。このことは、「ある」に「人間」という本質規定が附加されたことにほかなら

ない。ところがもし神において本質と存在とが同じであるとすれば、神の「ある」を規定すべき本質が別にあるわけではないから、「神のある」esse divinum には、なんらの規定も附加されないはずである。

③「ある」esse は、いかなる本質のものであれ、およそ何らかの意味で「ある」もの、すなわちすべての「有」ens に共通的に述語される。「あるものはある」。かかる「ある」を共通一般的な「ある」esse commune という。

④『智書』第一四章では、木や石を彫んで人の像を造り、これを神として礼拝する偶像崇拝の起原とその罪悪とが述べられ非難されている。「共通されえない御名」nomen incommunicabile とは神の名であり、これはただ神にのみ帰せられ神以外のものについては語られるべき名でないのに、彼ら偶像崇拝者たちはこの名を石や木の像に賦与したというのである。

⑤もし神において存在と本質とが同じであるとすれば、神についてはただ「ある」が述語されるだけであり、「神はあるである」としかいいようがない。しかるに「ある」はいかなるものにでも述語される、最も共通一般的なものであるから、神は何にでも述語される最も共通一般的なものだということになる。これは偽であるとこの異論は主張する。たしかに共通一般的な「ある」は、最も一般的であるとともに最も内容空虚である。神の本質が esse であるといわれる場合、神の「ある」はかかる esse commune と混同されてはならぬ。神の「ある」はこれと正反対に、最も内容豊かなものでなければならない。この異論は、共通一般的「ある」と神の「ある」との根本的な相違に対する反省を促す意味で重要である。

⑥この異論は、神の存在と本質とは同じであるといわれる場合の「存在」と、神「が在る」といわれる場合の「存在」とを、すなわち esse と existentia とを混同するところから生じている。トマスのエッ

セを「がある存在」とする通俗的解釈（スアレス（一五四八―一六一七）に代表されるごとき）によっては、この鋭い異論に対して答えることができない。

(7) ヒラリウス（三一五頃―三六七）。新プラトン哲学からキリスト教に回心し、ポワチエの司教となる。キリストに御父と同一の神性を認めずむしろその人性のほうを強調したアリウス（二五〇頃―三三六頃）派の異端に対して正統派の説を弁護した。数ある著作のなかで特に『三位一体論』十二巻が重要である。

(8) ラテン教父集一〇巻二〇八。

(9) 「本質的要素」principia essentiae とは、物の本質を成り立たしめている根原的諸要素である。たとえば「人間」という種の本質を構成する要素は理性的魂と肉体である。ただ「この魂」「この肉体」は、人間であるかぎりにおける人間の本質的要素ではなくて、「この人間」すなわち個物としての人間を構成する要素である。

(10) 「笑いうる」risibile ということは、ポルフュリオス（二三二―三〇五）によれば、「人間」という種のみに、その種の全体に、常に附随する性質として人間の「固有性」proprium といわれる。人間はかならずしも常に笑っているわけではないが、しかし「笑いうる」という性質は、人間であるかぎりの人間に、また人間のみにかならず附帯する。ポルフュリオス『イサゴーゲー』第四章。アリストテレス『トピカ』第一巻五章一〇二b四。トマスはこの固有性を、人間の本質を原因として、そこから内的必然的に生じてくる「附帯性」accidens であると解している。しかしそのような accidens は、附帯性というよりは「属性」と呼ぶほうがふさわしいと考えられるから、ここでは accidentia propria を「固有的属性」と訳しておく。

⑾　水という実体は、それ自体としては冷熱にかかわらない。冷熱は水の本質には含まれない。しかし水は、ときには冷たくときには熱い。熱という性質は、それを受ける基体としての水の本質をほろぼすことなしにそれに加わったりそこから去ったりすることができる。このような性質をポルフュリオスは「附帯性」accidens と呼んで前記（前註参照）の「固有性」と区別する。この二者はいずれも物の本質に含まれない点において共通するが、前者が物の本質を原因としてそこから必然的に生じてくるのに対し、後者が本質と必然的な結びつきを持たない点で区別される。『イサゴーゲー』第五章。トマスはかかる附帯性を、外的原因によって生ぜしめられた附帯性であると解して、内的本質的原因によって生ぜしめられた附帯性としての固有性と区別する。

⑿　「原因された存在」esse causatum とは、他者から存在せしめられて存在するものの存在である。被造物はすべて神から存在を受けて存在している。ゆえに被造物の存在はすべて「原因された存在」である。

⒀　アリストテレスによれば、形相は質料に対して、可能態に対する現実態の位置にある。トマスもこの考えをアリストテレスから継承している。ただトマスがアリストテレスと異なるのは、「形相」ないし形相・質料から成る物の「本性」に対して、これを現実態に在らしめているそれの「存在」esse を、更に現実態の位置におくことである。ゆえにトマスにおいては、形相は質料に対し現実態の位置に在るが、その形相それ自体、その存在に対しては可能態にある。形相は存在を受けることによってのみ現実的に存在する。存在を受けない形相は可能性にとどまる。この意味で「存在は形相の現実性である」

esse est actualitas formae といわれる。

⑭「分有による存在者」ens per participationem とは、存在 esse を受け取って存在する者をいう。受け取られた存在は存在そのものではなく、存在を受け取る者のあり方によって限定されている。存在を受け取る者のそのあり方を規定するのは、その者の本質である。ゆえに本質と存在とが同じでない者においては、その存在は本質によって限定され受け取られた存在であり、かかる存在によって存在する存在者は「分有による存在者」である。これに対し、本質が存在と同じである者においては、存在が本質であり、したがってその者はまさにその者の存在にほかならない。かかる存在者は「本質による存在者」ens per essentiam である。トマスは、アリストテレスによって理解された意味でのプラトンのイデア論をアリストテレスとともに否定しているが、しかし「分有」の思想は否定せず、かえってこれを「存在の分有」という仕方で彼自身の体系のなかで活用している。

⑮この解答においては、「神のある」esse divinum と「共通一般的なある」esse commune とのちがいが、両者のそれぞれの定義（ラチオ）における「附加なし」ということの意味のちがいとして、純粋に形式的論理的次元において、正確ではあるがごく簡単に答えられている。神の「ある」つまり神の存在がいかなるものであるかを、内容的にあきらかにすることは、以下に展開される『神学大全』全体の叙述において意図されることである。もちろんそれによっても神の存在の全内容が完全にあきらかにされうるわけではない。

⑯神の存在が本質であるといわれる場合の「存在」esse は、よく誤解されるように「神がある」といわれる意味での「がある」存在、つまり「エクシステンチア」existentia ではない。トマス自身の著作

のどこを探しても、神のエッセンチア（本質）とエクシステンチアとが同じであるという言表は見いだされない。神の存在が本質であるといわれる場合の「ある」は、ここにはっきりといわれているように、現実態における「ある」、すなわち「存在の現実態」actus essendi である。ものはこの存在の現実態を分有する（あるいは、神からそれを受ける）ことによって現実存在し、そのものに固有ないっさいのはたらきをなすのである。ただものの受ける存在はその本質による限定を受けて有限であるが、神のみは存在そのものであり、無限の現実性とはたらきにおいて現実存在する。この無限の現実存在としての神の存在そのものを、われわれは現世においては絶対に知ることができない。ここは、トマスの「存在」の意味を理解するために、きわめて重要な箇所である。

⒄ 第二の意味での「ある」は、命題を形成する「ある」である。これは、「Aがある」とか「AはBである」とかいうように、必ず主語と述語から成る命題のなかにあらわれる。この「ある」は、その命題の真であることが知られるとともに知られる。かかる「ある」は、判断の部分として判断の真偽とともに知られるのであって、このような「ある」を判断の主語と述語から離して、単独に「ある」と知ることは無意味である。

第五項　神は何らかの類のうちにあるか[1]

第五については次のようにすすめられる。神は何らかの類[2]のうちにあると思われる。そのわけは、

一、実体は独立に自存する有である。しかるにこのことは最高度に神にあてはまる。ゆえに神は実体の類のうちにある。

二、更に、それぞれのものは、何か同じ類に属するものを尺度として測られる。たとえば、諸々の長さは或る長さによって測られ、諸々の数は或る数によって測られる。しかるに神は、註釈家[3]の『形而上学』第一〇巻[4]によれば、実体の尺度である。ゆえに神はすべての実体の類のうちにある。

しかし反対に、類は、類のうちに含まれるものよりも、より先に理解されているものである。[5]しかるに実在するものとしても理解されるものとしても、神より先なるものは何もない。ゆえに神はいかなる類のうちにもない。

答えていわなければならない。何らかのものが類のうちにあるというのに二つの仕方がある。一つは、無条件かつ本来的な意味におけるものであって、類に包含される種が類のうちにあるといわれる場合がそれである。一つは、還元によるものであって、始原と欠如とが類のうちにある

といわれる場合がそれである。たとえば点と一とが量の類に還元されるのは、点と一とが量の始原だからである。⑥ また、盲目とかその他すべての欠如は、それの所有態の類に還元される。⑦ しかしこれらのいずれの仕方によっても神は類のうちにない。

じっさい、神が何らかの類に属する種でありえないということは、三つの仕方で証明することができる。まず第一に、種は類と種差とから構成されている。ところで種を構成する種差がそこから取られるものは、類がそこから取られるものに対して、いつも現実態が可能態に対する関係にある。⑧ たとえば「動物」という類は、感覚的本性から具体化の方法によって取られる。⑨ じっさい「動物」といわれるのは、感覚的本性を有するところの「もの」にほかならない。これに対し「理性的」という種差は知性的本性から取られる。「理性的」といわれるのは、知性的本性を有するところの「もの」にほかならないからである。ところで知性的なるものは感覚的なるものに対して、現実態が可能態に対する関係にある。他の場合においても同様であることはあきらかである。しかるに神においては可能態が現実態に附加されることはないから、神が種として類のうちに含まれるということはありえない。

第二に、神の「ある・存在」は、既に示されたように〔前項〕、その本質であるから、もし神が何らかの類のうちにあるとすれば、その類とは、「あるもの・有」でなければならないであろう。類はそのものの「何であるか」を述べるものとして、ものの本質を示すからである。しかるに哲学者は『形而上学』第三巻[10]において、有はいかなるものの類でもありえないことを証明している。すなわち、いかなる類であっても、その類の本質の外にある種差を持っている。しかるに「あるもの」の外にある種差などというものを見いだすことはできないであろう。なぜなら「あらぬもの」は種差であることもできないからである。[11] ゆえに神は類のうちにないといわざるをえない。

第三に、同一の類のうちにあるものは、それらのものの「何であるか」を述べる類の何性つまり本質において共通する。しかし存在的には異なっている。たとえば人間としての存在、馬としての存在、「この人間」の存在、「あの人間」の存在はそれぞれ異なるのである。したがって、すべて類のうちにあるものにおいては、そのものの存在とそのものの「何であるか」、つまり本質とは異なるはずである。しかるに神においては、既に示されたように〔前項〕、存在と本質とは異ならない。それゆえ神が種として類のうちにないということはあきらかである。

ここからして、神には類も種差もなく、また神の定義もなく、結果による論証[12]以外には論証もされえないことがあきらかとなる。なぜならば、定義は類と種差とから成るものであるし、また論証の媒介をなすものは定義にほかならないからである。

さてまた神が、還元の仕方により始原として類のうちにないということは、次の理由からしてあきらかである。すなわち、何らかの類に還元される始原はその類を超えて及びえない。たとえば点はただ連続量の始原でしかないし、一は不連続量の始原でしかない。しかるに神は、後に示されるであろうように〔四四問一項〕、全存在の始原である。⑬ゆえに何らかの類のうちにその始原として含まれるということはありえないのである。

それゆえ　一　についてはいわなければならない。「実体」という名称は、自体的存在であるところのものを表示するだけではない。じっさい、存在であるところのものは、既に示されたように〔主文〕、それ自体として類ではありえないのである。「実体」という名称は更にまた、そのような仕方で存在すること、つまり自体的に存在することがそれに適合する「本質」をも表示する。かかる存在はしかし、それ自身そのものの本質ではない。それゆえ神が実体の類のうちにないことはあきらかである。⑭

二　についてはいわなければならない。この異論は、測られるものに対して一定の比例を有している尺度⑮については妥当する。じっさい、かかる尺度はそれによって測られるものと同類のものでなければならないのである。しかるに神は、何物に対してもかかる比例関係を有する尺度ではない。にもかかわらず万物の尺度であるといわれるのは、それぞれのものが神に近づく度合に応じてそれぞれいくぶんかの存在を有するからである。⑯

(1)　形相と質料、存在と本質、等は、被造的存在者がそれから構成されている存在論的構成要素であり、神からこれらの要素の複合を排除することは、存在論的次元において神の単純性を論ずることにほかならなかった。ところでかかる複合的存在者はすべて何らかの類に含まれ、種差と類とを合わせた種の概念によって定義されうるものである。本項においては、神がいかなる類にも含まれず、したがって神についてはいかなる定義もなしえないことを論ずることによって、いわば論理学の次元において神の単純性を証明するのである。

(2) 「類」genusとは「種」speciesに対していわれる。種が個について述語され、その意味で個を包摂する普遍的なるものであるように、類は更にその種について述語されこれを包摂するより普遍的なるものである。たとえば「ソクラテス」という個に対して「人間」は種であり、「動物」は類である。この類については、更にそれぞれについて述語されそれを包摂するより普遍的な類が考えられるが、このような類の系列をたどってより普遍的な類をたずねてゆくと、ついにそれ以上に普遍的な類を見いだすことのできない最高の類に達する。アリストテレスはそのような最高の類として、実体、量、質、関係、能動、受動、場所、時、位置、状態の十をあげた。このうち「実体」substantiaの類は最も重要で、すべての類のいわば根幹をなすものであり、他の九つの類は実体に依存し、実体において在るといわれる「附帯的なもの」「偶有」accidentiaである。アリストテレス『範疇論』第四章一b二五以下を参照。「類のうちにある」esse in genereとは、類のうちに包摂される、すなわちその類がそのものについて述語されるということである。

(3) 「註釈家」Commentatorとは、アラビアの哲学者アヴェロエス(一一二六—九八)のことである。コルドバに生まれ、哲学、法学、神学、数学、医学を研究し、特にアリストテレスの著作についての大部のすぐれた註釈を書いたので「註釈家」の名で呼ばれる。彼のアリストテレス解釈は新プラトン哲学の色彩が強い。十三世紀に彼の著作がキリスト教西欧に紹介されると、すべての人間の知性は単一の普遍的知性であるというその説が、キリスト教の立場から問題となり、この説を肯定する人々（ラテン・アヴェロイストといわれる）とこれに反対する人々との間に激烈な論争が展開された。アルベルトゥス・マグヌスおよびトマスは、これに反対する立場をとっている。しかしトマスは、アリストテレス註釈家としての彼は高く評価し、そのアリストテレス解釈において彼から多くのものを学んでいる。

④『註釈』第七。ヴェネティア版全集第八巻二五七。アヴェロエスのアリストテレス註解のラテン訳は、十二巻の全集として、一五六二―七六年、ヴェネティアにおいて出版された。以下、アヴェロイスの引用はこの版によって示す。

⑤たとえば「人間」という種が理解されるためには、「動物」という類がまず先に理解されていなければならない。人間とは何かと問われて「理性的動物」と答えられるとき、この定義が理解されるためには、まずもってこの定義のうちに含まれている「動物」という類の意味が理解されていなければならないからである。その意味で、類の理解は類のうちに含まれているものの理解に先だつといわれる。

⑥点も一も、それ自体としては「量」ではないから、量の一種として（すなわち種が類に含まれるという仕方で）量の類のうちには含まれない。しかし点は線の始まりであり一は数の始まりである。そして線と数とは量の類に含まれる。ゆえに点と一とはそれ自体としては量でないけれども、量がそこから始まる「始原」principium であるという意味において量の類のうちに含まれる。このような仕方で類のうちにあるのを「還元による」per reductionem という。

(7) アリストテレスがあげた十の最高類（本項註2参照）のうちの「ハビトゥス」habitusは、「これこれの状態に在る」という意味とともに、何かを「所有している」habereという意味をも持っている。この二つの意味は深いところで一つにつながっている。すなわち何らかの状態に在るということは、その状態を所有していることであるとも考えられるからである。この意味で「在る」ことは「有る」ことだともいえよう。「盲目」caecitasは視覚を欠くことであって、それ自体としては積極的な意味での「有る状態」とはいえないが、しかし視覚という「有る状態」を欠いている「状態」として、やはり何らかの仕方でハビトゥスの類に包含される。これもやはり「還元による」ものである。さきに、能力、対象、はたらきとの関連において「習態」と訳されたhabitus（一問三項註4参照）を、ここでは前後の関係から「所有態」と訳す。

(8) 類、種差、種を示す名称は、普遍的概念を示すものであって、直接に何らかの実在するものを示さない。たとえば、動物、理性的、人間という名称は、それぞれ何らかの普遍的概念を示しており、直接に何らかの実在を示すものではない。われわれは「動物」という類概念に「理性的」という種差概念を加えて「人間」という種概念を「構成する」constituereのである。「構成」は人間の精神のなかでいとなまれる知性の作用であって、実在におけることがらではない。このかぎりにおいて、種差が類に対し現実態にあるとはいえない。可能―現実ということは、実在する世界におけることがらだからである。しかし概念は一般に実在から取られる。「動物」という概念が「そこから取られる」unde sumitur実在は「感覚的本性」であり、「理性的」という概念がそこから取られる実在は「知性的本性」である。そして感覚的本性に対して知性的本性は、可能態に対する現実態の関係にある。なぜならば後者は前者を完成するものだからである。一般に、種差がそこから取られるものは、類がそこから取られるものに対して、可能態に対する現実態の関係にある。このこととの関連において、種差は類に対し、可能態に対する現実態にあるといわれるのである。

⑨ 感覚的本性を有する存在者から、知性がその本性を取り出してこれを概念化するとき、二つの方法がある。一つは、その本性を他の要素から切り離し、その本性だけを純粋に概念化する場合であって、このような方法で把えられた感覚的本性は「動物性」animalitasという抽象名詞によって示される。一つは、その本性をそれを有している基体とともに概念化する場合であって、この方法で把えられた感覚的本性は、「動物」animalという具体名詞によって示される。第二の場合を、「具体化の方法」modus concretionisという。

⑩ 第三章九九八b二二。トマス『註解』第八講四三三。十の類はすべて、それぞれのあり方であるもの、つまり「有」ensであり、したがって「有」はすべての類を自らのうちに含んでいる。しかし「有」そのものはいかなる類にも含まれず、すべての類を含みながら超えている。

⑪ もし「有」が種差を持つとしたら、それは「有」の概念の外にあるものでなければならない。しかるに「有」はすべての「あるもの」を包含するから、「有」の外にあるものは「あらぬもの」つまり「非有」non ensでなければならない。しかるに類に附加される種差は何らかの「あるもの」である。「あらぬもの」が種差になることはありえない。ゆえに「有」は種差を持つことができない。したがって類でもありえないのである。

⑫ 「論証」demonstratioには、原理から出発して結果ないし結論に及ぶものと、逆に結果から出発して

その原因の存在に及ぶものとがあり、神については前者の論証はなしえずただ後者による存在論証のみがなしうることは既に述べられたが（二問二項）、いまここに、前者の論証の不可能であることが、「神は類のうちにない」ことから生ずる一つの論理的帰結として証明されたことになる。

⑬ ここに「全存在」**totum esse** とは、すべての存在者、すなわち「万有」**omnia entia** のことではなくて、いかなる存在の仕方をも包含する全存在という意味である。それぞれの類にはそれぞれ固有の「存在の仕方」**modus essendi** があり、したがって実体は実体の仕方で存在し、質は質の仕方で、量は量の仕方で、等々、それぞれの類に応じた仕方で存在するのであるが、神はこれらすべての存在の仕方を包含する「全存在」の原因である。ゆえに神は或る特定の類の始原としてその特定の類のうちに限定されることがない。

⑭ 「実体」**substantia** という名称は二つの意味で用いられる。一つは「自体的独立的な存在者」**ens per se subsistens** である。この意味では神は最高度に実体であるといえる。一つは、「独立に存在することがそれに適合する本質」**essentia cui competit per se esse** を意味する。いま問題とされている「類」としての「実体」はこれである。かかる類としての実体であるものは、その本質と存在とが区別されたものでなければならない。しかるに神においては、本質と存在とは同一である。ゆえに神は第一の意味では実体といってよいが、だからといって「実体」の類のうちに含まれるとはいえない。

⑮ 「測られるものに対して一定の比例を有している尺度」**mensura proportionata**。たとえば五メートル、百メートルのものは、一メートルを尺度として測られる。尺度と測られるものとの間には「一定の比例」**proportio** が成り立っている。かかる尺度は測られるものと「同類」**homogenea** でなければならな

い。

⑯　それぞれのものは、存在するかぎりにおいて存在そのものなる神と存在関係を有し、存在に関して神は万物の尺度であるといわれる。しかし神の存在が無限であるのに対し被造物の存在は有限である。しかるに無限存在と有限存在との間には一定の比例は成り立たない。ゆえに神は万物の mensura proportionata ではない。

第六項　神には何らかの偶有があるか[1]

第六については次のようにすすめられる。神には何らかの偶有[2]があると思われる。そのわけは、

一、実体は、『自然学』第一巻[3]においていわれているように、「何物の偶有にもならない」。それゆえ或るものにおいて偶有であるところのものは、他のものにおいて実体であることができない。たとえば熱が火の実体的形相[4]でないということは、熱が他のものにおいて偶有であることを根拠として証明されるのである。しかるに知恵、力、等々のものが神に帰せられるが、これらはわれわれにおいては偶有である。ゆえにそれらは神においても偶有である。

二、更に、それぞれの類において、第一のものが一つずつある。しかるに偶有の類はいくつも

ある。[5] ゆえにもしそれらの類におけるそれぞれ第一のものが神のうちにないとすれば、神以外に第一のものがいくつもあるということになろう。これは不都合である。

しかし反対に、偶有は基体においてあるものである。しかるに神は基体とはなりえない。ボエティウスが『三位一体論』[6] においていっているように、「単純形相は基体とはなりえない」[7] からである。ゆえに神には偶有はありえない。

答えていわなければならない。神には偶有がありえないということは、これまで述べられたところからあきらかである。まず第一に、基体は偶有に対し、可能態が現実態に対する関係にある。基体は偶有によって或る意味で現実態となるからである。[8] しかるに、既に述べられたところからあきらかなように〔本問一項主文〕、「可能態に在る」ということは、いかなる意味においても神についてはいえないのである。

第二に、神は神の存在そのもの[9] である。しかるにボエティウスが『デ・ヘブドマディブス』[10] においていっているように、「《あるところのもの》は、何かそれとは別の附加されたものを有しうるが、《ある》そのものはこれに反し、それとは別のいかなる附加されたものをも持つことができない」[11]。たとえば、「熱くあるところのもの」は、何か熱とは別のもの、たとえば「白」を持つことができるが、「熱」そのものは熱以外の何ものも持たないのである。

第三に、自体的に在るものはすべて、偶有的に在るものよりも先である。[12] しかるに神は、端的な意味において第一有であるから、神のうちにはいかなる偶有的なるものも在りえない。――また、「笑いうる」ということが人間にとっての自体的偶有であるように、神のうちに「自体的偶有」が存在するということもありえない。[13] かかる偶有は基体の根原的諸要素を原因としてそこから生じてくるものであるが、第一原因たる神のうちには、何らかの原因によって生ぜしめられるようなものはありえないからである。ゆえに結論として、神のうちにはいかなる偶有も存在しないということになる。

それゆえ　一　についてはいわなければならない。力とか知恵とかいうことは、後にあきらかにされるであろうように、神の場合とわれわれの場合とでは、同義的に語られるのではない。[14] それゆえわれわれのうちに偶有が在るように神のうちにも偶有が在るということは、そこからは結論されない。

二　についてはいわなければならない。実体は偶有よりも先なるものであるから、偶有における最初のものは実体における最初のものを「より先なるもの」として、それに還元される。ただし神は、実体の類のうちに包含される第一のものではなくて、いかなる類をとってみてもその類の外に在るような、全存在にとっての「第一のもの」[15] なのである。

(1)　前項において神が「実体」の類のうちにないことが論証されたから、本項では神は何らかの「偶有」

を有するかが問われるのである。聖書のなかでは神に「知恵」「力」等々さまざまの属性が帰せられている。これらの属性は被造物においてはあきらかに偶有であるが、神の場合それは何を意味するかは聖書解釈上の問題である。本項はただ存在論的に神における偶有の有無を論じるだけでなく、その存在論的帰結にもとづいて、かかる聖書解釈上の原則をも提供している。だから或る人々のいうように、単に自然神学的な空論ではけっしてないのである。

⑵ 「偶有」accidentia とは、実体以外の九つの類のいずれかに包含される有である（前項註2参照）。それぞれの偶有はそれぞれ固有の在り方を有しているがそれらに共通する偶有としての固有な存在の仕方は、実体のように自体的独立的に存在するのではなくて、何か他のものを基体として、「その基体において存在する」esse in subiecto ということである。たとえば「白」という性質は、それ自体独立に存在することはけっしてなく、必ず何らかの物体において存在する。ゆえにそれは偶有である。偶有のかかる在り方については、アリストテレス『分析論後書』第一巻二二章。『自然学』第一巻二、三章。『形而上学』第四巻四章を参照。

⑶ 第三章一八六b一―四。トマス『註解』第四講四二。

⑷ アリストテレスによれば、形相に二つある。一つは、質料と結合して「実体」を形成する形相である。これは「実体的形相」forma substantialis と呼ばれる。一つは、このように形成された実体に附帯して実体に偶有的性質を附加する形相である。これを「偶有的（あるいは附帯的）形相」forma accidentalis という。たとえば、人間の「魂」は実体的形相であり、人間に附加される「白」という性質は偶有的形相である。「白」の形相が失われても「人間」であることに変わりはない。実体は白、黄、黒等、さま

ざまの偶有的形相を取り得る。それによって実体の性質は「変化」する。しかし実体そのものは変化しない。これに対し、もし実体的形相が質料から離れるならば、実体そのものが「消滅」する。人間から「魂」が離れるならば、人間は死滅するのである。

⑸ すなわち、アリストテレスによれば九つある（前項註2参照）。

⑹ 第二章。ラテン教父集六四巻一二五〇。

⑺ 「単純形相」forma simplex とは、質料と結合することなしにそれ自体独立に存在する形相である。アリストテレスは「理性」（ヌース）をそのようなものと考えた。ボエティウスはここでは神をそのような形相と考えている。「基体」subiectum とは、形相の「もとに」sub「置かれているもの」iectum、形相を受け取り、これを担うものの意味である。形相は形相であるかぎりにおいては「受け取られるもの」であって「受け取るもの」ではありえない。ゆえに単純形相は基体たりえない。

⑻ たとえば「白」は偶有であり、「物体」はこれを受け取る基体である。物体は白を受け取ることによって現実的に「白い物体」となる。これに対し白を受け取る以前の物体は、可能的に「白い物体」として、「白」に対する可能態に在ると考えられる。この意味で一般に、基体は偶有に対し可能態が現実態に対する関係に在るといわれる。

⑼ 神においては存在と本質とは同一である。ゆえに神は「何であるか」という問に対しては、「神の存在そのもの」suum esse であるといわなければならない。

⑽ ラテン教父集六四巻一三一一。

⑾ ボエティウスはここで「ある」esse と「あるところのもの」id quod est とを区別している。「あると

ころのもの」は「ある」を分有することによって「あるところのもの」となるのであり、「ある」を分有する基体である。この場合「ある」といわれるのは後の例でもわかるように「形相」であり、かならずしもトマスの意味での「存在」ではない。しかしトマスはボエティウスの形相的な「ある」をトマス独自の存在的な「ある」の意味に解釈している。トマス『デ・ヘブドマディブス註解』第二講を参照。

⑫ 「自体的に在るもの」quod est per se とは、それ自体によって存在するもの、すなわち実体をいう。偶有は実体あっての偶有である。なぜなら偶有は実体において在るからである（本項註2参照）。ゆえに偶有は実体に依存するという意味において、偶有よりも実体のほうが「より先」である。ただしこの場合の「先」とは、時間的意味ではない。

⑬ 偶有はすべて基体において在るものであるが、偶有のうちには、基体を構成している諸要素から必然的に生じてくるもの（たとえば、理性的魂と肉体とから複合されている人間の実体から必然的に「笑いうる」という偶有が生じてくる）と、基体を構成する諸要素には関係なくこれに外から附帯してくるものとがある。前者を「自体的偶有」accidentia per se という。

⑭ 力とか知恵とかいう名称、ないし形容は、われわれ人間について用いられる場合には、人間の本質と区別されそれに附加される何らかの偶有的完全性を意味するが、神について用いられる場合には、神の本質と区別された何らかの偶有を意味せず、まさに神の本質そのものを意味する。ゆえに同じ名称であってもわれわれについて用いられる場合と神について用いられる場合とでは「同義的」univoce でない。しかしまったく異義的というわけでもない。「類比的」analogice である。この問題については、第一三問五項「神と被造物とについて語られることがらは、両者について同義的に語られるか」において

論じられる。

⑮ 神は単にものの実体的存在の第一原因であるばかりでなく、あらゆる偶有的存在の第一原因でもある。すなわち、それぞれの事物の実体的存在と偶有的存在との全部を含めた「全存在」totum esse（前項註13参照）を在らしめている第一原因として、「全存在にとって第一のもの」primum respectu totius esse であるゆえにそれは、すべての類にとって究極的な「第一のもの」であるとともに、すべての類を超越する「第一のもの」である。

第七項 神はあらゆる意味において単純であるか①

第七については次のようにすすめられる。神はあらゆる意味において単純なるものではないと思われる。そのわけは、

一、神によって存在するものはすべて、神を模倣している。ゆえに第一有たる神によって存在するものはすべて有であり、第一善たる神によって存在するものはすべて善きものである。しかるに神によって存在する諸事物のなかに、あらゆる意味において単純なるものは何もない。ゆえに神もあらゆる意味において単純なるものではない。

二、更に、より善きものはすべて、これを神に帰属せしめなければならない。しかるに、われわれのもとにおいては、複合されたもののほうが単純なものよりも善きものである。たとえば、混合された物体は元素よりも善く、元素はその部分よりも善い。ゆえに神はあらゆる意味で単純であるといってはならない。

しかし反対に、アウグスティヌスは『三位一体論』第六巻[②]において、神は真実に、かつ最高度に単純であるといっている。

答えていわなければならない。神があらゆる意味において単純であるということは、いくつかの仕方であきらかにすることができる。まず第一にそれは、これまで述べてきたところからしてあきらかである。すなわち、神のうちには複合がない。物体でないから量的部分の複合がないし、形相と質料との複合もない。また神においてはその本性と個体とは別でなく、本質と存在も別ではない。神には類と種差との複合はなく、基体と偶有との複合もない。それゆえ、神はいかなる意味においても複合されておらず、あらゆる意味において単純であることはあきらかである。

第二に、複合されたものは、すべて、複合の要素よりも後なるものであり、複合の要素に依存している。しかるに神は、既に示されたように〔二問三項〕、第一有なのである。[③]

第三に、複合されたものはすべて原因を有している。じっさい、それ自体として異なるものが何か一つのものとなるためには、何かそこに附加される原因によらなければならない。しかるに神は、既に示されたように〔二問三項〕、第一作出因であるから、原因を持たないのである。
第四に、すべて複合されたもののうちには可能態と現実態とがなければならない。すなわち、その諸部分のうちのいずれか一方が他方に対して現実態にあるか、あるいは少なくとも、すべての部分が全体に対して可能態にある。しかるに神にはこのようなことがない。[4]
第五に、すべて複合されたものは、その諸部分のうちのいずれかと同じとはいえない何ものかである。このことはたしかに、相互に不類似の部分を有している全体についてはあきらかである。たとえば人間の有しているいかなる部分も人間ではないし、足の有しているいかなる部分も足ではない。これに対し、類似の部分を有している全体にあっては、全体についていわれる或ることがらは部分についてもいわれうるが――たとえば、空気の部分は空気であり、水の部分は水であるというように――、しかしまた、全体についてはいわれるが、その部分のいずれについてもいわれないこともある。たとえば、水の全体が二リットルであるとすれば、その部分は二リットルではない。このように、すべて複合体のうちには、その複合体そのものではないものが含まれているのである。ところで以上に述べられたことは、形相を有しているもの、すなわちそのもの自身ではない何かを有しているもの（たとえば「白いもの」のうちには何か「白」の概念に属さないものが含まれている）には妥当するが、しかし形相そのもののうちには形相以外の何ものも含まれてはいない。[5] しかるに神は形相そのものであり、というよりはむしろ存在そのものであるから、[6]いかなる意味においても複合されたものではありえない。ヒラリウスが『三位一体論』第七巻[7]において、「力にてまします神は、弱きものを含まない。光にてまします神は、闇と結びつかない」というとき、まさしく彼はこの理由に触れているのである。

それゆえ 一 についてはいわなければならない。神によって存在するものは、或る原因によって生ぜしめられたものが第一原因を模倣するという仕方で神を模倣している。しかるに、何らかの意味において複合されたものであることは、原因によって生ぜしめられたものの、かかるものたる所以に属している。これは後にあきらかにされることであるが、[8]少なくとも、原因によって生ぜしめられたものの「存在」は、それの「何であるか」つまり本質とは別だからである。

二 についてはいわなければならない。われわれのもとにおいては、複合されたものは単純なものよりも善いが、その理由は、被造物の有する善の完全性は単純な一つのもののうちには見いだされず、多くのもののうちに見いだされるからである。これに反し神の善の完全性は、後に示されるであろうように〔四問二項〕、単純な一つのもののうちに見いだされる。

(1) この項は、これまで述べてきたことの総括である。これまで、いろいろな観点から神の単純性が考察されてきたが、それらを総括して、どのような観点から見ても、すなわち「あらゆる意味において」**omnino** 神は単純であるというのである。

② 第六章八節以下。ラテン教父集四二巻九二八以下。

③ 「第一有」primum ensであるから、あらゆる意味において最も先なるものであり、したがって、複合要素よりも「後」という性格を有する「複合されたもの」ではありえない。

④ 神は純粋現実態であるから。

⑤ 「白いもの」albumは「白」albedoという形相を有している「或るもの」だと考えられる。たとえば「白い石」「白い人間」等々。すなわち「白いもの」は「白」と、この形相を担う何らかの基体との複合物である。この場合、「白」という形相の基体となる「石」「人」等々は、「白」の概念に属さない。これに対し「白」という形相そのもののなかには、「白」の概念以外の何ものも含まれてはいない。

⑥ 「形相」formaと「存在」esseとは区別される。神は形相そのものというよりはむしろ、存在そのものである。しかし形相が質料に対する現実態であるように、存在はその形相を現実存在たらしめるという意味において、形相に対する現実態の地位に在る。ゆえに現実性ということが形相の特色であるとすれば、形相に対し現実態の地位に在る存在は、形相「よりも形相的」magis formaleであるといわなければならない。形相について述べられた「単純性」ということが、存在そのものなる神について、よりすぐれた意味でいわれる理由はそこにある。

⑦ 第二七節。ラテン教父集一〇巻二二三。

⑧ 神を原因として生ぜしめられるとは、神から存在を受けて存在せしめられることである。ゆえにかかるものにおいては、それの「存在」esseとそれの「何であるか」つまり「本質」essentiaとは区別される。それゆえ神によって存在せしめられるもの、つまり神以外のいっさいの被造物においては、天使の

ように形相と質料との複合がない場合であっても、少なくとも存在と本質との複合が認められる。このことについては、第五〇問二項「天使は質料と形相とから複合されているか」において天使の存在に即して詳論される。

第八項　神は他のものとの複合に入るか[1]

第八についてはは次のようにすすめられる。神は他のものとの複合に入ると思われる。そのわけは、

一、ディオニシウスは『天上位階論』第四章[2]において、「万物の存在は、存在を超える神性である」といっている。しかるに万物の存在[3]はそれぞれのものとの複合に入る。ゆえに神は他のものとの複合に入る。

二、更に、神は形相である。アウグスティヌスは『主のみことばについて[4]』という書のなかで、「神の御言《みことば》（すなわち神）は、或る形相づけられない形相である」といっている。しかるに形相は複合体の部分である。ゆえに神は何らかの複合されたものの部分である。

三、更に、存在するものであって、しかもいかなる意味においても相違するところのないもの

は同一物である。しかるに神と第一質料とはいずれも存在し、しかもいかなる意味においても相違するところがない。ゆえに両者はまったく同じものである。ところで第一質料は諸事物との複合に入る。ゆえに神も諸事物との複合に入る。――中間命題の証明。相違するものはすべて、何らかの種差によって相違しており、したがって複合されたものでなければならない。[5] しかるに神も第一質料もまったく単純なものである。ゆえに両者はいかなる意味においても相違しない。

しかし反対に、ディオニシウスは『神名論』第二章[6]において、「彼（すなわち神）が接触するものはない。また神が何か別の仕方で諸々の部分と混合し交わるということもない」といっている。――更に、『原因論』[7]においては、「第一原因は万物と混合することなしに万物を支配する」といわれている。

答えていわなければならない。この問題に関しては、三つの謬論が起こった。すなわち或る人々は、神は世界霊魂であると主張したのである。このことは、アウグスティヌスが『神の国』第七巻において述べているところからあきらかである。[8] また神は第一天の霊魂であるといった者たちもあるが、これは第一の謬論に帰着する。[9] また或る人々は、神は万物の形相的根原であるといった。これはアルマリアヌス派[10]の説であったといわれる。第三の謬論はディナンドゥスのダヴィド[11]のそれである。彼はきわめて愚かにも、神は第一質料であると主張したのであった。これらの説はしかし、すべて明白な虚偽を含んでいる。いかなる仕方にせよ神が何らかのものとの複合に入るということは、形相的根原としてであれ質料的根原としてであれ、不可能なことである。

その理由はまず第一に、既に述べられたように〔二問三項〕、神は第一作出因である。しかるに作出因はそれによって作られた事物の形相と同一の個となることはなく、ただ種において同じとなるにすぎない。たとえば、人間が人間を生み出す場合のように。[12] これに対し、質料のほうは、作出因と同じ個にならないばかりか、種においても同じとならない。なぜならば質料は可能態に在るものであるのに対し、作出因は現実態に在るものだからである。

第二に、神は第一作出因であるから、第一義的にかつそれ自体によってはたらく者である。しかるに何かと複合に入るものは、第一義的にかつそれ自体によってはたらく者ではなくて、むしろ複合されたもののほうが、第一義的にかつそれ自体によってはたらく。たとえば手がはたらくのではなくてむしろ手によって人間がはたらくのであり、熱が熱するのではなくてむしろ熱によって火が熱するのである。[13] ゆえに神は何らかの複合されたものの部分ではありえない。

第三に、複合されたものの有しているいかなる部分も、諸々の存在者の中で端的な意味での第一のものではありえない。複合されたものにおける第一の部分である質料と形相も、諸々の存在者の中で端的な意味での第一のものではありえない。じっさい、質料は可能態に在るが、可能態は、既に述べられたところからあきらかなように〔本問一項〕、端的な意味においては現実態よりも後なるものだからである。[14] また、複合されたものの部分としての形相は「分有された形相」

である。しかるに、形相を分有するものが、本質的にその形相であるものよりも後なるものであるように、その「分有された形相」も、本質的にその形相であるものよりも後なるものである。たとえば、火を有しているものにおける火は、本質的に火であるものよりも後である。しかるに神は、既に示されたように〔二問三項〕、端的な意味において第一の有なのである。

それゆえ　一　についてはいわなければならない。神性が万物の存在であるといわれるのは、神性が万物の存在を作り出す、また万物の存在の範型であるという意味であって、本質的に神性が万物の存在そのものであるということではない。

二　についてはいわなければならない。御言は範型としての形相である。[15]しかし、複合体の部分としての形相ではない。

三　についてはいわなければならない。単純なるものは、何か他の種差において相違することがない。「相違する」ということが起こるのは複合体の場合である。たとえば人間と馬とは「理性的」および「非理性的」という種差において相違しているが、この種差そのものは更に別の種差によって相互に相違することがない。それゆえもし動詞に力点を置くとすれば、「相違する」というのは厳密ではなくて、むしろ「異なる」というべきである。じっさい、哲学者の『形而上学』第一〇巻[16]によれば、「異なる」ということは絶対的な意味でいわれるのに対し、「相違するもの」は何らかの点で相違する。ゆえに動詞に力点を置くとすれば、第一質料と神とは「相違する」のではなく、それ自体によって「異なる」のである。それゆえ両者が同一であるということにはならない。

⑴「他のものとの複合に入る」in compositionem aliorum venire とは、他のものと複合されることである。他のものとの複合に入るものは、他のものと複合して複合体をつくり、その構成要素となる。これまでの項において、神が神自身としてあらゆる意味において単純であることが示されたが、この項においては、その単純なる神が他のものとの複合に入ることによって神と他のものとから成る複合体を生じ、神が複合体の構成要素と成るということがありうるかという問題が考察されるのである。単純なる神は、まさにその単純性のゆえに他のものとの複合に入りやすいとも考えられる。事実、多くの汎神論は、端的に世界を神そのものであるというよりはむしろ、世界に何らかの神性を認め、その神性のゆえに世界を神として礼拝するという形態のものが多い。それらの形態は、トマス的にいえば、世界のうちに神と他者との複合を認める汎神論である。この項は、このような形態のすべての汎神論に対するトマス自身の断乎たる否定の態度を論理的に基礎づけるものである。

⑵ ギリシア教父集三巻一七七。

⑶「万物の存在」esse omnium は、二つの意味で取られる。一つは、万物を存在せしめている存在であり、これは神である。一つは、それぞれの存在が有している存在であり、この存在は本質と複合されている。この異論はこの二つの「存在」の意味を混同している。

⑷ 説教第一一七。ラテン教父集三八巻六六二。ここで『主のみことばについて』といわれる場合の「み

ことば」はverbaであり複数である。これは主が語られた「ことば」の意味である。これに対し「神の御言」といわれる場合のVerbumは単数であり、これは神の子、キリストである。前者を「仮名」で、後者を漢字で表記して区別する。

⑤ 種差を有するものは類をも有し、類と種差とから複合されたものである。第三問五項主文を参照。

⑥ ギリシア教父集三巻六四四。トマス『註解』第三講一六五。

⑦ 『原因論』Liber de Causisという名で中世時代に知られていた書物は、八五〇年頃、現在その名の知られない作者によってアラビア語で書かれ、一一五〇年以後、クレモナのゲラルドゥス（一一八七歿）によってラテン訳され西欧の学界に紹介された。この書はプロクロス（四八五歿）の『神学綱要』Elementa theologiaeから抜萃された三十二の命題から成っている。神から世界の発出を説く新プラトン哲学的思想の強いものであるが、トマスはこれをキリスト教的に解釈している。ここに引用されたのは、同書の命題第二〇である。なおトマス『註解』第二〇講を参照。

⑧ 世界全体を一つの「生物」と考えた人々は、ちょうど各々の動物が魂と身体とから成っているように、この世界全体が可視的物体とそれを生かしている一つの魂から成っていると主張した。世界全体は秩序をもって動いているから、世界の動きの根原としての世界の魂は理性的でなければならない。それを「世界霊魂」anima mundiという。世界が魂を有しているという思想は既にプラトンに在るが、世界の外に超越的な神の存在を認めないストアの哲学者たちにおいては、この世界霊魂こそが神であると考えられた。アウグスティヌスは、そのような説の代表者としてヴァロ（前二七頃歿）をあげている。『神の国』第七巻六章。ラテン教父集四一巻一九九。

⑨ 「第一天」primum caelum とは、神がまず第一に、直接的に創造したと考えられる天体である。この天体は理性を有する生ける者であり、それが第二の天を生み、このようにして多数の天が次々と創造されて最後に、われわれが生存しているこの「月下の世界」が創造されたと考える。この考えによれば、第一天を生気づけている魂は神そのものにほかならない。アヴェロエスはこれを「ザビウス派」の誤謬であるといっている。アヴェロエス『形而上学註解』第一二巻四一。なおトマス『対異教徒大全』第一巻二七章二五八を参照。

⑩ シャルトルのアルマリアヌス（一二〇七歿）の説に従う人々。

⑪ あるいは、ディナンのダヴィドともいう。生歿年未詳。十二―十三世紀の人。パリで教える。万物は「第一質料」materia prima に還元され、第一質料が神であると主張するその汎神論的教説のゆえにパリの公会議（一二一〇）、ローマの公会議（一二一五）において異端を宣告された。彼自身の著作は残存しないので、主としてアルベルトゥス・マグヌス、およびトマス・アクィナスの著作に引用された断片からその所説がわずかにうかがわれるにすぎない。彼の説はスコトゥス・エリウゲナのような新プラトン哲学に由来するという学者と、アリストテレスの『自然学』および『形而上学』に由来するという学者とがある。

⑫ 人間が人間を生む場合、「生む人間」は「生まれた人間」に対し作出因である。生む人間と生まれた人間とは「人間」という種（スペキエス）においては同一であるが、しかし個（数、ヌメルス）としては同一でない。もし同一であるとすれば、生む人間が自分自身を生むという不合理におちいる。ゆえに作出因は、それによって作り出される結果と、種においては共通するとしても、個体としては他者でな

ければならない。

⑬ 手は人間の身体の部分であり、人間は手、足、等々の部分から成る複合体である。手でもって人間が何かをする場合、手もはたらいているが、しかし「第一義的に」primo はたらいているのは人間であって手ではない。また「それ自体によって」per se はたらいているのは人間であって、手は人間がはたらくための手段として用いられているのであるからそれ自体によってはたらいているとはいえない。同じことは火と熱とについてもいえる。熱は火の形相的部分であり、これに対し火は複合体である。火は熱の形相によってはたらく。ゆえに第一義的にそれ自体によってはたらくのは火であって熱ではない。一般に、「はたらく」ということが第一義的にそれ自体によっていわれるのは或る物の部分ではなく、部分から成る全体である。

⑭ ここで特に「端的な意味においては」simpliciter とことわるのは、同一事物について時間的に考えるという条件のもとにおいては、可能態は現実態よりも先なるものとなるからである。

⑮ 「御言」Verbum は、神がそれによって世界と世界のうちに存在するいっさいのものを創造する「範型」exemplar としての形相である。かかる「御言」の性格については、第三四問三項「御言という名称のうちには被造物への関係が含意されているか」において論じられる。

⑯ 第三章一〇五四b二三—二七。トマス『註解』第四講二〇一七以下。同所において、「相違」differentia と「異」diversitas との区別について述べられている。「相違する」ものは何かの点において異なるのであり、何らかの共通性を有している。それは種あるいは類における共通性である。これに対し「異なる」ものは何らかの点において異なるのでなく端的に異なる。つまりそれ自体によって異なる。

ゆえに「異」ということは、相互に何の共通性もないものについていわれるのである。

第四問　神の完全性について①

神の単純性を考察した後、神の完全性について語らなければならない。ところでそれぞれのものは、完全であるかぎりにおいて善きものといわれるのであるから、まず神の完全性について論じ、第二に、神の善性について論じなければならない〔五問〕。

第一の問題については三つのことが問われる。

一、神は完全であるか

二、神は万物の完全性を自らのうちに所有するという仕方で普遍的に完全であるか

三、被造物は神に似ているといわれうるか

(1) さきに、神についてはその「何であるか」は知られず「何でないか」が知られるのみであり、したがって神について何らかのことがらを知るためには、被造物について語られることを神について否定してゆくよりほかはないといわれた（三問序文）。これは「否定の道」といわれる。第三問においては

もっぱらこの方法によって神の「何でないか」が探究され、その結果得られたのが神の「単純性」という概念であった。しかしながら「否定の道」というのは、実はただ否定するだけのものではなかったのである。ただ神について、これでもない、あれでもないというだけならば、あたかもらっきょうの皮をむいてゆく場合のように、おしまいには何も残らなくなるであろう。だから神についての「否定の道」というのは、神についてこれでもないあれでもないとさまざまな性質を否定し、それらの性質を神から取り除きながら、かえってこれであるともあれであるともいえない神の偉大さが、次第にあきらかにされてゆくという側面を持たなければならない。この側面から神と被造物との関係を考え直してみるならば、神は無限に完全なるものであり、その無限の完全性が被造的世界においてはさまざまの存在者によって有限な仕方で受け取られ、有限なる完全性として現成しているというように考えられる。この考え方をもとにして、被造物における有限的な完全性からその有限性を除き去り、これを無限に完全にして神に帰するという仕方によって、神についての何らかの概念を得ることができる。かかる神探究の方法を「完成の道」via perfectionisという。本問から第六問にかけては、この方法によって、神の「善性」の概念が得られる。それ以後の問題においては、「否定の道」と「完成の道」とが交互に用いられ、相互に他を前提し合いながら、より高くより豊かな神の概念へと上昇してゆく。しかしながらこの二つの道は、神探究のために用いられる二つの並存する方法ではなくて、実は一つの方法の表裏にほかならないのである。

第一項　神は完全であるか

第一については次のようにすすめられる。「完全である」ということは神には適合しないと思われる。そのわけは、

一、「完全・完成」とは、いわば「完《まつた》く成し遂げられた」の意味である。① しかるに「成された」ということは神には適合しない。ゆえに「完全である」ということも神には適合しない。

二、更に、神は諸事物の第一根原である。しかるに諸事物の根原は不完全・未完成であると思われる。たとえば種子は動植物の根原である。② ゆえに神は不完全である。

三、更に、既に示されたように〔三問四項〕、神の本質は存在そのもの③である。しかるに存在そのものは、最も不完全なものであると思われる。なぜならばそれは最も共通的なものであって、いかなるものの附加をも受け取るからである。④ ゆえに神は不完全である。

しかし反対に、『マタイ伝』第五章〔四八節〕には、「なんじらの天上の父が完全であるように、なんじらも完全であれ」といわれている。

答えていわなければならない。哲学者が『形而上学』第一二巻⑤において語っているように、古代の哲学者たち、すなわちピュタゴラスの徒とスペウキッポス⑥とは、最善および最完全という性格を第一根原に与えなかった。その理由は次のごとくである。すなわち古代の哲学者たちはただ

質料的第一根原のみを考えた。しかるに質料的第一根原は最も不完全なものである。じっさい、質料は質料であるかぎりにおいては可能態に在るから、質料的第一根原は最大の程度に可能態に在り、したがって最も不完全なのである。

ところで神は第一根原であるとされるが、それは質料的な意味での第一根原ではなくて、作出因の部類に属するものとしてである。そしてかかる意味での第一根原は最も完全なものでなければならない。なぜならば、質料は質料であるかぎりにおいて可能態に在るが、ちょうどそのように、作用者は作用者であるかぎりにおいて現実態に在るからである。それゆえ作用的第一根原[7]は最高度に現実態に在り、したがって最高度に完全でなければならないのである。ものは現実態に在るかぎりにおいて、完全であるといわれるからである。じっさい完全とは、そのものの完全性のあり方に応じて何ら欠けるところのないもののことをいうのである。[8]

それゆえ——については、グレゴリウス[9]がいっているように、「われわれは、口ごもりながら（なしうるかぎりの仕方で）至高なる神のことがらについて語る。じっさい、《成された者》でないところの者について、《完成された者》ということは、厳密な意味においてはいうことができないのである[10]」。しかし、成されることがらにおいては、可能態から現実態に引き出されるとき、そのものは「完成した」といわれるから、この「完成・完全」という名は、現実存在において何ら欠けるところのないものをすべて——その「無欠」という性格を

「成る」という仕方で得るものであれ、そのような仕方によらず有しているものであれ[11]——、意味するように転用されるのである。

二 についてはいわなければならない。われわれの世界において不完全なものとして見いだされる質料的根原は、端的な意味においては第一のものでありえず、別の完全なるものによって先だたれている。たとえば種子は、種子から生まれる生物の根原ではあるにしても、種子がそこからこぼれ落ちる動物や植物をその前に持っているのである。じっさい、可能態に在るものの前には、何らかの現実的なものが存在しなければならない。可能態に在るものが現実態に引き出されるためには、何か現実的に存在する者によらなければならないからである。

三 についてはいわなければならない。「存在」そのものは、すべてのうち最も完全なるものである。それはすべてのものに対し、現実態の位置に在るからである。じっさい、ものが現実性を有するのは、そのものが存在するかぎりにおいてのことであり、したがって「存在」そのものはすべてのものにとってその現実性であり、形相にとってすらもその現実性である。[12] ゆえにそれは他のものに対し、「受けるもの」が「受け取られるもの」に対する関係にあるのではなくて、かえって「受け取られるもの」が「受けるもの」に対する関係にある。[13] たとえば人間の「存在」、馬の「存在」、あるいは何であれ他のものの「存在」というとき、この「存在」そのものは、形相的なるもの[14]、「受け取られるもの」と考えられており、「存在」がそれに適合するもの[15]とは考えられていないのである。

(1) ラテン語で「完全」を意味する形容詞 perfectus は、「完く」を意味する接頭辞 per と、「成す」facere の完了受動分詞「成された」factus との複合語である。この異論は、神は第一作出因であるから「成された」というような受動性を神に帰することはできないというのである。

(2) 〈「根原」と訳した principium は「はじまり」と訳すこともできる。その意味で「まだはじまりにすぎないもの」と考えることができることに、この異論は依拠している。本項註5も参照。〉

(3) 「存在そのもの」ipsum esse は、二つの意味に取られる。一つは、神の本質が存在そのものであるといわれる場合であって、「存在の現実態」actus essendi を意味する。一つは、すべての「あるところのもの」について述語される最も一般的共通的な概念としての「ある」を意味する。この異論は両者の区別を無視し混同して論をすすめている。

(4) たとえば、「それは人間である」「それは白くある」「それは地上にある」等々、「それ」について述語される「ある」には、「人間」「白」「地上に」等々、無数の「附加」additio がなされうる。

(5) 第七章一〇七二b三〇—三二。トマス『註解』第八講二五四五。そこで、彼らが事物の第一根原に完全性を帰さなかったのは、たとえば動植物の第一根原である種子は完全でなく、成長することによって完成することを見たからである、といわれている。彼らによれば、事物の完全性はその始原にはなく、終局に在る。

(6) スペウキッポス(前四〇七頃—前三三九頃)。プラトンの妹の子。プラトンの後を継いでアカデメイアの学頭となる。

⑺「作り出す者」**efficiens** は、「はたらく者、作用する者」**agens** でもある。ゆえに「第一作出因」**prima causa efficiens** たる神は「作用的第一根原」**primum principium activum** でもある。ここで特に「作用的」（アクティヴム）**activum** といわれるのは、「現実態」（アクトゥス）**actus** との関連においてである。

⑻ それぞれのものに、それぞれに固有な「完全性のあり方」**modus suae perfectionis** がある。ものはその現実態においてそのものに固有な完全性を実現する。ゆえにそのものとしての最高度の現実態に在るとき、そのものとしての完成の極致に達する。

⑼ 教皇グレゴリウス一世。第一問八項註７を参照。

⑽『道徳論』第五巻三六章。ラテン教父集七五巻七一五。同書は、『ヨブ記』を文字的、神秘的、道徳的という三様の意味によって解釈した註解書である。

⑾「現実存在」**esse in actu** においてなんら欠けるところがない、完全無欠という性格を、純粋現実態たる神は、可能態から現実態に完成するという生成の過程をへずに、はじめから完全な仕方で所有している。

⑿ アリストテレスにおいては、形相が質料に対して現実態の地位に在り、質料は形相を受け取ることによって現実的に存在するとされた。トマスにおいても、形相が質料に対して現実態に在るという思想は継承されているが、ただアリストテレスと異なるのは、形相が究極的な現実態とされず、「存在」**esse** が「形相」**forma** の現実態とされる点である。トマスによれば、形相と質料とから成るものも、その

「存在」によって現実的に存在するのであり、純粋形相たる知性的存在者もその存在によって現実的に存在する。存在によって存在するとは、存在を神から受けて存在することである。ただ、すべてのものにそれぞれの存在を与える神だけが、自らの存在によって存在するのであり、存在そのものとして存在する。

⒀「受けるもの」recipiens とは、形相ないし存在を受け取る基体の側に在るものであり、「受け取られるもの」receptum とは、その基体に受け取られる形相ないし存在である。「受けるもの」は受けることによって現実的にその「受け取られたもの」になるのであり、「受け取られるもの」は基体をして現実的にそのものであらしめるのであるから、「受けるもの」（基体）は可能態、「受け取られるもの」（形相ないし存在）は現実態の地位にある。

⒁「存在」esse は「形相」に対しても「現実性」actualitas であるといわれる意味においては、存在は形相と区別されるが、「受けるもの」に対して「受け取られるもの」として在り、「受けるもの」に受け取られることによってそのものを現実的たらしめるという意味においては（前註参照）形相的性格を有し、その意味で「形相的なるもの」formale といわれる。逆説的にきこえるかも知れないが、存在は形相よりも「より形相的」なのである。

⒂「存在がそれに適合するもの」illud cui competit esse とは、それぞれのものの「本質」である。人間の本質には人間の存在が適合し、馬の本質には馬の存在が適合する。それぞれのものの本質にはそれぞれに適合する存在があり、その存在を受け取ることによってそれぞれの本質は現実的に存在する「存在者」ens となる。

第二項　神のうちにはすべてのものの完全性が在るか[1]

第二については次のようにすすめられる。神のうちにはすべてのものの完全性は存在しないと思われる。そのわけは、

一、神は、既に示されたように〔三問七項〕、単純である。しかるに諸事物の完全性は多数多様である。ゆえに神のうちには諸事物のすべての完全性は存在しない。

二、更に、対立し合うものは同一物のうちに存在することができない。しかるに諸事物の完全性は相互に対立し合っている。じっさい、それぞれの種はその種差によって完成されるのであるが[2]、それによって類が分割されまたそれによって種が構成される種差は、相互に対立し合っているのである。ところで、対立し合うものは同時に同一物のうちに存在することはできないから、事物のすべての完全性が神のうちに存在することはないと思われる。

三、更に、「生けるもの」は「存在するもの」よりも完全であり、「知恵あるもの」は「生けるもの」よりも完全である。ゆえに「生きる」ということは「存在する」ことよりも完全であり、「知恵がある」ということは「生きる」ことよりも完全である。しかるに神の本質は存在そのも

のである。ゆえに神は自らのうちに生命と知恵という完全性を持たないし、他のこれに類する完全性をも持っていない。③

しかし反対に、ディオニシウスは『神名論』第五章④において、「神は一なる者にてましましながら、そのうちにすべての存在者をあらかじめ所有している」⑤といっている。

答えていわなければならない。神のうちには万物の完全性が存在する。ゆえに神は普遍的な仕方で完全⑥であるともいわれる。なぜならば、註釈家が『形而上学』第五巻⑦においていっているように、何らかの領域に見いだされるいかなる卓越性も神には欠けていないからである。そしてこのことは、二つの観点から考察することができる。

第一に、結果のうちに存在するいかなる完全性も、作出因のうちに見いだされなければならない。ところで同義的作用者⑧の場合には、たとえば人間が人間を生むというように、その完全性は作出因のうちに、結果のうちに見いだされると同じ性格のものとして見いだされるのであるが、異義的作用者⑨の場合には、たとえば太陽のうちに太陽の力によって生み出されるものの類似性が存在するというように、その完全性は作出因のうちに、結果におけるよりもすぐれた在り方で見いだされるのである。じっさい、結果がその作用因のうちに、作用因の力において先在することとはあきらかである。しかるに作用因の力において先在するということは、結果において存在する場合よりも不完全な仕方で先在することではなく、かえってより完全な仕方で先在することにほかならない。これに反し、質料因の可能性のうちに先在することは、より不完全な仕方で先在することである。[10] なぜなら質料は、質料であるかぎりにおいては不完全なるものであるのに対し、作用者は、作用者であるかぎりにおいては完全なるものだからである。ところで神は諸事物の第一作出因であるから、万物の有している諸々の完全性は、神のうちにいっそう卓越した在り方において先在するのでなければならない。ディオニシウスが『神名論』第五章[11]において神について語って、「神はこれであってあれではないというようなものではなく、万物の原因として万物である」というとき、まさしく彼はこの理由に触れているのである。

第二に、既に示されたように〔三問四項〕、神は自存する存在そのもの[12]である。それゆえ神は、存在の全完全性を自らのうちに包含しているのでなければならない。たとえば何か熱い物が、熱の全完全性を有していないとすれば、それは熱がその性格の全体によって分有されていないからであり、もしも「自存する熱」なるものが存在するとするならば、その熱には熱の力に属する何ものも欠けることがないであろうことはあきらかである。[13] ところで神は自存する存在そのものであるから、存在の完全性に属するいかなるものも神に欠けているということはありえない。しかるに、すべてのものの有している完全性は、結局存在の完全性に帰着する。じっさい、或る物が完全であるのは、その物が存在を何らかの仕方で有するかぎりにおいてにほかならないからである。したがって、神にはいかなるものの完全性も欠けてはいないということが帰結する。ディオニシウスが『神名論』第五章[14]において、「神は何らかの仕方で存在する者ではなく、端的に、限界づけられることなく、全体として、一つの形相のもとに存在を先取する」といい、更に続けて、「神は自存するものたちにとって、その存在である」というとき、まさしく彼はこの理由に触れているのである。

それゆえ　一　についてはいわなければならない。ディオニシウスが『神名論』第五章[15]において述べているように、「太陽は、それ自身一つのもの一つの形のものでありながら、可感的諸事物の多数多様なる実体と性質とを照らしつつ、これらを一なる形において先取しているのであるが、それにもまして万有の原因のうちには、万有が本性的に一致しながら必然的に先在している」。このように、それ自体としては相互に異なり対立し合うさまざまのものが、神においては一つのものとして、いささかも神の単純性をそこなうことなしに先在しているのである。

これによって　二　に対する解答はあきらかである。

三　についてはいわなければならない。同じディオニシウスが同じ章においていっているように[16]、概念的に区別して考察されるかぎりにおいては、存在は生よりも完全であり、生は知恵よりも完全であるが[17]、それにもかかわらず、生ける者は単に存在する者よりも完全である。というのは、生ける者は存在する者でもあるからである。また、知恵ある者は存在する者であるとともに生ける者でもある。それゆえ存在する者は自らのうちに生ける者と知恵ある者とを包含してはいないが――なぜならば、存在を分有するものがかならずしもそれをあらゆる存在の様態によって分有しなければならぬということはないから――、しかし神の存在は自らのうちに生命と知恵とを包含している。じっさい、自存する存在そのものである神には、いかなる存在の完全性も欠けることがありえないのである。

① この世界に存在するものはすべて、存在するかぎりにおいて何らかの完全性を有している。それらの完全性はものによってそれぞれ異なるから、世界には無限に多様な完全性が見いだされる。それを「すべてのものの完全性」perfectiones omnium rerum と複数で表わす。これらの完全性はすべてその根拠を神のうちに有している。そのかぎりにおいて神のうちにはすべてのものの完全性が在るといわれる。ただ、既に見られたように(三問)、神は単純であるから、単純なる神のうちにいかにしてすべてのものの無数の完全性が在りうるかという問題が生ずるが、これに対しては、被造的世界において多様の分散した形において見いだされるすべての完全性が、神においてはその単純なる存在の仕方に応じて、単一なる仕方で神の本質そのものとして在るのだと説明される。かかる見方をトマスはディオニシウスから継承している。ディオニシウスを通して新プラトン思想にさかのぼるといえよう。ただ新プラトン哲学のように流出論とならないのは、神の善と被造物の完全性とが、神の創造の意志によって媒介されているからである。その意味でトマスのここに展開する議論は、キリスト教的創造論の立場から解釈された新プラトン哲学ということもできよう。

② 「種差」differentia specifica は「類」genus に加わって或る特定の「種」species を完成させるものと

して、それぞれの種における「完全性」perfectioであると考えられる。たとえば「人間」という種にとって「理性的」という種差は、人間を他の「動物」の類に属するものから区別してこれを人間たらしめている完全性である。

③ この異論は「存在」esseを「生」vivere、「知恵」sapereと区別して、最も完全性の低い段階であると把え、そのような意味での「存在」と、神が「存在」であるといわれる場合の「存在」とを同一視している。これによれば神は万物のうちで最も完全性の低いものということになる。

④ ギリシア教父集三巻八二五。トマス『註解』第五章三講六六九を参照。

⑤ 神は万物の創造原因として、万物をそれぞれの完全性において現実の世界に創造する前に、神自身のうちに万物の完全性を「あらかじめ・所有している」prae•habereのである。

⑥ 「普遍的」universalisとは、もともと「一つ」unusであって、しかも多くのもの「に向かっている」versusということである。神は一つであって、しかもありとあらゆるものの有しているそれぞれの完全性に対して向かい合い、それに対応する完全性を自己の一つの完全性において所有しているから、その意味で「普遍的な仕方で完全」universaliter perfectusといわれるのである。

⑦ 『註釈』第二一。全集第八巻一三一。「註釈家」については、第三問五項註3を参照。

⑧ 「同義的作用者」agens univocumとは、そのはたらきによって、自己と同じ種に属する結果を生み出す作用者である。たとえば人間は、自分と同じ種に属する人間を生み出すかぎりにおいて同義的作用者である。

⑨ 「異義的作用者」agens aequivocumとは、そのはたらきによって、自己と種を異にする結果を生み出

す作用者である。同一の者が、そのはたらきによって生み出す結果との関係によって、同義的作用者でもあり異義的作用者でもあることは可能である。たとえば人間は、人間を生むかぎりにおいては同義的作用者であるが、彫像を製作するかぎりにおいては、その彫像という「結果」に対して異義的作用者である。

⑩ 事物は、そのものとして現実の世界に存在する以前に、原因のうちに何らかの仕方で存在すると考えられる。かかる存在を、「原因における先在」**praeexistere in causa** という。原因には「作用因」**causa agens**（「作出因」**causa efficiens** は作用因のうちに含まれる）と「質料因」**causa materialis** との二つがあり、それぞれにおいて先在の仕方は異なる。作用因はその結果を生み出す現実的な「力」**virtus** を有するものであるから、結果は作用因のうちに「力において」**virtute** という仕方で先在する。質料因は作用者のはたらきを受けてはじめてそのものになりうる「可能性」**potentia** であるから、結果は質料因のうちに「可能性において」という仕方で先在する。

⑪ ギリシア教父集三巻八二四。トマス『註解』第二講六六一を参照。

⑫ すべての被造物は、神から存在 **esse** を受けて存在する。ゆえに独立に存在するもの、すなわち「自存する」**subsistere** ものは、「存在によって存在する者」であって「存在」そのものではない。これに対し、神においては、存在を受けて存在するのではなく、存在そのものが存在する。すなわち、存在そのものが自存する。ゆえに神は「自存する存在そのもの」**ipsum esse per se subsistens** であるといわれる。これはトマスにおいて、きわめて重要な神の規定である。以下の論述においてしばしば出てくる。

⑬ トマスは、アリストテレスに従ってプラトンの「イデア」が独立に存在するという、いわゆるイデア

の自存説を斥けているが、熱の分有によって「熱い物」として存在するのでなく、「熱」それ自体なるものがもし在るとするならば、その熱は「自存する熱」でなければならないという論理には、「分有によらずそれ自体によって存在するものは自存する」というプラトンの思想が継承されている。ただしトマス自身は、「もし熱それ自体が在るとするならば」という仮定の上でものをいっているのであって、「自存する熱」なるものが現実に存在するとは考えていない。この命題が現実に妥当するのは「自存する存在そのもの」なる神の場合だけである。

⑭ ギリシア教父集三巻八一七。トマス『註解』第一講六二九を参照。

⑮ ギリシア教父集三巻八二四。トマス『註解』第二講六六二を参照。

⑯ ギリシア教父集三巻八一七。

⑰ 「存在」esse という概念は「生」vita という概念よりも広い。なぜなら「存在」の概念はそのうちにあらゆるものを包含するが、「生」の概念は存在の或る特殊領域のみを包含するからである。同じことが「生」と「知恵」との関係についてもいわれうる。ゆえに、より広い領域を包含する概念をより完全なものであると考えるならば、存在は生よりも完全であり、生は知恵よりも完全であるといわれうるであろう。トマス『註解』第五章一講六一四—六一五を参照。

第三項　何らかの被造物は神に似た者でありうるか①

第三については次のようにすすめられる。いかなる被造物も神に似た者ではありえないと思われる。そのわけは、

一、『詩篇』〔第八五篇八節〕に、「主よ、神々のなかで、あなたに似た者はいない」といわれている。しかるに、分有的に「神々」といわれるものは、すべての被造物のなかで最もすぐれたものである。[2] それゆえ他の被造物はなおさらのこと、神に似ているとはいわれえない。

二、更に、類似は一種の比較である。しかるに類を異にするものの間には比較は成り立たず、したがってまた類似も存在しない。たとえばわれわれは、甘さが白さに似ているなどとはいわないのである。しかるにいかなる被造物も、神と同じ類には属さない。神は、既に示されたように〔三問五項〕、類のうちには含まれないからである。それゆえいかなる被造物も神には似ていない。

三、更に、相互に似ているといわれるのは、形相において一致するものである。[3] しかるに、形相において神と一致するものは何もない。神を別として、それ以外に、その本質が存在そのものであるようなものは何もないからである。ゆえにいかなる被造物も神に似た者ではありえない。

四、更に、似た者の間には相互の類似性が存在する。似た者とは、似た者に似た者だからである。それゆえもし或る被造物が神に似ているとすれば、神もまたその被造物に似ていることになるであろう。これは、『イザヤ書』第四〇章〔一八節〕に、「なんじらは神を誰に似た者としたか[4]」といわれていることに反する。

しかし反対に、『創世記』第一章〔二六節〕には、「われわれは、われわれの像に、われわれに似た者として人間を造ろう」といわれている。また『ヨハネ第一書』第三章〔二節〕には、「彼の現われるとき、われわれは神に似た者となっているであろう[5]」といわれている。

答えていわなければならない。類似性は形相における一致ないし共通によって認められるものであるから、形相における共通の仕方がさまざまであるのに応じて、さまざまな類似性が存在する。すなわち或るものは、同じ性格と同じ仕方によって、同じ形相において共通するがゆえに「似ている」といわれる。このようなものは、単に「似ている」といわれるだけではなく、その類似性において「等しいもの」であるともいわれる。たとえば、二つの等しい程度に白いものが白さにおいて「似ている」といわれる場合がそれであって、これは最も完全な類似性である。

第二の意味で「似ている」といわれるのは、同じ性格による形相において共通するがしかし同じ仕方によってではなく、より多くとより少なくという程度を有するものである。たとえば、より少ない程度に白いものがより多い程度に白いものに「似ている」といわれる場合がそれであって、これは不完全な類似性である。

第三の意味で「似ている」といわれるのは、同じ形相において共通するが、しかし同じ性格によって共通するのではないものである。それは、同義的でない作用者の場合を考えてみればあきらかである。すなわち作用者は、作用者であるかぎりにおいてすべて自分に似たものを生ぜしめるが、それぞれのものはその形相によってはたらくのであるから、結果のうちには必ず作用者の形相との類似性が存在する。そこでもし作用者が、その結果と同じ種のうちに含まれるとすれば、為すものと為されたものとの間には、同じ種の性格にもとづいて形相における類似性が成立するであろう。たとえば、人間が人間を生むという場合がそれである。⑥

これに対し、作用者がその結果と同じ種のうちに含まれない場合にも類似性は成り立つが、しかしその類似性は、種の同じ性格にもとづくものではないであろう。たとえば、太陽の力によって生み出されるものが、太陽との何らかの類似性を有するとしても、しかし種的類似性によって太陽の形相を受け取るまでには及ばず、類的な類似性によって太陽の形相を受けるにとどまる場合がそれである。⑦

ところで、もしも類のうちに包含されない何らかの作用者が存在するとすれば、その結果は作用者の形相に、作用者からなおいっそう距たったところで似ることになるであろう。しかしそれは、種や類の性格を同じゅうするという仕方で作用者の形相の類似性を分有するのではなくて、存在するということが万物に共通であるように、何らかのアナロギア⑧によって作用者の形相の類似性を分有するであろう。神によって存在するものは、それが存在するものであるかぎりにおいて、このような仕方で、全存在の第一の普遍的根原たる神に似るのである。

それゆえ――についてはいわなければならない。ディオニシウスが『神名論』第九章⑨においいていっているように、聖書のなかで何かが神に似ていないといわれる場合、その意味は、「神との類似にまったく反するということではない。じっさい、同一物が神に似たものであるとともにまた神に似ないものでもあるのである。似ているのはすなわち、完全な仕方で似ることはできないにしても、なしうるかぎりにおいて似ているからであり、にもかかわらず似ていないのは、その原因に及ばないからである」。それも、単に多少の程度において及ばない（より少なく白いものがより多く白いものに及ばないように）ばかりではない。種においても類においても、なんら共通するところがないという仕方で及ばないのである。

二　についてはいわなければならない。神は被造物に対して、類を異にするものとしてかかわるのではない。そうではなく、すべての類の外に在りながらしかもすべての類の根原であるところのものとしてかかわっているのである。[10]

三　についてはいわなければならない。被造物に神への類似性が存在するということは、類や種が同じであるという意味での形相の共通性にもとづいていわれるのではない。そうではなくて、神は本質による有であり、他のものは分有による有であるという意味において、ただアナロギア的にいわれるにすぎないのである。[11]

四　についてはいわなければならない。被造物が神に似ているということは、或る意味で容認されうるが、しかし、神が被造物に似ているということは、いかなる意味においても容認されてはならない。なぜならば、ディオニシウスが『神名論』第九章[12]においていっているように、「同じ階級のものの間には相互の類似性が認められるが、原因とその原因によって生じたものとの間にはそれは認められない」からである。たとえばわれわれは、像が人間に似ているとはいうが、人間が像に似ているとはいわない。同様に、被造物が神に似ているとは或る意味でいうことができても、神が被造物に似ているとはいうことができないのである。

(1) 「類似」similis, similitudo という概念は、トマス哲学においてきわめて重要な意味を有している。神によって存在せしめられているすべての被造物は、存在の第一原因であり存在そのものである神との何らかの類似性を有しており、その類似は結局「存在の類似」に帰着する。この存在の類似を拠りどころとしてわれわれは、被造物の考察から出発してそれに類似した何らかの属性を神に帰することができるし、逆に、神における完全性の何らかの類似を被造物のうちに見いだすことができる。トマス哲学の基本をなす「存在の類比（アナロギア）」の論理は、この類似性の概念をもとにしている。神と被造物との間に類似性が存在するという思想は、神と被造物との断絶を強調する或る派の神学者（その代表者はカール・バルト）によって激しく非難される。しかし、「類似」は「同一」と同じではない。「類似」は「不類似」とうらはらである。神と被造物との間に類似性が認められるということは、けっして神から被造物へ存在的に連続しているということではない。トマスもまた、神と被造物との絶対的断絶を認めている。それにもかかわらず神と被造物との間になんの関係もないならば、われわれは神については何も語ることはできないはずである。その関係をトマスは、「存在の類比」ということばで表わすのである。それは神と被造物との間に成り立つ最も根原的関係であるから、その上に何か特殊な関係が神と或る特殊の被造物（すなわち人間）との間に成り立つことを毫も妨げない。しかしそのような特殊な関係が成立しうる根原的条件として、存在的関係がなければならない。それゆえ「存在のアナロギア」か「信仰のアナロギア」analogia fideiかの問題ではなく、後者は前者を前提しそのうちに包含される。いな、「信仰のアナロギア」を持ち出すとき、その思惟は既に「存在のアナロギア」の思想圏内に足を踏み入れているのである。

② 神性を何らかの仕方で分有する者が、「分有的に」participative「神」といわれる。ここでは天使がその意味での「神々」であると解されている。

③ ここでは「形相」formaということは、質料に対する形相というその本来の狭い意味ではなく、一般にものに何らかの性格を与えている広い意味での「かたち」としてとられている。ゆえに各事物の本質essentiaも、そのような意味での形相と考えられる。

④ 意味は、神に比較できる者は何も無い。神の御前《みまえ》には、すべてのものはほとんど無きに等しい、ということ。

⑤「彼のあらわれるとき」cum apparueritとは、キリストのあらわれる時すなわち復活の時を意味する。人間は知性的本性のものとして創造されたかぎりにおいて、既に「神に似た者」として存在しているが、その類似性は恩恵によって強化され、終末において与えられる栄光の生において完成される。この「しかし反対に」の論は、人間存在の発端における類似性を『創世記』により、その類似性の完成を『ヨハネ第一書』によって根拠づけている。人間に固有なる神の類似性としての「神の像」のこの完成してゆ

く段階については、第九三問四項「神の像はいずれの人間のうちにも見いだされるか」において論じられる。

⑥ これは、「同義的作用者」agens univocum の場合である。すなわち、「生む人間」と「生まれた人間」とは、まったく同じ意味で「人間」であるといわれる。

⑦ これは「同義的でない作用者」agens non univocum の場合である。太陽によって地上に生ずるものは太陽ではないから、人間が人間を生む場合のように、作用者とその結果とが同義的に同じ名をもって呼ばれることはできない。しかし太陽によって生ずるものが、いずれも物体であるというかぎりにおいて、物体という類においては共通する。このかぎりにおいて、太陽は自分と同じものを生むといえる。だから太陽は「同義的作用者」ではないにしても、まったくの「異義的作用者」agens aequivocum であるといいきってしまうこともできない。「同義的でない作用者」といわれる所以はそこにある。

⑧ 神と被造物との間には、太陽とその力によって生ぜしめられた結果との間に見いだされるような「類における類似性」も存在しない。神はすべての類を超越するからである。それゆえ、太陽が「同義的でない作用者」であるといわれるのとまったく同じ意味で、神を被造物に対して「同義的でない作用者」であるということはできない。しかしこの場合も、まったくの「異義的作用者」であるといいきることもできない。なぜならば、存在そのものなる神と、存在せしめられて存在する被造物との間には、存在における共通性が認められるからである。しかし神の存在と被造的存在とは同じ性質のものではないから、神は同義的存在原因ではない。しかしいずれも存在である点において共通するからまったくの異義的存在原因でもない。この存在における共通性はしかし、厳密にいうならば、存在の「類似」というこ

ともできない。なぜなら存在は類を超越するから「類において似ている」ともいえないからである。類を超えたこのような似方を、「アナロギア的に似ている」similis secundum analogiam という。

⑼ ギリシア教父集三巻九一六。トマス『註解』第三講八三四を参照。

⑽ 神と被造物との間には、同じ類のもの相互の間に成り立つ関係はない。したがって、かかる関係のもとに成り立つ類似性もない。これは異論のいうとおりである。しかし被造物と神との間には、「類のうちに在るもの」と「すべての類の根原なるもの」との関係が在る。この関係にもとづいて神と被造物との間には similitudo の関係が成り立つ。

⑾ 神の本質はその存在そのものであるから、神は本質によって存在する者、すなわち「本質による有」ens per essentiam である。これに対し、他のものはすべて神から存在を受けて存在するのであるから、「分有による有」ens per participationem である。このように、神と被造物とはいずれも存在するかぎりにおいて「有」ens という同じ名で呼ばれるが、その名の意味するところのものは同じでない。しかし全然異なるのではなく、被造物は神を第一原因としてそれによって在らしめられて在るところの有であるかぎりにおいて、在らしめる神との存在関係を有している。この関係はアナロギアといわれる。

⑿ ギリシア教父集三巻九一三。トマス『註解』第三講八三二を参照。

第五問　善一般について(1)

ついで、善について探究される。第一に、善一般について。第二に、神の善性について〔六問〕。

第一の問題については、次の六つのことが問われる。

一、善と有とは実在的に同じものであるか

二、ただ概念的にのみ異なると前提した上で、いずれが概念的に先であるか。善であるか、有であるか

三、有のほうが先であると前提した上で、いかなる有も善なのであるか

四、善の性格はいかなる原因に還元されるか

五、善の性格は、限度、形象、秩序のうちに成り立つか

六、いかにして善は、有徳、有用、快的なる善に分かたれるか

(1)「善」といえば、善人、善行、最高善、等のように道徳的倫理的善を想い浮かべるが、トマスがここ

で「善」bonum というのは、もっと広い意味を有している。もちろん、道徳的意味での善も善であり、のみならずすぐれた意味での善に属するであろうが、しかしそれだけが善ではない。善とは一般に欲望ないし意志の対象となるものをいうのである。ゆえに欲望の対象となるものならば（それが真の意味で善であるか否かは別問題として）、そのかぎりにおいてすべて善といわれる。このような「善」の用法は現代西欧語にも残っている。英語で goods といえば「商品」「財産」を意味し、仏語で le bon といえば「商品券」「利息」を意味し、独語で Güter といえば「財宝」を意味する。われわれにとっても「ボーナス」bonus はまことに善きものである。トマスにとっては存在するものはすべて存在するかぎり善きものであり、「善」は「有」と置換されうる概念である。トマスはこのように最も一般的な「善」の概念から出発し、次第に限定を加えていって、ついに「最高善」summum bonum としての神の善に到るのである。

第一項　善は実在的に有と異なるか[1]

第一については次のようにすすめられる。善は有と実在的に異なると思われる。そのわけは、

一、ボエティウスは、『デ・ヘブドマディブス』[2]において、「私は諸事物において、それらのものが《善いもの》ということと、《存在している》ということとは、別であることを認める」と

いっている。ゆえに善と有とは実在的に異なる。

二、更に、何物も自分自身によって形成されるものはない。しかるに、『原因論』における註解において述べられているように、有は形成されることによって善きものといわれるのである。[3]ゆえに善は有と実在的に異なる。

三、更に、善には、より多くとかより少なくとかいう度合がある。ところが、「有る」[4]ということには、より多くとかより少なくとかいう度合がない。ゆえに善は有と実在的に異なる。

しかし反対に、アウグスティヌスは『キリスト教の教え』[5]において、「われわれは有るかぎりにおいて、善きものである」といっている。

答えていわなければならない。善と有とは実在的には同じものであり、ただ概念的にのみ異なる。このことは以下の理由によってあきらかである。そもそも「善」の概念は、何かが「欲求されうるもの」[6]であるということのうちに成り立つ。それゆえ哲学者は『倫理学』第一巻において、善とは「すべてのものが欲求するところのもの」であるというのである。[7]ところでそれぞれのものは、それが完成されたものであるかぎりにおいて「欲求されうるもの」となることはあきらかである。なぜならばすべてのものは、それぞれ自己の完成を欲求するからである。しかるにそれぞれのものは、それが現実的に存在する度合に応じて完成されている。ゆえにそれぞれのものは、存在者すなわち有であるかぎりにおいて善であることはあきらかである。存在するということは、既に述べられたところからあきらかなように〔三問四項、四問一項異論答三〕、いかなるものにとってもそれの現実性だからである。それゆえ、善と有とが実在的には同じものであることはあきらかである。ただ「善」という名は、「有」という名が含まない「欲求されうるもの」という意味を表わしているのである。

それゆえ　一　については言わなければならない。善と有とは実在的には同じものであるが、概念的には異なっているから、或るものが「端的な意味での有」⑧であるといわれる仕方は、「端的な意味での善」であるといわれる仕方と同じではない。そもそも、有とは、本来的意味においては、何物かが現実的に存在することをいうが、現実態は本来、可能態への関係においてあるものであるから、何物かが端的な意味で「有」といわれるのは、その物を純粋に可能態に在るものから区別する最初のものによるのである。しかるにかかる区別をもたらす最初のものとは、それぞれの事物にとってそれぞれの実体的存在⑨にほかならない。ゆえにそれぞれのものは、各自の実体的存在によって「端的な意味での有」といわれるのである。これに対し、実体に附加される現実態によっては、ものは「或る意味で存在する」といわれる。たとえば「白く在る」とは、或る意味で存在することである。じっさい、「白く在る」ということは、既に現実的に先在しているものに附け加わるのであるから、端的な意味での可能的存在がこれによって取り除かれるわけではない。

これに対し「善」とは、「完全なるもの」つまり「欲求されうるもの」をいうのであり、したがってそれは「究極のもの」を意味している。それゆえ「端的な意味での善」といわれるのは、究極的に完成されたものである。これに対し、具備すべき究極の完全性をまだ獲得していないものは、ともかく現実に存在しているかぎりにおいて何らかの完全性を有するとしても、端的な意味においては完全であるとも善であるともいわれえず、ただ或る意味においてそういわれるにすぎない。

かくて事物は、最初の存在たる実体的存在によって「端的な意味での有」といわれるとともに、また存在者であるかぎりにおいて「或る意味での善」といわれる。これに対し事物は、究極の現実態によって「或る意味での有」といわれるとともに、また「端的な意味での善」といわれるのである。

それゆえボエティウスの、「諸事物においては、善いものであることと存在することとは別である」ということばは、端的な意味において善であることと、端的な意味において存在することについていわれたものと解釈されなければならない。じっさい事物は、最初の現実態によって「端的な意味での有」となるのに対し、「端的な意味での善」となるのは究極の現実態によるのである。にもかかわらず事物は、最初の現実態によってすでに「或る意味での善」であり、究極の現実態によって「或る意味での有」なのである。

二　についてはいわなければならない。善とは、それが「端的な意味での善」の意味にとられるかぎり、究極の現実態によって形成されたものをいうのである。[10]

三　についても同様にいわなければならない。たとえば知や徳のような現実態[11]が附加されてくる度合に応じて、善についても、より多くあるいはより少なく善であるということがいわれるのである。

(1)「名」nomen は何らかの「概念」ratio を表示し、「概念」は何らかの仕方で「実在」res を表示している。同一の実在であっても、それをみる観点が異なる場合には、把えられた概念は異なってくる。そこで、二つの異なる名がそれぞれ表示するものは、概念として異なるだけでなく実在としても異なる場合と、概念としては異なるが実在としては同一である場合とがある。この項においては、「善」と「有」という異なる名によって表示されているものが、単に「概念的に」secundum rationem 異なるのみならず「実在的に」secundum rem も異なるか、それとも実在的には同一であるか否かが問われる。この問題についてはさまざまな意見があったが、トマスは「善」と「有」とは実在的には同じであるという見解をとっている。この見解においてトマスは、「有るものは、有るかぎりにおいて善である」というアウグスティヌスの命題に完全に一致する。アウグスティヌスは、善き有と悪しき有とを根原的に区別するマニ教的二元論との対決においてこの命題に到達したのであるが、同じ思想はグノーシス派の二元論に対決した初代教父、特に、エイレナイオス（一三〇頃—二〇〇頃）に認められるし、更にさかのぼれば、神がその造りしものを「すべて善し」と見給うたという『創世記』の創造論に帰着するであろう。

② ラテン教父集六四巻一三一二。トマス『註解』第三講。

③ 善といわれるものは、まず「有」を前提し、それに何かが附加されることによって善きものとなるのであるから、この附加されるものは前提されている有に対して形相として関わり、有はこの形相による「形成によって」per informationem「善きもの」となると考えられる。『原因論』命題第一八、二二。トマス『註解』第一八、二二講を参照。

④ 「有る」は「在る」「存在する」と同じくesseの訳であるが、この項では特に「有」ensとの関連において「有る」と訳すことにする。

⑤ 第一巻三二章三五節。ラテン教父集三四巻三二。

⑥ 「欲求されうるもの」appetibileとは、欲求の対象となるものである。

⑦ 第一章一〇九四a二―三。トマス『註解』第一講九を参照。この場合、「欲求する」appetereとは、動物や人間のように認識力を有するもののみでなく、認識を欠くもののそれぞれ固有の目的に向かうはたらきをも意味している。すべての存在者には、それぞれに固有な本性的目的に向かう傾向性があり、その傾向性はそれぞれの存在者に固有な存在様態に応じて別様の仕方で現われる。すなわち、人間においては理性的意志のはたらきとして、生物においては種と個を維持せんとする本能的欲求として、無生物においてはそれぞれの物がその本来在るべき場所に向かう自然的運動として現われる。これらすべてのはたらきを含めて「欲求する」といわれる。ゆえに、すべてのものが欲求する「善」とは、すべてのものがそれぞれの仕方で達成せんと努めている「目的」にほかならない。

⑧「端的な意味での有」ens simpliciter とは、何らかの条件のもとに、あるいは、何らかの意味において「有」といわれるのではなくて、無条件に「有」といわれるものである。「或る意味での有」ens secundum quid に対立する。「端的な意味での善」bonum simpliciter と「或る意味での善」bonum secundum quid についても同じことがいえる。問題は、何をもって、またいかなる理由にもとづいて、或るものが「端的な意味での有」ないし「端的な意味での善」といわれうるか。また「或る意味での有」「或る意味での善」といわれうるか、である。

⑨「実体的存在」esse substantiale とは、ものの「実体」substantia がそれによって実体として現実存在する「存在」esse であり、「偶有的存在」esse accidenntale に対立する。たとえば「人間」は、その実体的存在によりまず人間という実体として現実存在し、これに「白」という偶有の存在が附け加わって「白い人間」が現実存在する。ただし、ここに実体として「まず」primo 存在するとか、これに偶有的存在が「附け加わる」additur とかいっても、実体的存在が偶有的存在に時間的に先だつわけではない。偶有の存在は実体の存在を前提し、その上にはじめて成り立つという意味において、存在的に先だつのであり、時間的には同時である。

⑩ものは、存在するかぎりにおいて善きものであるから、「端的な意味での有」すなわち実体的有は、存在するかぎりにおいて善である。しかしそれは最低の善であって、それが完成されるためには、更にその上に多くの偶有的存在が附加されてゆかねばならない。そしてその存在が究極的に完成したとき「端的な意味での善」となるが、このことは、偶有的存在の形相の増加によって究極の完全性に次第に接近していった有が、その有を究極的に完成せしめる「究極の現実態」actus ultimus によって形成され

たというように解されるであろう。このことは「人間」を例にとって考えるとよくわかる。人間は人間として存在するかぎり善き者である。しかしそれは人間として最低の善である。それにさまざまの完全性が附加されて次第に人間の「善」を完成してゆく。そして究極の完全性に達したとき、端的な意味で「善き人間」となる。すなわち、人間は、人間として存在するかぎり「善き者」であるが、「端的に善き者」となることを目ざして「より善き者」となってゆくためには「形成」informatio を必要とするのである。

⑪「知」scientia や「徳」virtus は、人間の実体的存在には属しない。無知であっても無徳であっても人間として存在しうる。知や徳は人間の実体的存在に附加されてこれを完成に向かわせる附帯的現実態であって、「多い少ない」magis et minus という度合を有するから、これが人間の実体的存在に附加される度合の大きいほど人間は人間として完成された者、すなわち「善き人間」になってゆくのである。

第二項　善は有よりも概念的に先であるか①

第二については次のようにすすめられる。善は有よりも概念的に先であると思われる。そのわけは、

一、名の順序は、その名によって表示されているものそのものの順序に従う。しかるにディオ

ニシウスは、『神名論』第三章[2]においてあきらかなように、神の諸々の名のなかで、「有」よりも「善」という名のほうを先にあげている。ゆえに善は有よりも概念的に先である。

二、更に、より多くのものにまで及ぶものは、概念的により先なるものである。しかるに善は、有よりもより多くのものにまで及ぶ。ディオニシウスが『神名論』第五章[3]においていっているように、「善は存在者と非存在者にまで及ぶが、有はただ存在者にまで及ぶにすぎない」からである。ゆえに善は有よりも概念的に先である。

三、更に、より普遍的なるものは、概念的により先なるものである。しかるに善は有よりも普遍的であると思われる。なぜならば、善は「欲求されうるもの」の性格を有しているが、或る人々にとってはまさに存在せぬことが「欲求されうること」だからである。たとえば『マタイ伝』第二六章〔二四節〕には、ユダについて、「もし生まれなかったならば、彼にとっては善かった」といわれている。ゆえに善は有よりも概念的に先である。

四、更に、「欲求されうるもの」は、ただ存在だけではなくて、生や知恵やこれに類する多くのものも「欲求されうるもの」である。したがって「存在」は、欲求されうるもののうちの或る一部にすぎず、「善」はこれに対しその全体であると思われる。それゆえ端的な意味での「善」は「有」よりも概念的に先である。

しかし反対に、『原因論』[4]には、「諸被造物のうち第一に創造されたものは存在である」といわれている。

答えていわなければならない。有は善よりも概念的に先である。そもそも名によって表示される概念は、知性が事物について把え、これを音声によって表示するところのものである。ゆえに知性によってより先に把えられるものが、概念的により先なるものである。ところで知性によってまず最初に把えられるものは有である。なぜならば、『形而上学』第九巻⑤においていわれているように、それぞれのものは現実に存在するかぎりにおいて認識されうるものとなるからである。それゆえ有は知性の固有対象であり、したがってそれは、ちょうど音が聴覚にとっての第一対象であるように、知性にとっての第一対象である。⑥それゆえ有は善よりも概念的に先である。

それゆえ一　についてはいわなければならない。ディオニシウスは、原因としての在り方を含意するものとしての神の名について論じているのである。じっさいわれわれは神を名づけるのに、彼のいうごとく、⑦原因を名づけるのにその結果をもってするという方法によって、被造物をもってする。ところで善という名は、「欲求されうるもの」という性格を有しているから、目的因としての在り方を含意している。この目的因の原因性は諸原因のうち第一である。質料が形相に向かって動かされるのは作用因によるのであるが、この作用因がはたらくのはほかならぬ目的のためだからである。それゆえ目的は、「諸原因の原因」といわれる。⑧かくて、原因としてはたらくことにおいて目的が形相よりも先であるように、善は有よりも先である。また同じ理由によって、神の原因性を表わす諸々の名のなかで、善は有よりも先にあげられるのである。——更にまた、質料と欠如とを区別せず、質料は非有であると主張したプラトン派によれば、[9] 善の分有は有の分有よりも多くのものにまで及ぶことになる。じっさい、第一質料は善を欲求するが、何物も自分に似たもののみを欲求するから、善を分有する。しかし第一質料は非有とされる以上、有を分有するはずはない。それゆえディオニシウスは、「善は存在しないものにまで及ぶ[10]」というのである。

これによって、二 についての解答はあきらかである。——あるいは次のように答えてもよい。善が「存在するもの」と「存在せぬもの」とに及ぶのは、述語としてではなく原因としてである。[11] この場合われわれは、「存在せぬもの」という名のもとに、端的な意味で全然存在しないものを考えているのではなくて、可能態においては在るが現実態にないもののことを考えているのである。じっさい善は、現実態に在るものがそこに憩うだけでなく、現実態になくただ可能態においてのみ在るものもそれに向かって動く「目的」の性格を有しているが、有はこれに反し、ただ形相因としての在り方——内在的にせよ範型的にせよ[12]——を含意するにすぎず、その原因性はただ現実に存在するものまでにしか及ばないのである。[13]

三 についてはいわなければならない。非存在は、それ自体としては「欲求されうること」ではなく、ただ附帯的意味で「欲求されうること」となるにすぎない。すなわちそれは、非存在によってのみ取り除かれるような何らかの悪の除去が「欲求されうること」である場合である。しかし悪の除去が欲求されうるのは、その悪によって、あるべき何らかの存在が欠如している場合に限られる。それゆえ、それ自体として欲求されうるものは「存在」なのである。これに対し「非存在」は、ただ附帯的意味において、すなわちそれを欠如することに人間が耐えられないような何らかの存在が欲求されるかぎりにおいてのみ、「欲求されうるもの」となる。またこの意味で非存在も、附帯的に善であるといわれるのである。[14]

四 については、いわなければならない。生命や知識やその他これに類するものが欲求されるとは、それらのものが現実に存在するようにと欲求されることにほかならない。それゆえこれらすべてのものにおいて、欲求されているのは何らかの存在である。その意味で、欲求されうるものとしては有以外にはない。したがってまた、善なるものも有以外にはない。

(1) 善と有とのいずれが先かという問題は、プラトン以来議論されてきた問題である。プラトンの伝統を引くディオニシウスは、神の名として「善」を「有」に先だてている。トマスは「有」を「善」に先だてる。「有りて有る者」こそは、神自身によって啓示された神の名だからである。しかしトマスはディオニシウスの説を無下に却けるのではなくて、トマス自身の立場から解釈する。そのために「より先」**prius** の意味を区分する。概念的にいえば、善よりも有が先である。善は有の概念を前提とし、それに或る概念を附加することによってはじめて形成される概念だからである。しかし「原因性」に関していえば、善は有よりも広範囲の対象に及ぶという意味において「より先」である。ただしこの場合、質料は非有であるというプラトンの考えがもとになっている。

(2) ギリシア教父集三巻六八〇。トマス『註解』第一講二二五、二二六を参照。

(3) ギリシア教父集三巻八一六。トマス『註解』第一講六一〇を参照。

(4) 命題第四。トマス『註解』第四講を参照。

(5) 第九章一〇五一a二九—三二。認識する知性は現実態に在る。ゆえに認識されるものも、それが現実的に知性の対象となるためには、まずもって現実的に存在しなければならない。その意味で、存在者、有こそは知性の第一対象であるといわれる。トマス『註解』第一〇講一八九四を参照。

(6) 「音」が聴覚にとっての「第一対象」**primum audibile**であるとは、「音」なるものがまず第一に聞かれて、しかる後に個々の音が聞かれるということではない。具体的現実的に聞かれているのは個々の音であるが、それらの音が聴覚の対象となるのは、まさにそれらが音であるかぎりにおいてであるという意味で、音が第一対象だといわれるのである。同様に「有」が知性にとっての「第一対象」**primum intelligibile**であるとは、抽象的普遍的な有なるものがまず第一に認識されて、しかる後に個々の具体的存在者が認識されるということではない。具体的現実的に認識されるのは個々の存在者であるが、それらが知性の対象となるのは、まさにそれらが存在者であるかぎりにおいてであるという意味で、有が知性の第一対象であるといわれるのである。

(7) 『神名論』第一章。ギリシア教父集三巻五九三。トマス『註解』第三講八五—九五を参照。

(8) アリストテレスは四つの原因をあげているが、これらの原因は同列ではなく、その「原因性」

causalitas において秩序を有している。すなわち質料は形相に向かって動き、動かす者は作用因であり、作用因は目的のためにはたらくのであるから、原因性の観点からみれば、目的因、作用因、形相因、質料因という秩序があり、目的因はすべての原因を原因たらしめている原因として「諸原因の原因」causa causarum といわれる。

⑨ アリストテレスによれば、プラトンとその学派の人々は、形相を「有」とし質料を「非有」となしたが、これは彼らが質料と欠如との区別を知らなかったために生じた謬見である。「欠如」privatio は、有るべきものが欠けていることでありその意味で「非有」non ens といえようが、質料は形相に対して「可能態に有るもの」ens in potentia としてやはり一種の有なのである。アリストテレス『自然学』第一巻九章を参照。ディオニシウスもプラトン派の一人として、質料を非有であるといっている。トマスはディオニシウスにおける非有の意味を、アリストテレス的に「可能態における有」として解釈する。トマス『神名論註解』第四章二講二九五、および『自然学註解』第一巻一五講一三二、一三三を参照。

⑩ 『神名論』第五章、ギリシア教父集三巻八一六。本項異論二における引用を参照。

⑪ 善が「存在するもの」と「存在せぬもの」とに及ぶといわれる場合、その及び方が問題である。「述語として」secundum praedicationem だとすると、存在するものとしないものとの両方について「善である」と述語されることになる。これは不可である。なぜならば存在と善とは置換される概念であるから、善はただ「存在するもの」にのみ述語されて「存在せぬもの」については述語されないからである。「原因として」secundum causalitatem だとすると、善は存在するものとせぬものとの両方に対し原因としてかかわることになる。この意味では異論の命題は正しい。なぜなら善は単に「存在するもの」のみ

ならず「存在せぬもの」にとっても、その目的因としてかかわるからである。ただしこの場合の「存在せぬもの」とは、可能的存在者の意味である。

⑫「形相」**forma** には、或るものに内在してそのものをそのものたらしめている形相と、そのものの外に在ってそのものにとって範型として在る形相とがある。たとえば現実に存在する家の有している家の形相は前者であり、建築家の精神のうちに在る家のプランは後者である。前者を「内在的」**inhaerens**、後者を「範型的」**exemplaris** という。

⑬ 形相は、そのものをして現実にそのものであらしめている原因である。可能態にあるものが形相をとったら現実的存在者になり、既に可能的存在者たることをやめている。だから形相はただ現実に存在するものの形相として現実存在にのみかかわり、可能的存在者としての「存在せぬもの」にはかかわらない。

⑭ このゆえにトマスは、自殺する人も自己の非存在をそれ自体として欲求しているのではなく、何らかの悲惨や苦痛を終止させたいという欲求にもとづいて（この欲求は何らかの意味で、存在に対する欲求である）附帯的に欲求するのであるという。第二・一部二九問四項異論答二。

第三項　いかなる有も善であるか[1]

第三についてはつぎのようにすすめられる。かならずしもすべての有が善であるわけではないと思われる。そのわけは、

一、善は、既に述べられたところからあきらかなように〔本問一項〕、有に何かを附加してできる概念である。しかるに有に何かを附加することによってできる概念、たとえば実体、量、質、等々は、有を制限する。[2] それゆえ善も有を制限する。したがって、かならずしもすべての有が善であるわけではない。

二、更に、いかなる悪も善ではない。『イザヤ書』第五章〔二〇節〕にも、「悪を善といい、善を悪というなんじらはわざわいである」といわれている。しかるに或る有は悪といわれる。ゆえに、かならずしもすべての有が善であるわけではない。

三、更に、善は「欲求されうるもの」の性格を有している。しかるに第一質料は「欲求されうるもの」の性格を持たず、ただ「欲求するもの」の性格を持つにすぎない。[3] それゆえ、第一質料は善の性格を持たない。ゆえにかならずしもすべての有が善であるわけではない。

四、更に、哲学者は『形而上学』第三巻[4]において、数学的なるもののうちには善は存在しないといっている。しかるに、数学的なるものも何らかの有である。さもなければ数学的なるものについての学は成り立ちえないであろう。ゆえに、かならずしもすべての有が善であるわけではない。

しかし反対に、神ならざる有はすべて神の被造物である。しかるに、『テモテ前書』第四章〔四節〕にいわれているように、「神の被造物はすべて善きものである」[5]。また神は最高度に善き者である。ゆえにいかなる有も善である。

答えていいわなければならない。いかなる有も、有であるかぎりにおいて善きものである。そもそも有は、有であるかぎりにおいてはすべて現実態に在り、何らかの仕方で完成されている。現実態はすべて何らかの完成だからである。しかるに、既に述べられたところからあきらかなように〔本問一項〕、完全なるものは「欲求されうるもの」、つまり善の性格を有している。したがってすべての有は、有であるかぎりにおいて善きものなのである。

それゆえ 一 についてはいわなければならない。実体、量、質、および、これらのもとに包含されるものは[6]、有を或る特定の何性ないし本性[7]にあてはめるという仕方で、有を制限する。これに反し善は、そのような仕方で何らかのものを有に附加するのではなく、ただ「欲求されうるもの」ないし「完全性」の概念を有に附加するにすぎない。そしてこの概念は、いかなる本性における存在にも適合するのである。ゆえに善は有を制限しない[8]。

二 についてはいわなければならない。いかなる有も、有であるかぎりにおいては悪しきものとはいわれず、ただ何らかの存在を欠くかぎりにおいてそういわれるにすぎない[9]。たとえば人間は、徳を欠くかぎりにおいて悪人といわれ、眼は視力の鋭さを欠くかぎりにおいて悪しき眼といわれるのである。

三　についてはいわなければならない。第一質料は、ただ可能態においてのみ「有」であるように、また、ただ可能態においてのみ「善」なるものである。[10] もっともプラトン派の説によれば、第一質料はそれに附加される欠如性のゆえに非有であるともいわれうるであろう。しかしそれにしても、善への秩序ないし適合性という、いくぶんかの善は分有している。第一質料が「欲求されうるもの」の性格は持たないが「欲求するもの」の性格を持つのもそのゆえである。[11]

四　についてはいわなければならない。数学的なるものは、存在的に分離し独立して自存するものではない。もしも自存するとすれば、数学的なるものにもそれに固有な存在という善があるはずである。しかし数学的なるものは、運動と質料から抽象されたものとして、ただ概念的に分離されているにすぎない。[12] したがってそれは、「動かす者」の性格を有する目的の性格からも抽象されているのである。[13] しかしながら、何らかの概念有に善ないし善の性格が認められなくても、これは不都合なことではない。なぜならば、既に述べられたように〔前項〕、有の概念は善の概念に先だつものだからである。

(1)　この項においては、「存在するものは、存在するかぎり善である」というトマスの根本命題が論証される。この命題は、単にトマスにとって重要であるのみならず、キリスト教の根本命題である。教父たちは世界のなかに善悪二つの根原を認め、霊は善であり物質は悪であると主張するさまざまの形態のグノーシス派に対して、存在するものは存在するかぎりすべて善きものであり、したがってまた物質も存在するかぎりにおいて善きものであることを主張しつづけてきた。特にエイレナイオスのヴァレンティノス派に対する、アウグスティヌスのマニ教に対する反論は有名である。神の善き意志によって創造されたこの世界のなかに、悪しきものは在りえないというのが、その聖書的根拠であった。トマスはここでこの神学的命題に、彼自身の立場から哲学的根拠を与える。ただ、存在するものはすべて善であるとすれば、「悪」とは何か。「悪」は存在しないのか、という疑問が当然起こってくる。すべての存在の善性を根本的に肯定した上で「悪」の本性を解明することは、教父以来キリスト教思想家の最も労苦した課題であった。トマスは、第四八、四九問において、「悪」の本性、その原因について論じる。

(2) たとえば、有に実体が附加されて「実体的有」ens substantiale となると、これは有の全領域ではなくて、特に「実体」という領域の有に限ることになる。このように有の概念を、有の或る領域に限ることを「有を制限する」contrahere ens という。

(3) 「第一質料」materia prima は、形相を受けて何らかの物として現実に存在することを欲求している。その意味で、「欲求するものの性格」ratio appetentis を持っている。しかしそれ自体は純粋可能態であるから、何者によっても欲求されない。すなわち、「欲求されうるものの性格」ratio appetibilis を持たない。

(4) 第二章九九六a三五—b一。アリストテレスによれば、不動なるものは動因も目的因も持たない。ゆえにそれについては、善悪の判断はなしえない。しかるに「数学的なるもの」mathematica、すなわち数学の対象となるものは、自然的世界の運動と質料とから抽象された不動なるものである。ゆえに数学に関しては、善悪に関する論証はなされえない。トマス『註解』第四講三七五を参照。

⑤ トマスはこの句の意味を説明していう。すべての被造物はその本性において善きものである。『創世記』第一章三一節には、「神はその造り給うたすべてのものを見た。それらはまことに善かった」といわれている。善き創造主によって造られたものは、善きものでしかありえないのである。トマス『註解』第一講一四四を参照。

⑥ 実体、量、質は、最高の類であるから、そのもとにはさまざまの段階の類と種とが含まれる。

⑦ 「何性」quidditas とは、或るものについて、それは「何であるか」quid est? という問に対する答の内容をなすものをいい、すなわち、そのものの「本質」essentia ないし「定義」definitio である。「本性」natura も、ここでは同じ意味で用いられている。「何性」「本質」「本性」「定義」等の語の意味と相互の関連については、『有と本質』第一章において論じられる。

⑧ 実体、量、質、等々は、「有」の或る特殊の様態であって、有の或る特定の領域を局限するのに対し、「善」は有一般の様態であって有の全領域に適合する。前者が最高類としての範疇であるのに対し、後者はすべての類と範疇とを包みながら超えるもの、その意味で「超類的・超範疇的なるもの」transcendentale である。この問題については、『真理論』第一問一項主文において論じられる。

⑨ 悪とは何らかの実在ではなく、有すべき存在の「不在」absentia ないし「欠如」privatio をいうのである。この悪の規定は一見するところ消極的であり、このような規定のもとに人間にとって最も重大な悪の問題を回避しているように思われるかも知れないが、けっしてそうではない。トマスの意図するの

は、悪の実在性を神の被造物としての世界からしめ出すことである。そして人間にとって最も重要な悪である「罪」を、純粋に人間の意志の領域において取り扱おうとするのである。

⑽ すなわち、第一質料はそれ自体としては現実存在しないが、形相を受けて現実存在するとき欲求の対象と「なりうるもの」として、「可能態における善」bonum in potentia である。

⑾ 可能有をも「有」として認めるアリストテレスの立場に立つトマスにとっては、可能有たる第一質料も「有」たるかぎり「欲求されうるもの」つまり「善」の性格を有する。しかし一歩を譲って、可能有の存在性を認めず、第一質料を「非有」であると主張するプラトン派の立場において考えるとしても、第一質料は「いくぶんかの善を分有する」participare aliquid de bono ものとして「善」といえるとトマスは答えるのである。

⑿ 現実の世界に他の物から区別されて独立に存在する、すなわち「自存する」subsistere のは、ただ形相と質料とから複合された個物のみであり、個物はその質料性のゆえにたえず生成消滅し運動している。かかる個物の各々に、それぞれの個物がそれによって個物として現実存在している「存在」esse が属する。「数学的なるもの」は、個物の世界に内在する附帯的形相の一種であり、数学者は個物の世界から数学的形相を抽象し、それを独立の対象として考察する。この意味において「数学的なるもの」は、質料と運動から抽象された不変の対象領域を形成する。ピュタゴラス派は、かかる数学的対象領域が真の意味で存在する世界であると考えた。しかし、質料的個物の世界に第一義的な存在性を認めるアリストテレスによれば、数学的なるものは「存在的に」secundum esse 他から分離独立した領域ではなくて、「概念的に」secundum rationem 分離された領域にすぎない。トマスは、この点に関してはアリストテ

レスに従う。アリストテレス『形而上学』第三巻二章。トマス『註解』第四講三七五。アリストテレス『形而上学』第一一巻三章。トマス『註解』第三講二二〇二を参照。

⑬「目的」finis は、目的を欲求するものを自分の方に動かし引き寄せるものとして「動因」causa movens の性格を有している。目的を実現するとは、現実的にその目的に「成る」ことであり、その目的として「存在する」ことである。ゆえに目的は現実存在を有するものでなければならない。現実存在から抽象された「概念有」ens secundum rationem たる「数学的なるもの」はそれゆえ、目的という性格を持たない。アリストテレス『形而上学』第三巻二章。トマス『註解』第四講三七五を参照。

第四項　善は目的因の性格を有するか[①]

第四については次のようにすすめられる。善は目的因の性格を持たず、むしろそれとは別の原因の性格を有していると思われる。そのわけは、

一、ディオニシウスが『神名論』第四章[②]においていっているように、「善は美しきものとして讃えられる」。しかるに「美」は、形相因の性格を含意している。ゆえに善は形相因の性格を有する。

二、更に、ディオニシウスの「善は、それによって万物が自存し存在するところのものであ

る」[3]ということばからもうかがわれるように、自己の存在を周囲におし拡げるものである。[4]しかるに、おし拡げる存在は作出因の性格を含んでいる。ゆえに善は作出因の性格を有する。

三、更に、アウグスティヌスは『キリスト教の教え』第一巻[5]において、「われわれが存在するのは、神が善にてましますからである」といっている。しかるにわれわれが神によって存在するのは、神を作出因としてである。ゆえに善は、作出因の性格を含意している。

しかし反対に、哲学者は『自然学』第二巻[6]において、「そのもののために何かが在るといわれる場合、そのものは、他のものにとっての目的ないし善として在る」といっている。それゆえ善は目的因の性格を有している。

答えていわなければならない。善とは、すべてのものがこれを欲求するところのものであり、かかるものは「目的」の性格を有しているから、善が目的の性格を含意していることはあきらかである。しかしながら、善の性格は、作出因の性格と形相因の性格とを前提している。じっさいわれわれは、「原因すること」において最初のものが、「原因されたもの」においては最後にあらわれるのを見る。[7]たとえば火は、火の形相を生ぜしめる前にまず「熱する」のであるが、火における熱は、火の実体的形相に伴って生ずるものなのである。[8]ところで「原因すること」において、まず第一に見いだされるのは善ないし目的であり、これが作出者を動かす。第二は、作出者のはたらきであり、これは形相に向かって動かす。第三に、形相が到来する。それゆえ「原因されたもの」においては、順序はこれと逆にならなければならない。すなわちまず第一にあるのは、有がそれによってその有であるところの「形相」であり、第二に、有が存在的に完成されるかぎりにおいて形相のうちに「作出力」が認められ（哲学者が『気象学』第四巻[9]においていっているように、それぞれのものは、自分に似たものを作り出すことができるようになったとき、完成の域に達するのである）、第三に、「善」の性格がこれに伴って成立する。完全性が有にもとづくといわれるのは、まさにこの「善」の性格によるのである。

それゆえ――一については いわなければならない。美と善とは、どちらも同一のもの、すなわち形相にもとづいているから、基体においてはたしかに同じものである。[10]善きものが美しきものとして讃えられるのもそのためである。しかしながら両者は、概念的には同じものでない。というのは、善とはすべてのものがこれを欲求するところのものであるから、もともと欲求にかかわり、したがって目的の性格を有している。欲求は物に向かう一種の動きのようなものだからである。ところがこれに対し、「美」は認識力にかかわる。じっさい、見て気持のよいものが「美しいもの」といわれるのである。それゆえ美は適当な比例のうちに成り立つ。感覚は適当な比例を有するものを、自分に似たものとしてよろこぶのである。それは、すべての認識能力がそうであるように、感覚も或る意味での理性だからである。[11]ところで認識は類似化によってなされ、類似は形相にかかわることであるから[12]「美」はもともと形相因の性格に属するのである。

二　についてはいわなければならない。善が自己の存在を周囲におし拡げるということは、目的がものを動かすといわれるのと同様の意味でいわれるのである[13]。

三　についてはいわなければならない。意志を有する者はすべて、善き意志を有するかぎりにおいて善き者といわれる。われわれは自分のうちにあるすべてのものを、意志によって用いるからである。それゆえ善き人といわれるのは、善き知性を有する者ではなくて善き意志を有する者である。ところで意志は目的をその固有対象としてこれにかかわる。それゆえ、「神が善にてましますがゆえに、われわれは存在する」ということばは、目的因にかかわるのである。

(1)「目的」finisとは、アリストテレスによれば、「それのために物が生じ、また作用者が動かされるもの」(『動物部分論』第一巻一章)である。それはまた、形相、質料、作用因を根原的に動かしている「諸原因の原因」である(本問二項)。「善」がかかる目的因の性格を有することは、プラトン以来、哲学の伝統的命題であるが、トマスはこの命題をこの項において、特に他の諸原因との関係において厳密に論証する。善が目的因の性格を有することは、個々の善についても妥当する一般原則であるが、特に最高善たる神において、最もすぐれた意味で妥当する。すなわち神は、最高善たるかぎりにおいて、万物をそれぞれの様態に応じて神自身に向かって動かしている根原的な目的因となるのである。本項は、神の善に関する考察の前提として、善一般の目的因的性格を論じている。

(2)　ギリシア教父集三巻七〇一。トマス『註解』第五講三三三以下を参照。

③ 『神名論』第四章。ギリシア教父集三巻七〇〇。トマス『註解』第三講三一七を参照。

④ 「善は自己の存在を周囲におし拡げるものである。」bonum est diffusivum sui esse. ここに「おし拡げる」と訳した diffusivum は、diffundere < dis・fundere（まわりに・そそぐ、拡げる）という動詞に由来する。あたかも太陽が自分のまわりに光と熱とを発散するように、善そのものなる神からすべての存在と生命と知恵とが発散するとディオニシウスは説く。ここでは、「作出因」causa efficiens との関連においてこのように訳しておく。

⑤ 第三二章三五節。ラテン教父集三四巻三二。

⑥ 第三章一九五a二四—二五。トマス『註解』第五講一八六を参照。

⑦ 「原因する」causare とは、原因として機能すること、「原因されたもの」causatum とは、原因の結果としてそこに生じたもの。原因することにおいては、目的因、作出因、形相因の順序、原因されたものにおいては逆に、形相因、作出因、目的因の順序が認められる。

⑧ 原因することにおいては、熱する（作出因）→形相が生ずる（形相因）の順序。原因されたものにおいては、火の実体的形相（形相因）→熱する（作出因）と、順序は逆になる。ここで「熱する」はたらきは、火の実体に必然的に伴い生ずる附帯性と考えられている。

⑨ 第三章三八〇a一二—一五。たとえば生物は、その種子が自分に似たものを生ずるに足るほど成熟したときに、最高の完全性に達するのである。なお、『心理学』第二巻四章四一六b二三—二五。トマス『註解』第九講三四七を参照。

⑩ 「美」と「善」とは、ものの形相についていわれることであるから、美と善の「性格」ratio は、もの

の形相を「基」fundamentum としてその上に成り立っている。その意味で美と善とは「形相にもとづく」fundatur super formam といわれる。ところで形相を有するのは個々のものであるから、それは形相にもとづいて成り立つ美と善という性格の「基体」subiectum である。すなわち同一の基体が、その形相を考察する観点の相違によって「美なるもの」とも「善なるもの」ともいわれる。ゆえに「美」と「善」とは、概念的には異なるが「基体においては」in subiecto 同じものである。

⑪ 感覚の対象が質料的個であるのに対し、理性の対象は普遍である。それゆえ対象に関していえば、感覚と理性とは異なるものである。しかしここでは「理性」ratio ということばは、自己につりあった対象を把握する能力という広い意味に用いられている。この意味では、すべての認識能力はそれぞれ自分に対応する対象を把握するのであるから、感覚も「或る意味での理性」quaedam ratio であるといわれる。

⑫ 認識は、認識者の形相と認識される事物の形相との合致によって起こる。この合致は人間の場合にあっては、認識能力が事物から形相を受け取りそれによって形成されるという仕方で起こる。これは認識能力が認識される事物の形相に「類似化」assimilatio されることにほかならない。

⑬ 目的がものを動かすというのは、目的そのものが自分自身の作用によって動かすことではなくて、目的に対する欲求を事物のうちに引き起こすことにより、事物をしてそれぞれの仕方で目的に向かう動きを生ぜしめるようにしてこれを動かすのである。

第五項　善の性格は限度、形象、秩序のうちに成り立つか[1]

第五については次のようにすすめられる。善の性格は、限度、形象、秩序のうちに成り立つものではないと思われる。そのわけは、

一、善と有とは、上に述べられたように〔本問一項〕、概念的に異なるものである。しかるに限度、形象、秩序は有の概念に属すると思われる。なぜならば、『智書』第一一章〔二一節〕には、「あなたはすべてのものを、数と重さと量のうちに調え給うた」といわれているが、形象、限度、秩序はこの三者に帰せられるからである。じっさい、アウグスティヌスが『創世記逐語解』第四巻[2]においていっているように、「量は各事物にまずその限度を指定し、数は各事物に形象を与え、重さは各事物を休息と静止の方向に引く」のである。ゆえに善の性格は、限度、形象、秩序のうちに成り立つのではない[3]。

二、更に、限度、形象、秩序は、それ自身それぞれ何らかの善きものである。それゆえもし善の性格が、限度、形象、秩序において成り立つとすれば、限度も限度、形象、秩序を有するはずであり、形象と秩序についても同様である。かくて無限に進むことになるであろう。

三、更に、悪は限度、形象、秩序の欠如である。しかるに悪は全面的に善を取り去るものではない。ゆえに善の性格は、限度、形象、秩序のうちに成り立つのではない。

四、更に、善の性格がそのうちに成り立つものは、悪しきものであるとはいわれえない。しかるに悪しき限度、悪しき形象、悪しき秩序ということがいわれる。ゆえに善の性格は、限度、形象、秩序のうちに成り立つのではない。

五、更に、限度、形象、秩序は、上に引用されたアウグスティヌスの典拠からもあきらかであるように、[4]重さ、数、量を原因とするものである。しかるに、かならずしもすべての善きものが重さ、数、量を有するとは限らない。じっさいアンブロシウスが『エクサメロン』[5]においていっているように、「光の本性は、数において造られたものでも、重さにおいて造られたものでも、量において造られたものでもない。」それゆえ善の性格は、限度、形象、秩序のうちに成り立つものではない。

しかし反対に、アウグスティヌスは『善の本性』[6]においていっている。「限度、形象、秩序というこの三つのものは、神によって造られた諸事物における、いわば共通一般的なる善である。そこで、この三者が大なる場合には大なる善が在り、小なる場合には小なる善が有り、三者が無い場合にはいかなる善も無い」[7]。しかしこのようなことは、もしもこの三者のうちに善の性格が成り立つのでなければ、ありえなかったであろう。ゆえに善の性格は、限度、形象、秩序のうちに成り立つのである。

答えていわなければならない。それぞれのものは、完成されたものであるかぎりにおいて、善きものといわれる。既に述べられたように〔本問一項〕、それぞれのものは、完全であるかぎりにおいて「欲求されうるもの」だからである。ところで完成されたものといわれるのは、そのものに固有な完全性の限度に応じて何ら欠けるところのないものである。しかるにそれぞれのものがまさにそのものであるのは、そのものの形相による。形相はまた何らかのものを前提し、形相にはまた何らかのものが必ず随伴する。それゆえ何らかのものが完全であり善であるためには、そのものは形相と、形相のためにまずもって必要とされるものと、形相に随伴するものとを持たなければならない。

ところで、形相のためにまずもって必要とされるのは、適度に限定され量定された質料的要因、ないしその形相を作出する要因である。[8] これが「限度」（モードゥス）という名によって示されているものであって、「量がまずもって限度を定める」[9] といわれるのはそのためである。また形相そのものは「形象」（スペキエス）という名によって示される。それぞれのものがそれぞれ固有の「種」（スペキエス）のうちに構成されるのは形相によるからである。[10]「数は形象を賦与する」[11] といわれるのはそのためである。なぜなら種を表示する定義は、哲学者が『形而上学』第八巻[12] において述べているように、数に似たものであって、一を加えたり引いたりすることによって数の種が変わるように、定義においても種差を加えたり引いたりすることによって種が変わるからである。また形相に随伴するのは、目的に対する、作用に対する、あるいは何かこれに類することがらに対する傾向性である。じっさい、それぞれのものは、現実的に存在するかぎりにおいて作用し、またその形相に応じて自分に適合するものへ傾くのである。そしてこれが「重さ」ないし「秩序」(オルド)に属することである。かくて、善の性格は、それが完全性のうちに成り立つかぎりにおいて、また限度、形象、秩序のうちに成り立つのである。

それゆえ 一 についてはいわなければならない。その三者が有に随伴するのは、ただ有が完全なるものであるかぎりにおいてであり、しかも有はまさに完全であることによって善なのである。

二 についてはいわなければならない。限度、形象、秩序は、それらが有であるといわれるのと同じ仕方で、善きものといわれる。すなわち有といわれるのも善といわれるのも、独立に存在するものとしてではなく、かえってそれらによって別のものが有でもあり善でもあるからである。したがって、それら自身が何か別のものによって善であるというような、そういう「別のもの」を持つはずはない。じっさい、それらが善きものといわれるのは、何か別のものをいわば形相として、別のものによって善いからではなく、かえってそれらを形相として何か別のものが善いからなのである。それはちょうど、「白」が「有」であるといわれるのは、「白」が何かによって「有る」からではなく、かえって何かが白によって何らかの意味で「有る」、すなわち「白きものとして有る」からであるのに似ている。[13]

三　についてはいわなければならない。いかなる存在も、何らかの形相によってある。[14] ゆえに事物のいかなる存在によっても、その事物に限度、形象、秩序が随伴する。たとえば人間であるかぎりにおいて形象、限度、秩序を有するが、同様にまた白くあるかぎりにおいても限度、形象、秩序を有し、有徳であるかぎりにおいても、知識を有する者であるかぎりにおいても、その他人間について語られるいかなることがらに関しても、それぞれ限度、形象、秩序を有している。ところが悪とは、何らかの存在の欠如である。たとえば盲目は視力の存在を欠く。ゆえにそれは、すべての限度、形象、秩序を取り去るのではなく、ただ視力の存在に随伴する限度、形象、秩序を取り去るにすぎない。

四　についてはいわなければならない。アウグスティヌスが『善の本性』[15] において述べているように、「限度はすべて、限度であるかぎりにおいて善きものである（同じことは形象と秩序についてもいうことができる）。しかるに悪しき限度、悪しき形象、悪しき秩序といわれるのは、それらが当然そうあるべき在り方にくらべて劣っているからであるか、それとも適合すべき事物に適合していないからである。すなわちそれらは、異様であり、その場にふさわしくないがゆえに悪しきものといわれるのである」。

五　についてはいわなければならない。光の本性には、数も重さも量も無いといわれるが、これは全然無いということではなくて、物体的なものに較べれば無いにも等しいという意味である。

じっさい、物体に変化を及ぼす第一物体たる天体の作用的性質であるかぎりにおいて、光の力はあらゆる物体的なものにまで及んでいるのである。[16]

(1) この項において取り扱われる善は「被造的善」bonum creatumである。神はすべてのものを、それぞれの「限度」modusと「形象」speciesと「秩序」ordoとにおいて善きものとして造り給うた。ここに「秩序」とは、全被造物の世界のなかでそのものに定められた位置である。それぞれの被造物は、それぞれに神から与えられた固有の限度、形象、秩序において有限なる善として存在する。ただ創造主なる神のみは、すべての限度、形象、秩序を超えて無限なる善である。

(2) 第三章七節。ラテン教父集三四巻二九九。

(3) 『智書』によれば、存在者・有はすべて、「数」numerus「重さ」pondus「量」mensuraの三つの側面から規定されている。アウグスティヌスはこの三者に、「形象」「秩序」「限度」を対応せしめる。これは「有」の規定であり、「有」は「善」と概念的に異なるから、したがってこれは「善」の規定ではないとこの異論は主張する。

(4) 本項異論一を参照。

(5) 第一巻九章。ラテン教父集一四巻一四三。『エクサメロン』はギリシア語で「六日の業」の意味。『創世記』第一章に述べられる神の六日にわたる世界創造についての註解である。

(6) 第三章。ラテン教父集四二巻五五三。『善の本性』は四〇五年頃の著作。善悪二元の実在を主張するマニ教を反駁して、万物は神によって創造された本性を有するかぎりにおいてすべて善きものであり、悪なる本性は実在せず悪は存在の欠如であると説く。
(7) アウグスティヌスによれば、万物は神の被造物として神に対する「秩序」を有し、その秩序に応じた大きさの「限度」と、またそれぞれに固有な「形象」を有している。トマスはこの思想を継承し、秩序、限度、形象に独自の解釈を施している。
(8) 形相が現実存在するためには、その形相を受容するに適した量の「質料的要因」principia materialiaと、その形相を質料において現実に存在せしめる「作出的要因」principia efficientiaとが必要とされる。これらの要因は単一ではなく複数である。ゆえにprincipiaと複数で表示されている。
(9) 本項異論一におけるアウグスティヌスの引用。
(10) 「形相」は「フォルマ」forma、「形象」は「スペキエス」speciesの訳語である。どちらも、もともと「形」を意味する名詞であるが、前者が事物そのものの有している形として事物に即した「形」を意味するのに対して、後者はspicere（眺める）という動詞に由来し、「見られた形」として、見る主観に即した「形」を意味するようである。そこでトマスは、前者を「質料」materiaとの関連において、自然学ないし存在論の領域で用い、後者は、認識者が事物から受け取り、それによって事物を認識するものとして、認識論の領域で用いることが多い。またこの関係で「スペキエス」は、「類」genusと「個」individuumとの中間に位置してそのものの何たるかを述べる「定義」definitioを表示する「種」として、論理学の領域で用いられる。
(11) 本項異論一におけるアウグスティヌスの引用。
(12) 第三章一〇四三b三六—一〇四四a二。トマス『註解』第三講一七二三—二四。たとえば、「魂ある感覚的実体」は「動物」の定義である。これに「理性的」を加えると「人間」の定義になる。「感覚的」を引き去ると「植物」の定義になる。

⒀　この解答において、「それによって」といわれる「よって」は、作用者ないし手段ではなくて、形相を意味する。「白いもの」は「白によって」白いといわれるとき、この「よって」は「白いもの」を白いものたらしめている形相を意味する。その考え方をここでは、限度、形象、秩序と、有ないし善との関係に適用する。すなわちこの三者は、有ないし善を構成する形相的要素であり、それら三者の各々が独立に有ないし善であるのではない。

⒁　この場合の「存在」esse は、単に実体としての存在のみならず、性質、量、等の附帯的存在をも含んでいる。したがって「形相」も、実体的形相のみならず附帯的形相をも含んでいる。これらすべての場合を通じて、「形相によって存在がある」esse est secundum formam という原則は妥当する。たとえば「人間」の実体的形相によって人間という実体が「存在」し、それに「白」という附帯的形相が附加することによって人間に「白」という性質が「存在」することになる。そして形相には必ず、それに応じた限度、形象、秩序が認められる。

⒂　第二三章二三節。ラテン教父集四二巻五五八。

⒃　光の本性については、トマスの時代にさまざまに論じられたが、トマスはこれを、太陽やその他の天体の実体的形相に必然的に随伴する「作用的性質」qualitas activa であって、それぞれの天体の固有な本質に応じて、地上の諸物体にそれぞれ固有の作用を及ぼす（たとえば太陽の光はすべての物体に熱の作用を）と考えている。ゆえに光もやはり一種の「有」であり、そのかぎりにおいて他の諸々の有と同

様に、限度、形象、秩序を有するはずである。ただその力は巨大であってあらゆる物体にまで及ぶから、物体に比すればほとんど無限ともいうべく、したがって物体的有の持っている限定性を持たないようにさえ思われる。光の本性については、第六七問三項、『心理学註解』第二巻一四講において論じられる。

第六項　善を有徳、有用、快的の善に区分するのは適当であるか①

第六については次のようにすすめられる。善を、有徳②、有用、快的の善に区分するのは適当ではないと思われる。そのわけは、

一、善は、哲学者が『倫理学』第一巻③において述べているように、十の範疇によって区分される。しかるに有徳、有用、快的なるものは、これを一つの範疇のうちに見いだすことができる④。ゆえにこの三者によって善が区分されるのは適当でない。

二、更に、すべて区分は対立するものによってなされる。しかるにこの三者は対立するものとは思われない。有徳なるものは快的であるし、またいかなる非有徳的なるものも有用ではないからである。だがもし区分が対立によってなされるものであるならば、有徳と有用とが対立するためには、非有徳的なるものは有用でなければならぬはずである。このことについては、トゥリウ

ス[5]も『義務について[6]』のなかで述べている。ゆえに上記の区分は適当でない。

三、更に、一方が他方のために存在する場合には、そこに在るのはただ一つのものだけである。しかるに有用なるものが善いのは、それが快的なるものか有徳なるもののために存在する場合に限られる。それゆえ有用なるものは、快的なるものと有徳なるものに対して、対立的に区分されてはならない。

しかし反対に、アンブロシウスは『教役者の職務について[7]』において、善のこの三分法を採用している。

答えていわなければならない。この区分は、もともと人間的善に関する区分であると思われる。しかし、より高くより一般的な見地から善の性格を考えてみると、この区分は善であるかぎりの善にも適合することが知られるのである。そもそも何らかのものは、それが欲求されうるものであり、欲求の動きの終局であるかぎりにおいて善である。ところでこの動きの終局については、自然物体の動きについての考察をもとにして考えてみることができる。すなわち自然物体の動きは、端的な意味では最後のものに到って終わるのであるが、動きを終わらせる最後のものに到るために通過すべき中間のものにおいても、或る意味において終わる。それゆえ動きの或る部分を終わらせるかぎりにおいても、動きの終局ということがいわれるのである。ところで動きの究極的な終局ということは、二様の意味にとることができる。すなわち、動きが向かうところの「ものそのもの」、たとえば場所や形相の意味にもとれるし、またそのものにおいて憩う「こと」の意味にもとれる。そこで、欲求の動きにおいて、他者に向かうために通過すべき中間者として欲求の動きを或る意味で終わらせる欲求対象は、「有用のもの」と呼ばれる。また欲求の動きを全面的に終わらせる最後のものとして欲求されるものは、欲求が自体的に目ざす何らかの「ものそのもの」であるかぎりにおいて、「有徳・真正のもの」と呼ばれる。じっさい、「有徳・真正のもの」といわれるのは、まさにそれ自身のために熱望されるところのものだからである。[8] また欲求の動きを終わらせるものは、それが熱望されたものそのものにおける「憩い」であるかぎりにおいては、「快」にほかならない。

それゆえ　一　についてはいわなければならない。善は基体的に有と同一であるかぎりにおいては、十の範疇によって区分される。[9] しかし善に固有な性格にもとづいて考えるかぎり、この区分が適合する。

二　についてはいわなければならない。この区分は、対立する実在を根拠としてではなく、対立する概念を根拠としてなされている。ところで「快的」といわれるのは本来、たとえときには有害不徳であっても、快以外に「欲求されうるもの」としての性格を持たないものである。また「有用」といわれるのは、たとえば苦い薬を飲む場合のように、それ自体のうちに望ましい所以を持たず、ただ別の善きものへみちびくものとしてのみ望まれるものである。これに対し「有徳」といわれるのは、それ自体のうちに望ましい所以を持つものである。

三 についてはいわなければならない。善がこの三者に区分されるのは、三者について等しい意味で述べられる同義語[10]としてではなく、「より先」と「より後」なる意味で述べられる類比語[11]としてである。すなわちそれは、より先なる意味では「有徳」について述べられ、第二に「快的なるもの」について、第三に「有用なるもの」について述べられるのである。[12]

(1) キケロは、人間の善を、有徳、有用、快的の善に区分し、この三つの善は一致しなければならないと説いた。アンブロシウスはこの説をキリスト教的に解釈し、それ以来、善の三分法はキリスト教倫理学の伝統となった。本項においてトマスは、この区分を彼自身の立場から体系的に説明し、単に倫理的善のみならず善一般の区分としての意味をこれに与えている。

(2) 「有徳」honestum は honor と同根で、本来、名誉、尊敬に値することを意味する。トマスによれば、honestum は「徳」virtus と同じものであって、ただその上に徳にそなわる精神の「美しさ」decor を含意しているという。honestum については、第二・二部一四五問において詳論される。

(3) 第六章一〇九六a二三―二七。トマス『註解』第六講八一。善は有と同じ仕方で語られる。しかるに有は十の範疇（実体、質、量、関係、位置、状態、能動、受動、場所、時）に区分される。それゆえ善も十の範疇によって区分される。たとえば「人間は善い」といわれる場合、善は実体について語られているし、「徳は善い」といわれる場合は質について語られている。他の範疇においても、それぞれの意味で「善い」ということがいわれうる。

④ すなわち、「質」の範疇のうちに。

⑤ マルクス・トゥリウス・キケロ（前一〇六—前四三）。ローマの有名な政治家、雄弁家、哲学者。ストア哲学とプラトン哲学とを折衷した多くの著作を書いている。

⑥ 第二巻三章九、一〇節。そこでキケロは、有徳と有用との関係を論じ、或る人々は有徳と有用とを分離して対立するもののようにいうが、これは誤りであって、本来、有徳なるものは有用なるものと同じであるといっている。

⑦ 第一巻九章二七、二八節。ラテン教父集一六巻三一—三二。アンブロシウスはキケロにならって『教役者の職務について』を書いている。ただし、キケロのそれが哲学者の義務であったのに対し、アンブロシウスのそれは神に仕える者、すなわち聖職者の義務〈職務〉であり、したがって有徳と有用とは、現世ではなく永生を目的にして規定され、現世の快ではなく永生に対する恩恵によって規定されなければならないと説く。

⑧ honestum はもともと倫理的概念であって、人間がそれ自体のために欲求すべき善としての徳を意味し、そのかぎりにおいては「有徳」という訳語がふさわしいが、トマスがここで行なっているような拡大解釈においては、欲求さるべき究極の善、それ自体として欲求さるべき対象として「真正のもの」という訳語があたるであろう。

⑨ 「善」bonum は、「有」ens の概念に「欲求されうるもの」appetibile という概念を附加することによって構成される概念であるから、概念的には両者は異なるが、両者がそれについて述語される「基体」subiectum はまったく同じである。そのかぎりにおいて「有」の範疇は「善」にも適用されるので

ある。

⑽ 「同義語」univocumとは、それが述べられる主語となるものについて、まったく同じ意味で用いられる語である。たとえば「犬は動物である」「牛は動物である」という二つの命題において、「犬」について述べられる「動物」と、牛について述べられる「動物」とはまったく同じ意味であるから、この場合「動物」は同義語として用いられている。

⑾ 「類比語」analogumとは、それが述べられる主語となるものについて、まったく同じ意味で用いられるのではなく、しかしまた、まったく異なる意味で用いられるのでもなく、相互に何らかの関係ある意味で用いられる語である。たとえば、「動物は健康である」「薬は健康である」「顔色は健康である」という三命題において、等しく述語として「健康」が用いられているが、その意味は同じでない。しかし全然異なるのでもない。第一の命題において「健康」は動物の状態を意味し、第二の命題においてそれは、動物の「健康を生ぜしめるもの」であることを意味し、第三の命題においてそれは、動物の「健康を表わすもの」であることを意味する。しかし「健康」ということが本来の意味でいわれるのは第一の場合であり、第二、第三は第一の場合の「健康」と何らかの関係を有するかぎりにおいていわれる。この三つの場合、「健康」は類比語として用いられている。したがって類比語の場合には、「より先・より後」prius et posteriusの意味が区別される。

⑿ 「善」ということは、「有徳なるもの」について第一義的にいわれる。「欲求されうるもの」という善の性格は、「有徳なるもの」のうちに最も完全に見いだされるからである。これに対し、「快的なるもの」と「有用なるもの」とは、「有徳なるもの」への何らかの関係を有するかぎりにおいて「善」とい

われる。ゆえに三者について「善」は、類比語として用いられているのである。

第六問　神の善性について

ついで、神の善性について問われる。これについては、次の四つのことが問題になる。
一、善であるということは神に適合するか
二、神は最高善であるか
三、ただ神のみが自己の本質によって善き者であるか
四、すべてのものは神の善性によって善であるか

第一項　善であることは神に適合するか①

第一については次のようにすすめられる。善であるということは神には適合しないと思われる。

そのわけは、

一、善の性格は、限度、形象、秩序のうちに成り立つものである〔五問五項〕。しかるにこれらのものは神には適合しないと思われる。神は無量であるし、また何者に対しても秩序づけられてはいないからである。それゆえ善であることは神には適合しない。

二、更に、善とは、万物がこれを欲求するところのものである。しかるに、かならずしも万物が神を欲求するとは限らない。かならずしもすべてのものが神を知るわけではないのに、知られないものは欲求されることもないからである。ゆえに、善であることは神には適合しない。

しかし反対に、『哀歌』第三章〔二五節〕には、「主はおのれを待ち望む者と、おのれを探ね求める魂にとって、善き者である[2]」といわれている。

答えていわなければならない。善であるということは、特別に神に適合することである。そもそも何らかのものが善であるのは、それが「欲求されうるもの」であるかぎりにおいてである。ところでそれぞれのものは、自己の完成を欲求する。しかるに結果の完全性と形相とは、その結果を生み出す作用者の類似性にほかならない。作用する者はすべて、その作用によって自分に似た結果を生み出すものだからである。それゆえ作用者はそれ自身欲求されうるものであり、善の性格を有している。作用者について欲求されるのは、作用者の類似性を分有したいということだからである。ところで神は万物の作出因であるから、善ないし「欲求されうるもの」の性格が神に適合することはあきらかである。ゆえにディオニシウスも『神名論[3]』において、神は「それによって万物が存立するところの者」として善であると述べて、第一作出因としての神に善を帰属させているのである。[4]

それゆえ　一　についてはいわなければならない。限度、形象、秩序を有するということは、原因された善[5]の性格に属することである。これに対し、神における善とは、原因においてあるものとしての善である。それゆえ神には、他のものにそれぞれの限度、形象、秩序を賦与することが属している。ゆえにこの三者は神のうちに、原因において在るものとして存在しているのである。

二　についてはいわなければならない。既に述べられたところからあきらかなように〔四問三項〕、すべてのものの有しているそれぞれの完全性が、神の存在の何らかの類似であるかぎりにおいて、万物はそれぞれに固有な完全性を欲求することにおいて、まさに神そのものを欲求しているのである。ただし、神を欲求するもののうちの或るものは、神を神として認識している。これは理性的被造物に固有なことである。また或るものは、神の善性の何らかの分有を認識する。これは感覚認識にまで及んでいる。ところがまた或るものは、自分は認識しないが、他の上位の認識者によってそれぞれ自分に固有の目的に傾かしめられるという仕方で、自然本性的欲求を有しているのである。[6]

(1) 前問において「善」ということがさまざまの角度から検討されたが、本問は前問における善一般の考察を踏まえて、特に神の善性について考察する。神が善であることはいうまでもないことで、いまさら論議する必要もないように思われるが、トマスは、神がいかなる意味で「善」といわれるかを厳密に検討し、神の善性と被造物の善との関係の考察にまで及ぶのである。

(2) この場合の「善」の意味は「恵み深い」ということである。

(3) 第四章。ギリシア教父集三巻七〇〇。トマス『註解』第三講三一七を参照。

(4) 神が「万物の第一作出因」prima causa effectiva omnium であるとは、神が万物にそれぞれの存在を与えこれを現実の世界に存在せしめる究極の存在原因であるということであり、つまり、万物の創造原因であるということである。トマスが神の善性の究極の根拠を、アリストテレスのように神が万物の「究極目的」であることのうちにおかずに、万物の「第一作出因」であることのうちにおいたということは注目に値する。もちろん、トマスにおいても、アリストテレスにおけると同様、神は究極目的であるが、しかし神が究極目的であることの根拠は、神が万物の「作出因」であること、すなわち「創造因」であることに在る。万物は神によって造られて在るがゆえに、造り主なる神を求め、それぞれの存在様態に応じた仕方で神を目的として動くのである。神が万物の第一作出因であるということは、被造物の側からいうならば、各自の存在そのものが神から受けた「善」であることであり、したがって神の「善」を神の「恵み深さ」と解する聖書の伝統が、トマスの「善」の思想のうちに生かされることになるのである。

(5) 「原因された善」bonum causatum とは、神を原因として、神によって生ぜしめられた善、すなわち

「被造の善」bonum creatum のことである。

⑥ ここで「万物が欲求する」omnia appetunt といわれる意味は、ただ人間や動物の欲求するはたらきだけではなく、無生物のそれぞれに固有な傾向性（たとえば、石は下方に落下しようとする、水は低きに流れようとする、火は上方に燃え上ろうとする）をも包含していることが知られる。このような意味での欲求は、それぞれのものがそれぞれ固有の本性に応じて本性的に所有しているものであって「自然本性的欲求」appetitus naturalis といわれる。トマスはこれを、すべての被造物がそれぞれ固有の本性に応じた仕方で、神を欲求していることであると考える。

第二項 神は最高善であるか①

第二については次のようにすすめられる。神は最高善ではないと思われる。そのわけは、

一、「最高善」ということは、「善」の上に何かを付け加えている。さもなければそれは、いかなる善についてもいわれるはずである。しかるに何かに対して別の何かを付け加えることによって在るものはすべて、複合されたものである。ゆえに最高善は複合されたものである。しかるに神は、既に示されたように〔三問七項〕、最高度に単純なるものである。ゆえに神は最高善ではない。

二、更に、哲学者がいっているように、[2]「善とは、万物がこれを欲求するところのものである」。しかるに、万物が欲求するものとしては、万物の目的たる神をおいてほかにはない。それゆえ神以外に善きものは何もない。このことはまた、『マタイ伝』第一九章〔一七節〕に、「ただ神のみが善であり、それよりほかに善き者は誰もない」といわれているところからもあきらかである。しかるに「最高」ということは他者との比較においていわれる。たとえば最高に熱いものとはすべての熱いものとの比較においていわれるのである。それゆえ神を最高善であるということはできない。

三、更に、「最高」ということは比較を含意している。しかるに同じ類に属さないものは、比較されえない。たとえば甘さが線よりも大きいとか小さいとかいうのは不都合である。ところで神は、既に述べられたところからあきらかなように〔三問五項、四問三項異論答三〕、他の諸々の善きものと同じ類のうちに含まれないから、神をそれらの善きものとの比較において最高善であるということはできないと思われる。

しかし反対に、アウグスティヌスは『三位一体論』第一巻[3]において、神のペルソナの三位一体は、「最も浄らかな精神によって認知される最高善である」といっている。

答えていわなければならない。神は単に諸事物の或る類ないし領域において最高善であるというにとどまらず、端的な意味において最高善である。そもそも神に善が帰せられるのは、既に述べられたように〔前項〕、熱望されるすべての完全性が、神を第一原因としてそこから流出するかぎりにおいてである。[4] しかしながら、先に述べられたところからあきらかなように〔四問三項〕、同義的作用者としての神から流出するのではなくて、種の性格においても類の性格においてもその結果と共通するところのない作用者としての神から流出するのである。ところで同義的原因の場合には、結果との類似性は結果のそれと同じ形で見いだされるが、異義的原因においては結果におけるよりもすぐれた在り方で見いだされる。たとえば熱は、火におけるよりも太陽において、よりすぐれた在り方で見いだされるのである。かくて、善は万物の同義的ならざる第一原因としての神のうちに在るから、それは神のうちに最もすぐれた在り方において在るのでなければならない。このゆえに神は最高善といわれるのである。

それゆえ一 については、いわなければならない。「最高善」は、「善」の上に何かを附け加えるが、しかしそこに附加されるのは何か絶対的なるものではなくて単なる関係にすぎない。しかるに何か神について被造物への関係において語られるその関係は、神のうちに実在的に存在するものではなく、ただ被造物の側においてのみ実在し、神の側にはただ概念的に認められるにすぎない。それはちょうど、「知られうるもの」ということが「知」との関係においていわれるが、それは前者が後者への関係を有するからではなくて、むしろ後者が前者への関係を有するからであるというのに似ている。[5] したがって、最高善のうちに何らかの複合があるわけではない。他の諸々の善が最高善の有しているものを欠いているにすぎないのである。

二 についてはいわなければならない。「善とは、万物がこれを欲求するところのものである」といわれる場合、それは、「それぞれの善が、すべてのものによって欲求される」という意味ではない。欲求されるものはいかなるものであっても、すべて「善」の性格を有するがゆえにそういわれるのである。――また、「神よりほかには、善き者は誰もない」ということばは、後に述べられるように〔本問三項〕、本質的に善なるものについていわれたことであると解される。

三 についてはいわなければならない。同じ類のうちに含まれていないものは、もしそれらが異なる類のうちに含まれている場合には、けっして相互に比較され合うことができない。ところで神についていえば、神が他の諸々の善と同じ類のうちにあるということは否定されるが、しかしそれは神が他の善とは別の何らかの類のうちにあるからではなくて、類の外にありながらしかもすべての類の根原であるからにほかならない。それゆえ神は、他のものに対しては、それらを超絶するものとして比較される。「最高善」とは、そのような意味での比較を含意しているのである。[6]

(1) 神が「最高善」summum bonum であるということはよくいわれることであって、いまさら証明するまでもないとも思われるが、トマスがこの項において特に強調するのは「最高善」ということの意味である。すなわちそれは、被造物に共通的に述語される「善」に「最高」という形容詞を附けただけのものではなく、「最高善」といわれる場合の「善」は一般の「善」とは、いわば質的に異なるのである。しかし全然異なるのでもない。神における善と被造物における善とは、アナロギア的に語られる。アナロギア的に語られる場合には、アナロギアの根原になる意味がなければならない。その根原的意味における善が「最高善」ということにほかならないのである。

② 『ニコマコス倫理学』第一巻一章一〇九四a二―三。トマス『註解』第一講九―一一を参照。

③ 第二章四節。ラテン教父集四二巻八二二。

④ 「流出する」effluere という動詞は、汎神論的な「流出論」を連想させるが、トマスにおいては、万物が神から出るということは、あたかも太陽から光が発出するように連続的に、万物が神から流出することを意味しない。それぞれの個物が、神の意志によって神から存在を与えられ、無から引き出されて有限な様態のもとに存在せしめられることを意味するのであるから、神の存在と被造物の存在との間には存在的な断絶があり、したがって汎神論にはならない。ただ被造物は、その有限的存在によって無限存在たる神と断絶しているにもかかわらず、その有限な様態のなかで神の無限な完全性を有限な仕方で分有しているから、その「完全性」perfectiones という面に着目するならば、すべての完全性は神から流出するということが、或る意味においていわれうるであろう。

⑤ アリストテレスによれば、相互に相手に依存し合い、相手がなければ自分も成り立たない関係がある。たとえば「二倍」と「半分」、「主人」と「奴隷」との関係がそれである。しかしまた、一方が独立に存在し、他方がそれに依存する関係がある。かかる関係においては、前者がなければ後者はないが、後者

がなくても前者は在る。たとえば「知」scientia は何らかの「知られうるもの」scibile の知として、「知られうるもの」なしには存在しないが、「知られうるもの」のほうは、たとえ知られず、したがってそれについての「知」がなくとも存在する。アリストテレス『範疇論』第七章。この場合、「知」は「知られうるもの」に対して「実在的関係」relatio realis を有するのに対し、「知られうるもの」は「知」に対して、単なる「概念的関係」relatio rationis を有するにすぎないとトマスは考える。

⑥ 神が「最高善」であるとは、それゆえ、神の善を他の諸々の善と同一面に並べて比較してみて、いわばその「最右翼」に在るという意味でいわれるのではなく、すべての善を「超絶するものとして」per excessum いわれるのである。にもかかわらずそれが「善」といわれるのは、それがすべての善の原因としてすべての善を超越しながらしかもそれらをすべて自らのうちに包含しているからである。

第三項　本質による善であるということは神に固有なことであるか①

第三については次のようにすすめられる。本質による善であるということは神にのみ固有なことではないと思われる。そのわけは、

一、既に論じられたことであるが〔五問一項〕、「一」が「有」と置換されるように、「善」も「有」と置換される。しかるに哲学者の『形而上学』第四巻②においてあきらかなように、いかな

る有もその本質によって一である。ゆえにいかなる有もその本質によって善である。

二、更に、もしも善とは万物がこれを欲求するところのものであるとするならば、存在は万物によって熱望されるものであるから、いかなる事物の有している存在も、その事物の善である。しかるにいかなる事物も、その本質によって有である。ゆえにいかなる事物もその本質によって善きものである。

三、更に、いかなる事物もその善性によって善きものである。ゆえにもしもその本質によって善であるのではないようなものが何かあるとすれば、そのものの善性はその本質ではないはずである。ところでその善性は、やはり何らかの有であるから、善きものでなければならない。そこでもしそれが、また別の善性によって善であるとすれば、更にその善性について同じことが問われることとなろう。かくて無限にすすむか、それとも、別の善性によって善であるのではない何らかの善性にまで到るかのいずれかであろう。だとすれば、同じ理由にもとづいて、第一段階に踏みとどまるべきである。それゆえいかなる事物もその本質によって善きものである。

しかし反対に、ボエティウスは『デ・ヘブドマディブス』[3]において、神以外のものはすべて、分有によって善きものであるといっている。ゆえにそれらのものは、本質による善ではない。

答えていわなければならない。ただ神のみが自らの本質による善である。そもそも各事物が善きものであるといわれるのは、そのものが完全であることによる。しかるに物には三様の完全性がある。第一の完全性は、それぞれのものがそれぞれの存在において存立せしめられていることにおいて成り立つ。第二の完全性は、そのものの完全なはたらきのために必要な何らかの附帯性がそのものに附加されることにおいて成り立つ。第三の完全性は、そのものが目的としての何らかの他者に到達することにおいて成り立つ。たとえば火にとって第一の完全性は、火がその実体的形相によって有している存在のうちに成り立つ。第二の完全性は、熱さ、軽さ、乾き、等々のうちに成り立つ。第三の完全性は、火にとって固有なる場所のうちに憩うことにおいて成り立つのである。(4)

ところでこの三様の完全性は、いかなる被造物にも本質的には適合せず、ただ神にのみ本質的に適合する。その本質が存在そのものであるのはただ神だけであり〔三問四項〕、また神に附加されるいかなる附帯性もなく、「力がある」「智者である」等々といったような、神以外のものについては附帯的に述語されることがらが、既に述べられたところからあきらかなように〔三問六項〕、神には本質的に適合する。更にまた神は、他のいかなるものに対してもそれを目的として秩序づけられることはなく、神自身が万物の究極目的である。したがって、ただ神のみがその本質にもとづいてあらゆる意味での完全性を有していることはあきらかである。かくて、ただ神のみが、その本質によって善なる者である。

それゆえ　一　についてはいわなければならない。「一」ということは、完全性を含意せず、ただ不可分性のみを含意している。この「不可分」ということは、いかなる事物にもその本質によって適合する。⑤ただし単純なるものの本質は現実的にも可能的にも不可分であるが、複合されたものの本質はただ現実的にのみ不可分である。⑥それゆえ、いかなる事物もその本質によって一でなければならない。しかしその本質によって善であるわけではないということは、既に示された〔主文〕。

二 についてはいわなければならない。それぞれのものは、存在を有するかぎりにおいて善きものであるが、被造物の本質は存在そのものであるわけではない。ゆえに、被造物がその本質によって善きものであるということにはならないのである。⑦

三 についてはいわなければならない。被造物の善性は、その物の本質そのものではなくて何らかのこれに附加されたものである。すなわち、その物の「存在」であるか、それに附加された何らかの「完全性」であるか、それとも目的に対する「秩序」であるかである。ところでこのように附加された善性が善きものといわれるのは、ちょうどそれが有であるといわれるのと同様の意味においてである。すなわちそれが「有」であるといわれるのは、それによって他の何物かが有るからであって、そのもの自身が他の何物かによって有るからではない。それと同様に、それが「善」といわれるのも、それによって他の何物かが善いからであって、そのもの自身が、それによって善いといわれるような他の何らかの善性を持つからではないのである。⑧

(1) 「本質による善」bonum per essentiam は、「分有による善」bonum per participationem に対立する。後者が他から善性を受けて善となるものであり、善性とそれを受ける基体とが区別されるのに対し、前者は他から善性を受けることによって善となるのではなく、まさにそのものの本質によって善なるものである。かかる善は、分有による善の原因となる。「善のイデア」を最高の存在としたのはプラトンであったが、この項はプラトンの思想をトマスの立場から解釈し、生かし、継承している箇所であると見ることができる。

(2) 第二章一〇〇三b二二—二三。トマス『註解』第二講五四八—五五三を参照。

(3) ラテン教父集六四巻一三一三。トマス『註解』第三、四講。

(4) トマスは「完全性」perfectio の三つの段階を区別し、これを「火」を例として説明する。当時の自然学によれば、すべての物体的自然界の基底をなしているものは「第一質料」materia prima である。それは火の「実体的形相」forma substantialis を受け取ることにより「火」として現実的に存在する。この「現実存在」esse が火の第一の完全性である。次に火は火の本性に即して諸々のはたらきをなすために、熱、軽さ、乾燥、等々の「附帯的形相」forma accidentalis をとる。これらの形相は、火にとって第二の完全性である。さて、かかるはたらきによって火が到達せんとする目的は火にとっての「固有なる場所」locus proprius である。それは世界の上方に在ると考えられている。ゆえに火は上方に向かってはたらき、その場所に到達したときに憩う。これが火にとって第三の、そして究極の完全性である。

⑤ 「一」unum とは「不可分」indivisio の意味である。ゆえに「一者」の概念は「有」の概念に「不可分」の概念を加えることによって構成される。「一者」と「有」とは概念的には異なるが実在的には同じものを意味し、したがって置換される。「不可分」の性格の見いだされるところ、そこに「一」が見いだされる。ものはその本質において不可分なるものである。ゆえにいかなるものも、その本質によって一である。「一」については、第一一問において詳論される。

⑥ 「単純なもの」simplicia とは、ここでは、形相と質料とから複合されていないもの、すなわち単純形相として現実的に存在する知性をいう。これに対し、「複合されたもの」composita とは、形相と質料とから成る物であり、かかる物は個物として現実的に存在するかぎりにおいては不可分なるものであるが、その構成要素たる形相と質料とに分かたれうるものとして、可能的には可分的である。「単純なもの」は、現実的にも可能的にも不可分である。

⑦ 「被造有」ens creatum は、本質と存在とから成っている。ゆえに「自己の本質によって有」ens per suam essentiam であるというのは正しい。しかし「善」の根拠は本質ではなくて存在の側にあるから、「自己の本質によって善」bonum per suam essentiam とはいわれえない。このことがいわれうるのは、本質が存在と同一なる神の場合だけである。

⑧ 異論は「善性」bonitas を、何か独立の本質を具えた「有」ens とみなすことにおいて成立するものであったが、この答においては、「善性」は独立の本質を具えた有ではなくて、他者がそれによって「有」といわれ「善」ともいわれる「形相性」formalitas であるとされることによって、異論の提起した難問が解かれている。

第四項　すべてのものは神の善性によって善であるか[1]

第四については次のようにすすめられる。すべてのものは神の善性によって善であると思われる。そのわけは、

一、アウグスティヌスは『三位一体論』第八巻[2]において、「この善、かの善。このを取り、かのを取り去れ。なしうれば善そのものを見よ。そのときなんじは、他の善によって善なのではなく、かえってすべての善の善にてまします神を見るであろう」といっている。しかるにそれぞれのものは、自己の善によって善である。ゆえにそれぞれのものは、神にてまします善そのものによって善である。

二、更に、ボエティウスが『デ・ヘブドマディブス』[3]においていっているように、すべてのものは神に秩序づけられているかぎりにおいて善といわれ、またこれは神の善性のゆえである。ゆえにすべてのものは、神の善性によって善である。

しかし反対に、すべてのものは、存在するかぎりにおいて善きものである。しかるにすべてのものは、神の存在によって存在者すなわち有といわれるのではなく、固有の存在によってそうい

われる。ゆえにすべてのものは、神の善性によって善なのではなく、それぞれ固有の善性によって善なのである。

答えていわなければならない。関係を含意することがらの場合には、何かが外部のものにもとづいて命名されることがあっても、これはなんら差し支えない。何かが「場所」にもとづいて「場所に在るもの」と呼ばれ、「尺度」にもとづいて「尺度で測られるもの」と呼ばれるのはその例である。④ これに反し、絶対的な意味⑤でいわれることがらに関しては、意見が分かたれた。すなわちプラトンは、万物の分離された形象を措定して、個々のものはその分離された形象を分有することにより、その形象にもとづいて命名されるのであるという。⑥ たとえばソクラテスは、人間の分離されたイデアにもとづいて「人間」と呼ばれるわけである。また分離された人間と馬のイデアを措定してこれを「人間自体」「馬自体」と呼んだように、分離された「有」のイデアと「一」のイデアとを措定してこれを「有自体」「一自体」と呼び、これを分有することによってそれぞれのものは有とか一とか呼ばれるのであるといった。また「有自体」「一自体」なるものは最高善であるといい、また一が有と置換されるように善も有と置換されるから、この善自体は神にほかならず、万物はそれによって、分有の仕方で善といわれるのであると主張したのである。

――この説は、アリストテレスが多くの仕方で証明しているように、⑦ 分離して独立に存在する形象を措定した点において不合理であると思われるが、しかし、既に述べられたところからあきらかなように〔二問三項〕、その本質によって有であり善であり、われわれがそれを神と呼ぶところの何か第一の者が存在するという点においては絶対に真実であり、この点に関してはアリストテレスも同じ意見なのである。[8]

それゆえ、それぞれのものは、自己の本質によって有でありかつ善である第一の者を、何らかの類似化により分有するかぎりにおいて、その第一の者にもとづいて善でありかつ有であるといわれることができる。もっともそれは、前に述べられたところからあきらかなように〔四問三項〕、第一の者から遠く距たりまた完全性において欠けるものとしてそういわれるにすぎないのではあるが。かくて、それぞれのものは、善性全体の範型的、作出的、目的的第一根原としての神の善性にもとづいて「善きもの」と呼ばれる。にもかかわらずそれぞれのものは、それぞれに内属している神の善の類似性によっても「善きもの」といわれる。この類似性はそれぞれのものにとって形相的意味における善性であり、これによってそれぞれのものは「善きもの」と呼ばれるのである。かくて、万物の善性は一であり、しかも多くの善性が在るということになる。[9]

これによって、異論に対する答はあきらかである。

(1) すべてのものは神の善性によって善であるという命題は、プラトン以来のものであり、究極的には正しいといわなければならない。しかし神と被造物とが同じ意味で「善」であり、同じ「善」によって善であるとすると、「すべてのものは、善であるかぎりにおいて神である」という汎神論的命題が帰結するであろう。そうかといって反対に、すべてのものの有している善性と神の善とがまったく異義的であるとすれば、神の善と被造物の善との関係はまったく断たれてしまうであろう。汎神論的帰結におちいることなしに、上記の命題の真理性を生かすようにこの命題を解釈することが、本項の課題である。

② 第三章四節。ラテン教父集四二巻九四九。

③ ラテン教父集六四巻一三一三。トマス『註解』第五講六五。ボエティウスの原文では、「神に秩序づけられる」ordinantur ad Deum ということばはなく、「第一善から流出する」defluere a prima bono ということばがある。

④ 「場所に在るもの」locatum は、「場所」locus との関係において或る物に附けられる関係語である。「尺度で測られるもの」mensuratum も、「尺度」mensura との関係においていわれる関係語である。

⑤ 「絶対的意味」absolute とは、他者との関係においてではなく、そのもの自体においてということ。

⑥ アリストテレス『形而上学』第一巻六章九八七ａｂ。トマス『註解』第一〇講一五三を参照。ただしこれは、アリストテレスによって解されたかぎりにおけるイデア論であって、プラトン自身がイデアの離在ということをどのように考えていたかは別問題である。

⑦ アリストテレスは、事物から離れて独立に存在するイデアなるものはありえないことを繰り返しいろいろな角度から論じている。特に、『形而上学』第一巻九章、第三巻六章、第七巻一四―一五章。トマス『註解』第一巻一四、一五講、第三巻一四講、第七巻一四、一五講を参照。

⑧ トマスは、アリストテレスに従って、「可感的諸事物から分離して独立に存在するもの」としての

「イデア」を否定するが、「本質によって有、善、一なるもの」としてのイデアは肯定する。このかぎりにおいてトマスは、プラトンのイデア論を継承しているといってよい。ただしそれは「善のイデア」とは呼ばれず、「第一の善」primum bonum と呼ばれる。これはアリストテレスの「神」である。この点に関してはアリストテレスも同じ意見だといわれるのは、その意味においてである。

⑨ 万物を善ならしめている第一根原としての「善性」bonitas は一であり、これは神である。万物は存在するかぎり神の善性の類似であり、それはそれぞれのものに内属する形相的な善性である。それは神の善性が各事物に分有されるかぎりにおいて各事物のうちに見いだされるそれぞれに固有な善性であって、したがって「多くの善性」multae bonitates である。

第七問　神の無限性について①

神の完全性を考察した後に、その無限性と、諸事物におけるその存在とについて〔八問〕考察しなければならない。じっさい、その範囲を限ることができず無限であるという意味において、遍在し万物に内在する者であることが、神には帰せられるからである。

第一については、次の四つのことが問われる。

一、神は無限であるか
二、神以外に何か本質的に無限なるものが存在するか
三、何か大きさに関して無限なるものが存在しうるか
四、諸事物のうちに多に関して無限なるものが存在しうるか

(1)「無限性」infinitas は、ギリシアにおいては、「無限定性」として消極的に評価され、それはむしろ神と対極に位置する「混沌」ないし「質料」の固有性であって、神の属性とは考えられなかった。キリス

ト教においてそれは神の重要な属性として積極的評価を受けるに到った。しかしそのためには「無限性」の意味内容が変更されなければならなかった。トマスは本問において、ギリシア哲学における無限の概念を拡大解釈し、そのうちに「無限定性」として消極的に評価さるべき無限と、いわば真の「無限性」として積極的に評価さるべき無限とを区分し、後者の意味において最高絶対の無限性を神に帰するのである。

第一項　神は無限であるか①

第一については次のようにすすめられる。神は無限ではないと思われる。そのわけは、

一、無限なるものはすべて不完全である。それは、『自然学』第三巻②においていわれているように、部分と質料の性格を有するからである。しかるに神は最も完全なる者である。ゆえに無限ではない。

二、更に、哲学者の『自然学』第一巻③によれば、有限と無限とはいずれも量に属する。しかるに神は、既に示されたように〔三問一項〕、物体ではないから、量を持たない。それゆえ無限は神には適合しない。

三、更に、ここに在って別の所に無いという仕方で存在する者は、場所的に有限である。ゆえに、このものであって他のものではないという仕方で存在するものは、実体的に有限である。しかるに神は、このものであって他のものではない。すなわち石でも木でもない。ゆえに神は実体的に無限ではない。

しかし反対に、ダマスケヌスは、神は「無限であり永遠であり区画されることができない」[4]といっている。

答えていわなければならない。古代の哲学者たちは皆、『自然学』[5]第三巻[6]においていわれているように、第一根原を無限であるとした。これは諸事物が第一根原から無限に流出してくることを考察したからであって、理に適ったことであった。しかし或る者は第一根原の本性について誤ったので、その結果、第一根原の無限性についても誤ることになった。すなわち彼らは第一根原を質料であると考えたので、[7]その結果、第一根原に無限性を帰し、何らかの無限物体が諸事物の第一根原であるといったのである。

そこで次のことを考えてみなければならない。何かが無限であるといわれるのは、そのものが限られていないからである。しかるに「限られる」とは、或る意味では質料が形相によって限られることであり、或る意味では形相が質料によって限られることである。質料が形相によって限られるのは、形相を受ける以前の質料は多くの形相に対して可能態に在るが、一つの形相を受けるやその形相によって限定されるという意味においてである。これに対し形相が質料によって限られるのは、それ自体として考えるならば多くのものに共通な形相が、質料に受け取られることによって限定的に「このもの」の形相となるという意味においてである。

ところで質料は、形相によって限られることによりその形相によって完成される。ゆえに質料に帰せられる意味での無限は、不完全なるものの性格を有する。これに対し形相は、質料によって完成されるのではなく、かえってむしろ形相の有している広さと豊かさ[8]とは、質料によって制約される。ゆえに質料によって限定されない形相の側にみとめられる無限は、完全なるものの性格を有している。

ところで、すべてのうち最も形相的なるものは、既に述べられたところからあきらかなように〔四問一項異論答三〕、存在そのものである。しかるに神の存在は、何かに受け取られた存在ではなくて、既に示されたように〔三問四項〕、神は自存する自らの存在そのものであるから、神こそは無限であり完全であることはあきらかである。[9]

これによって、異論一に対する答はあきらかである。[10]

二 についてはいわなければならない。量の限界は、いわば量の形相のようなものである。その証拠に、量を限界づける際に生ずる、ものの「かたち」[11]は、量に関する一種の形相である。それゆえ量に適合する無限は、質料の側にみとめられる無限である。しかしかかる無限は、既に述べられたように〔主文〕、神には適合しないのである。

三　についてはいわなければならない。神の存在が何物にも受け取られず自存するものであるということから、神の存在は無限であるといわれるように、また同じ理由によって、神の存在は他のすべてのものと区別され、他のいかなるものも神の存在ではないとされる。[12] 同様に、もしも「自存する白」なるものが存在するとしたならば、その白は、他者において在るものではないということのゆえに、基体において在るいかなる白とも異なるものとなったであろう。[13]

① この項においては、神に帰せられるべき無限と帰せられない無限とが区別され、神はいかなる意味で無限であるかが確定される。そのために、さまざまの無限の概念が吟味され検討される。

② 第六章二〇七a二一―二七。トマス『註解』第一一講三八七を参照。そこで、無限は大きさにとって質料であり、可能的に全体なるもの、しかし現実的には全体ならざるものであるといわれている。その意味で無限は「部分の性格」ratio partis を有するものである。

③ 第二章一八五a三二―b三。トマス『註解』第三講二一。そこで、無限は量の範疇に属し、実体、質、等はそれ自体としては無限たりえず、ただ何らかの量を伴うかぎりにおいて、附帯的意味で無限であるといわれている。

④ 『正統信仰論』第一巻四章。ギリシア教父集九四巻七九七。

⑤ ここに「古代の哲学者たち」antiqui philosophi といわれるのは、ミトレス出身のタレス、アナクシマ

ンドロス、アナクシメネス、エフェソス出身のヘラクレイトス、等を代表者とする、前六、七世紀イオニアのギリシア植民都市に栄えた自然哲学者たちである。

⑥ 第四章二〇三a一―四。トマス『註解』第六講三三〇。

⑦ すなわち、タレスは「水」、アナクシメネスは「空気」、ヘラクレイトスは「火」を第一根原となした。アリストテレス『形而上学』第一巻三章。

⑧ 「広さと豊かさ」amplitudo は、単に「広い」という意味だけでなく、「内容が豊か」という意味をも含んでいる。「形相」それ自体は、広がりと豊かさを有するものであり、それが或る特定の質料と結合することによって或る限度に「制約される」contrahitur と考えられている。もちろん、形相それ自体の有する「広さ」とは場所的空間的なものではない。

⑨ ここで神は「無限であり完全である」infinitus et perfectus といわれるのは、「無限」なるものかならずしも完全ではなく、かえって質料の側にみとめられる無限は不完全であるから、かかる「不完全なる無限」から神の無限性を区別するために、「完全」を附け加えたのであろう。

⑩ すなわちアリストテレスが引用箇所において論じているのは、質料の側にみとめられる無限であって、これはたしかに不完全であるが、トマスが神に帰する無限は形相の側にみとめられる無限であるから、異論は神については妥当しないのである。

⑪ 「かたち」figura は、或る物体を他の物体から区別する限界線によって輪廓づけられた物体の「かたち」である。「形相」と訳される forma も、原意は「かたち」であるが、哲学用語として用いられる場合は、そのものをそのものであらしめている本質的な「かたち」であり、それは目に見えるかたちでは

なく、知性によって把握される可知的なかたちである。しかし「形相」を広く解するならば、物体の有する可視的な「かたち」としての figura も「一種の形相」quaedam forma であると考えられる。かかる「かたち」は、物体の量に伴うものであり、かかる「かたち」を純粋に量的に考察するのは幾何学である。

⑫　異論によれば、他者から区別されることが、有限性のしるしである。これはしかし、被造物の場合には妥当するが、神の場合には妥当しない、神の場合には、他者から区別されることと無限であることとは、同一の根拠から由来する。すなわち神が「自存する存在そのもの」ipsum esse per se subsistens であるということから。

⑬　「白」は附帯的形相であるから、何らかの基体に受け取られてその基体において存在する。「白」は自存する形相ではない。しかしもしもプラトンの説に従って、いかなる基体にも受け取られない「自存する白」なるものが存在するとしたならば、かかる「白」は、他のすべての「白きもの」における「白」から区別されるとともに、その純粋形相性のゆえに無限のものとなったことであろう。イデアの自存を認めないトマスにとっては、これは現実には起こりえない仮定である。ただ神の存在に関しては、この「自存の論理」は実現するのである。トマスは、イデアの次元において否定した「自存の論理」を、神の存在の次元においては肯定している。こういう仕方で彼は、イデアの自存説を活用しているのである。

第二項　神以外の何物かが本質において無限たりうるか①

第二については次のようにすすめられる。神以外の何物かが本質において無限でありうると思われる。そのわけは、

一、ものの力は、そのものの本質に比例する。ゆえにもしも神の本質が無限であるならば、その力は無限でなければならない。したがってそれは、無限の結果を生み出すことができる。力の量はその結果によって知られるものだからである。

二、更に、無限の力を有するものはすべて、無限の本質を有している。しかるに被造的知性は無限の力を有する。それは普遍を把えるが、普遍は無限の個物に及びうるものだからである。ゆえに被造の知性的実体はすべて無限である。

三、更に、第一質料は、既に示されたように〔三問八項〕、神とは別のものである。しかも第一質料は無限である。ゆえに神以外の何物かが無限たりうる。

しかし反対に、無限なるものは、『自然学』第三巻②においていわれているように、何らかの根原から出るものではありえない。しかるに神以外のものはすべて、神を第一根原として神から出るものである。ゆえに神以外には何物も無限たりえない。

答えていわなければならない。神以外の何物かは、或る意味においては無限でありうるが、端

的な意味においては無限でありえない。[3] まず質料に適合する意味での無限についていうならば、現実に存在するものはすべて何らかの形相を有しており、したがってその質料は形相によって限定されていることはあきらかである。しかしながら質料は、一つの実体的形相のもとにあるかぎりにおいて、多くの附帯的形相に対し可能態にとどまるから、端的な意味においては有限なるものが、或る意味においては無限であることができる。たとえば木は、その形相に関しては有限であるが、無限に多くの「かたち」に対して可能態にあるかぎりにおいては、或る意味において無限なるものである。

しかしもしわれわれが形相に適合する無限について語るとすれば、質料において形相を有するものは端的に有限であって、いかなる意味においても無限でないことはあきらかである。[4] しかしもしも質料に受け取られることなく独立に自存する何らかの被造的形相が在るとするならば——或る人々は天使がそのようなものであると考えているが[5]——、かかる形相はたしかに、何らかの質料によって限定されも制約されもしないかぎりにおいて或る意味で無限であろうが、しかしかかる仕方で自存する被造的形相は、「存在を有するもの」であって「自己の存在そのもの」ではないから、かかる形相の存在は必然的に受け取られた存在であり、また或る限定された本性に制約された存在でなければならない。ゆえにそれは、端的な意味において無限なるものではありえないのである。[6]

それゆえ　一　についてはいわなければならない。物の本質がその物の存在そのものであるということは、「造られたもの」の性格に反する。なぜならば、「自存する存在」は被造的存在ではないからである。それゆえ端的な意味において無限であるということは、「造られたもの」としての性格に反するのである。ところで神は、無限の能力を有してはいるが、しかし何か「造られないもの」を「造る」ということはできない。（これが同時に成立することは不可能であるから。）そのようにまた神は、何か端的な意味において無限なるものを造ることもできないのである。⑦

二　についてはいわなければならない。知性の力が或る意味において無限のものに及ぶということは、知性が質料のうちにない形相であることによって起こるのである。もっとも、質料のうちにないといっても、天使の実体の場合には完全に質料から分離されているが、身体と結合した知性的魂の場合には、⑧少なくとも、何らかの器官の現実態ではない知性的能力が質料から分離されている。

三　についてはいわなければならない。第一質料は、実在の世界に独立に存在するものではない。なぜならそれは現実有ではなくて単なる可能有にすぎないからである。ゆえにそれは「創造されたもの」というよりはむしろ「いっしょに創造されたもの」⑨である。それにしても第一質料は、可能態であるかぎりにおいても、端的に無限ではなく或る意味において無限であるにすぎない。なぜなら第一質料の能力の及ぶ範囲は、自然的形相に限られているからである。⑩

① 「本質において無限なるもの」infinitum per essentiam、すなわち、無限なる本質を有するものは、存在と本質とが同一なる神のみである。神から存在を受けて存在するすべてのものは、有限なる本質を有している。ゆえに、神以外のいかなるものも、本質において無限であることはできない。しかしながら神以外のものも、「或る意味で」無限でありうる。神以外に本質において無限なるものは何もないという前提の上で、その有限な本質においてあらわれる諸事物における諸々の「無限性」の形態が、この項において考察される。

② 第四章二〇三b七。世界に存在するものは、根原であるか、根原より出るものであるかのいずれかである。しかるに、無限なるものが根原を有することはありえない。なぜならば、根原を有するものは限界を有するからである。ゆえに無限なるものは根原でなければならない。トマス『註解』第六講三三五参照。

③ 「或る意味において無限なるもの」infinitum secundum quid とは、或る観点のもとにおいて限界を欠くものであって、「相対的無限ないし欠如的意味での無限」infinitum relativum sive privative といわれる。「端的な意味において無限なるもの」infinitum simpliciter とは、いかなる意味においても限界のないものであって、「絶対的無限ないし否定的無限」infinitum absolutum sive negative といわれる。トマス『随時問題集』第一〇巻二問一項異論答二を参照。

④ 「質料において形相を有するもの」illa quorum formae sunt in materia とは、質料と形相とから合成さ

れている物体である。物体においては、形相は質料に受け取られて質料によって限定されている。ゆえに端的に有限であって、いかなる意味においても無限ではありえない。

⑸ 中世には、天使も何らかの質料を有し、形相と質料とから複合されているという説と、天使は純粋形相であっていかなる質料も含まず、ただ神から「存在」esse を受けて存在する被造物たるかぎりにおいて形相と存在とから複合されているという説とが対立していた。トマスは後の説をとる。この問題については、第五〇問二項「天使は形相と質料とから複合されているか」において論じられる。

⑹ すなわち天使は、その形相に関しては、質料によって限定されていないという意味において無限であるが、その存在に関しては、神から有限なる存在を受けて存在しているという意味において有限である。ゆえに端的な意味で無限であるということができない。

⑺ 神は、端的な意味において無限なるものを造ることができない。なぜなら「造る」facere ということは、何かに「存在」を与えることであり、与えられた「存在」は、そのものの有限なる本質によって、必然的に限定されるからである。ゆえに「造られたもの」は本質的必然的に有限であり、したがって「無限なるもの（端的な意味において）を造る」ということは、矛盾となるのである。

⑻ すなわち、人間の知性。それは身体と結合する結果、身体の何らかの「器官」organum corporis の現実態である部分と、身体の器官から分離独立した部分（すなわち、能動知性 intellectus agens）とに分かたれる。この問題に関しては、第七六問「魂と身体との結合について」、第七九問「知性的諸能力について」において詳論される。

⑼ 神が創造するのは、実在の世界に独立に存在する個物である。個物は形相と質料とから成る。質料は

独立に存在するものではなく、それが存在する場合には必ず形相と質料とから複合された個物における質料として個物において存在する。ゆえに本来の意味で「創造されたもの」creatum と呼ばれるのは質料と形相とから複合された個物であって、質料は個物が創造されると同時に、個物において創造されるものとして、「いっしょに創造されたもの」concreatum と呼ばれる。第一質料の創造については、第四四問二項「第一質料は神によって創造されたか」、個物の創造については、第四五問四項「創造されるということは複合され自存するものに固有なことであるか」において論じられる。

⑩「自然的形相」formae naturales とは、質料と形相とから成る自然的物体の形相である。第一質料はかかる自然的形相と結合するが、純粋形相たる知性の本質のなかには入らない。ゆえに第一質料の能力の及ぶ範囲は、可感的可変的自然界のみに限られるのである。

第三項　何か大きさにおいて現実的に無限なるものが存在しうるか[1]

第三については次のようにすすめられる。何か大きさにおいて現実的に無限なるものが存在しうると思われる。そのわけは、

一、数学的諸学のうちには偽は見いだされない。『自然学』第二巻[2]においていわれているように、「抽象する人々のことばには嘘はない」からである。しかるに数学的諸学は大きさにおいて

無限なるものを用いる。たとえば幾何学者は論証において、「この線は無限であるとせよ」というのである。それゆえ何か大きさにおいて無限なるものが存在することも不可能ではない。

二、更に、或るものの概念に反しないことが、そのものに適合することは不可能ではない。しかるに無限であるということは大きさの概念に矛盾せず、かえってむしろ有限と無限とは量の様態であると思われる。ゆえに何か無限の大きさが存在することは不可能ではない。

三、更に、大きさは無限に分割されうるものである。じっさい、『自然学』第三巻[3]においてあきらかなように、連続体は「無限に分割されうるもの」と定義されるのである。ところで相互に反対的に対立し合うものは、本来、同じものに関して生ずる。[4]しかるに分割に対立するものは附加であり、減少に対立するものは増大であるから、大きさは無限に増大しうると思われる。それゆえ無限の大きさが存在することは可能である。

四、更に、運動と時間とは、『自然学』第四巻[5]においていわれているように、運動が通過する大きさからその量と連続性とを受け取る。しかるに無限であるということは、時間と運動の概念に矛盾しない。時間と円環運動のうちに刻まれたいずれの不可分の点をとってみても、それは始めであるとともに終わりでもあるからである。[6]ゆえに無限であるということは、大きさの概念にも矛盾しないであろう。

しかし反対に、物体はすべて表面をもっている。しかるに表面を有する物体はすべて有限である。なぜなら表面は有限な物体の限界であるから。それゆえ物体はすべて有限である。同様のことが、面と線とについてもいえる。それゆえ何物もその大きさにおいて無限ではない。

答えていわなければならない。その本質において無限であることと、大きさにおいて無限であることとは別である。たとえ何らかの物体——火や空気など——が大きさにおいて無限であるとしても、本質においてはしかし無限ではないであろう。なぜならば、その本質は形相によって何らかの種に限定され、また質料によって何らかの個に限定されているからである。そこで、いかなる被造物も本質において無限でないことは既に論じられたから〔前項〕、残るは、何らかの被造物が大きさにおいて無限でありうるかという問題の探究である。

ところで完結した大きさとしての物体は、二様の意味にとられうることを知らなければならない。すなわち、そのうちにただ量のみが考察されるかぎりにおいては数学的意味にとられ、そのうちに質料と形相とが考察されるかぎりにおいては自然学的意味にとられる。(7) そこでまず自然物体についていえば、それが現実的に無限でありえないことはあきらかである。いかなる自然物体も何らかの限定された実体的形相を有しているが、実体的形相には諸々の附帯性が伴うから、限定された形相には必ず限定された附帯性が伴い、量もまたそれらの限定された附帯性の一つである。ゆえに自然物体はすべて、大なり小なり限定された量を有している。それゆえ何らかの自然物体が無限であることは不可能である。

このことは、運動の側面から考えてみてもあきらかである。自然物体はすべて、何らかの自然運動を有している。しかるに無限物体は、もしもかかるものが存在するとしての話であるが、いかなる自然運動を有することもできないであろう。まずそれは、直線運動[8]を有することができないであろう。なぜならば自然的に直線運動をするためには自分の占めている場所の外に出なければならないが、このようなことは無限物体には起こりえないからである。じっさい、もしも無限物体なるものが存在するとしたならば、それはすべての場所を占めることになり、したがっていかなる場所も無差別にその物体の場所であるということになるであろうから。

同様に、円運動[9]を有することもできないであろう。そもそも円運動の場合には、物体の或る部分が、かつて別の部分がそこに在った場所に移動しなければならないが、このことは円形の物体が無限であるとした場合には起こりえないであろう。なぜなら中心から引かれた二本の線は、中心から遠くに伸びるにつれてますます遠く距たるようになるので、もしその物体が無限であるとすれば、二本の線は相互に無限に距たることになり、したがって一本の線が他方の線の在る場所に到達することは、絶対不可能だということになるであろうからである。[10]

数学的物体についても同じことがいえる。じっさいわれわれが、数学的物体を現実に存在するものとして想像する場合には、その物体を或る形相のもとに想像しなければならない。何物も形相によらなければ現実的たりえないからである。ところで、量であるかぎりにおける量の形相は

「かたち」であるから、それは何らかの「かたち」を持たなければならないであろう。したがってそれは有限であろう。「かたち」は一つの限界、ないしはいくつかの限界によって包まれるものだからである。

それゆえ　一　についてはいわなければならない。幾何学者は或る線が現実的に無限であると想定する必要はない。或る現実的に有限な線をとり、その線は必要なだけ延長しうると想定すればよい。そしてこれを無限の線と名づけるのである。

二　についてはいわなければならない。無限は大きさ一般の概念には矛盾しないが、しかし大きさに属するいかなる種の概念にも矛盾する。すなわち、二尺の大きさ、三尺の大きさ、円の大きさ、三角形の大きさ、等々の概念に矛盾する。しかるにいかなる種のうちにもないものが類のうちにあるということは不可能である。それゆえ、いかなる大きさの種も無限ではないから、何か無限の大きさが存在するということは不可能である。

三　についてはいわなければならない。量に適合する無限は、既に述べられたように〔本問一項異論答二〕、質料の側に在る。ところで全体を分割してゆくと漸次質料に近づくが、これは部分が質料の性格を有するからである。これに対し、附加してゆくと全体に近づくが、全体は形相の性格を有している。それゆえ無限は大きさの附加のうちには見いだされず、ただその分割においてのみ見いだされるのである。

四　についてはいわなければならない。運動と時間とは、その全体が現実存在するのではなくて、次々と現実存在してゆく。それゆえ運動と時間とは、現実態に混合した可能態を有している。しかるに大きさは、その全体が現実的に存在する。それゆえ量に適合し質料の側にある無限は、大きさの全体性には反するが、時間や運動の全体性には反しない。可能態において在るということは、質料に適合するからである。

(1)「大きさにおいて無限なるもの」infinitum secundum magnitudinem とは、「無限に大きなもの」の意味である。トマスによれば、かかるものは現実的には存在しない。これに対しては当然、トマスは数学的な「無限大」の概念を知らなかったのかという反問が生ずるであろうが、それはトマスの立場よりすれば、「可能的に無限なるもの」に属する。「可能的に無限なるもの」とは、「無限に大きく考えられうるもの」であって、かかる意味での「無限大」をトマスも認める。ただそのようなものが現実的に存在することを否定するのである。この項においては、唯一の現実的に無限なる存在者としての神との対比において、数学的意味における「無限なるもの」の性格があきらかにされる。

(2) 第二章一九三b三五。トマス『註解』第三講一六一。数学者は自然的物体から運動を捨象し、ただ数学的形相だけを抽象的に考察する。しかしこのように抽象された形相がそのまま自然界に存在すると主張するわけではないから、その意味で、彼らの考察には虚偽はないといわれる。もっとも、この異論はそれを、数学者のいうことに絶対に虚偽はないというようにとっている。

③ 第一章二〇〇b一八―二〇。トマス『註解』第一講二七六。

④「相互に反対的に対立し合うもの」contraria は、同一のものを基体としてその上に成り立っている。たとえば健康と病気とは相互に反対的に対立し合うものであるが、両者ともに同じ「動物」という基体において成り立つのである。このように対立し合うものが同一の基体において同時に存在することは、現実的には不可能であり、一方があれば他方はない。しかし可能態においては両者は同時に在りうる。それゆえ対立する一方を有する基体は、必ず他方をも持ちうるものでなければならない。アリストテレス『形而上学』第四巻六章一〇一一b一七―一八。トマス『註解』第一五講七一九。この異論はこの原理を用いて、無限分割、無限小が在る以上、無限増大、無限大がなければならぬと結論する。

⑤ 第一一章二一九a一〇―一四。「すべて動くものは、或るものから或るものへと動く。しかるに諸運動のうち第一のものは場所的運動であり、それは或る場所から他の場所へと或る大きさをもって起こる。ところで第一の運動（すなわち天体の運動）によって時間が生ずる。ゆえに時間について探究するためには、場所的運動を考察の対象としなければならない。」トマス『註解』第一七講五七六。

⑥「円環運動」motus circularis とは、第一天体の運動。それは円環的に運動しているから、どの点をとってみても、それまでの運動の終わりであり、それからの運動の始めであるという二重の意味を持つ。ゆえに円環運動は決定的な「終末」finis を持たないという意味で「無限」infinitus である。

⑦ 数学は、「物体」corpus が有している質料と形相とを捨象して、ただ「量」quantitas という附帯性のみを考察の対象とする。すなわち多面体としての物体が「数学的物体」corpus mathematicum である。これに対し自然学は、質料と形相とから成る物としての物体を考察する。これが「自然物体」corpus naturale である。ただしこの場合の「質料」とは、個々の物体を「この物体」たらしめている「個的質料」ではなくて、かかる質料から抽象された質料一般である。

⑧ 「直線運動」motus rectus。たとえば、石が下方に落下する運動がそれであると考えられている。

⑨ 「円運動」motus circularis。たとえば星の廻転運動。

⑩ この運動の側からの、無限物体が存在できないことの論証は、古代の自然学の理論を前提している。それによれば、物体にはそれぞれの本性に適合した在るべき自然の場所が在り、その自然の場所に向かって自然的運動を行なう。たとえば火は上方の火圏に向かい、重い物体は地球の中心に向かって動く。

第四項　諸事物のうちに、多いという点で無限なるものが在りうるか[1]

第四については次のようにすすめられる。無限の多が現実的に存在することは可能であると思われる。そのわけは、

一、可能態において在るものが現実態に引き出されるということは、不可能なことではない。しかるに数は無限に多とされうるものである。ゆえに無限の多が現実的に存在することは不可能ではない。

二、更に、いかなる種においても、それに属する何らかの個が現実的に存在することが可能で

ある。しかるに「かたち」には無限に多くの種類がある。ゆえに、無限に多くの「かたち」が現実的に存在するということが可能である。

三、更に、相互に対立し合わないものは、相互に妨げ合うこともない。しかるに、或る多数のものが存在するとすれば、それらに対立しない別の多数のものが生じうる。それゆえ更にまた別の多数のものが、それらと同時に存在することも不可能ではない。かくて無限に進む。ゆえに無限に多くのものが、現実的に存在することが可能である。

しかし反対に、『智書』第一一章〔二一節〕には、「あなたはすべてのものを、一定の重さ、数、尺度において調え給うた」といわれている。

答えていわなければならない。この問題に関しては二つの意見があった。或る人々、たとえばアヴィセンナ[2]やアルガゼル[3]は、現実的に無限なる多が自体的に存在することは不可能であるが、しかし附帯的に無限なる多が存在することは不可能ではないと主張した。多が自体的に無限であるといわれるのは、或る物が存在するために、無限なる多の存在することを要する場合である。しかしこれはありえないことである。なぜならば、もしありうるとすればその物は、無限に多くのものに依存することになるが、無限に多くのものを通過することはできないから、その物の生成はけっして完了しないということになるからである。

無限の多ということが、附帯的な意味でいわれるのは、何物かが存在するために無限の多が必要とされるわけではないが、附帯的な仕方で無限の多が生じてくるという場合である。これは工人の仕事を例として説明することができる。すなわち工人が仕事をするためには、その精神にいだかれている計画、動かす手、槌、等々のごとき何か多くのものが、自体的に必要とされる。しかしもしもこれらのものが無限に多く必要とされるとしたならば、工人の仕事はけっして完了しないであろう。その場合には、無限に多くの原因に依存することになるからである。ところがこれに対し、一つの槌がこわれて別の槌を取るということによって生ずる槌の多は附帯的意味での多である。この場合には、たまたま多くの槌でもって仕事がなされるが、この仕事をするために、一つの槌を用いるか二つ用いるか、より多くの槌を用いるか、それとも、無限時間にわたって仕事をする場合を考えて、無限に多くの槌を用いるかということは、仕事の達成それ自体にとっては、どちらでもかまわない問題である。そこで彼らは、このような意味において、附帯的な仕方で無限の多が現実的に存在することは可能であると主張したのであった。

しかしこれはありえないことである。そもそも、多はすべて、何らかの多の種[4]に含まれなければならない。しかるに多の種は、数の種にもとづいて成立する。しかるにいかなる数の種も無限ではない。いかなる数も、一を尺度としそれによって測られた多であるからである。それゆえ無限の多が現実的に存在するということは、自体的な仕方にせよ附帯的な仕方にせよ、不可能である。

同様に、実在界に存在する多は創造されたものである。しかるに創造されたものはすべて、創造者の或る一定の意図のもとに包含されている。何らかの作用者が空しく仕事をすることはないからである。ゆえにすべての被造物が或る一定の数のもとに包含されることは必然である。それゆえ無限の多が現実的に存在するということは、たとえ附帯的な仕方によるにせよ不可能である。

しかしながら、無限の多が可能的に存在することはできる。そもそも多の増大は、大きさが分割されることに伴って起こる。じっさい物が分割されればされるほど、その結果として多数のものが生じてくるのである。そこで、連続体の分割は質料の方向にすすむがゆえに連続体の分割において可能的無限が見いだされるということは既に示されたが〔前項異論答三〕、それと同じ理由にもとづいて、多を附加することにおいても可能的無限が見いだされるのである。

それゆえ　一　については、いわなければならない。可能態において在るものはすべて、それぞれの存在の様態にしたがって現実態に引き出される。たとえば一日はその全体が同時的にではなく、次々と現実態に引き出されてゆくのである。同様に多の無限も、その全体が同時的にではなく、次々と現実態に引き出されてゆく。なぜならいかなる多をとってみてもその後に、更に別の多を無限にとることができるからである。

二　についてはいわなければならない。かたちの種の無限性は、数の無限性に由来する。じっさい、かたちの種とは、三角形、四角形、等々である。それゆえ、数えられうる無限の多が、その全体が同時的に在るという仕方で現実態に引き出されることがないように、かたちの多もそのような仕方で現実態に引き出されることはない。

三 についてはいわなければならない。たしかに或る多なるものが措定されるとき別の多なるものが措定されることは、はじめの多なるものに対立しないけれども、しかし無限に多なるものが措定されることは、いかなる種の多なるものにも対立する。それゆえ何らかの無限の多が現実的に存在することは不可能である。

(1) 前項においては、「大きさ」magnitudo という点で無限なるものが存在しうるかが問われたが、この項においては「多」multitudo という点で無限なるものが在りうるかが問われる。前項において問われたのが「無限大の量」の存在であったのに対し、本項において問われるのは「無数」という量の存在である。トマスは、無限に多数のものが現実的に存在することを否定する。しかし「無限数」が考えられうること、つまり可能的に存在しうることをけっして否定していない点に注意すべきである。

(2) アヴィセンナ。アラビア名、イブン・シーナ(九八〇—一〇三七)。アラビアの哲学者にして医学者。ペルシア宮廷に仕えて令名を博す。新プラトン哲学の流出論を混じたアリストテレス解釈を行ない、その神論、宇宙論、知性論は、中世の西欧スコラ哲学に重大な影響を及ぼした。トマスもアリストテレス解釈においては彼から多くを学んでいるが、基本的な世界観においては立場を異にし、その汎神論的世界観から帰結してくる神、世界、知性に関する見解を、キリスト教の立場から批判している。この項においても、その批判の一端があらわれている。

③ アルガゼル。アラビア名、アル・ガザーリー（一〇五八頃—一一一一）。イスラムの哲学者、神学者。バグダッドの大学で教えたが辞めて隠遁生活に入り、ダマスコ、メッカ等を遍歴して神秘的経験を深めた。イスラム教正統派の熱烈なる擁護者として、当時イスラム世界を風靡していたギリシア哲学、特にアリストテレス哲学の学派を攻撃し、その論拠を反駁して、『哲学者の破壊（矛盾）』Destructio philosophorum を著わす。この書はラテン訳されて、西洋中世の学界に大きな影響を与えた。

④「多の種」species multitudinis。「多」といっても、二も多であり、三も多であり、百も千も多である。多を構成する数の種（スペキエス）に応じて、「多」の種ができる。

第八問　神の諸事物における存在について[1]

さて無限なるものには、到る所に存在しまたあらゆるものにおいて存在することが適合すると思われるから、このことが神についていえるか否かを次に考察しなければならない。

この問題に関しては四つのことが問われる。

一、神はすべての事物のうちに存在するか

二、神は到る所に存在するか

三、神は本質と能力と現前とによって到る所に存在するか

四、到る所に存在するということは神にのみ固有なことであるか

(1) 第三問においては、神の存在は被造的存在者のいずれでもないという仕方で、すなわち被造的存在者の有している複合性を神から完全に除去するという仕方で、神の単純性の概念が得られたのであった。神が単純であるということは、神がすべての被造物の本性を絶対に超越することを意味した。それゆえ

神の単純性の論証は、同時にまた、神の世界超越性の論証にほかならなかったのである。しかるにこのように世界を超越する神が、同時にまた世界に内在するのである。それはいかにしてであるか。その問題の考察が本問の課題である。考察の結果としてわれわれは、トマスの神が、世界を超越するにもかかわらず世界に内在するのではなく、また、世界を超越するとともに世界に内在するのでもなく、まさに、世界を超越するがゆえに世界に内在することを知るであろう。すなわち神は、世界を超越するといわれるその同じ根拠にもとづいて、また世界に内在するのである。

第一項　神はすべての事物のうちに存在するか[1]

第一については次のようにすすめられる。神はすべての事物のうちに存在しないと思われる。

そのわけは、

一、すべてのものを超えているものは、すべての事物のうちに存在しない。しかるに『詩篇』〔一一二篇四節〕に、「主はすべての族を超えて高きに在《いま》す」とあるのによれば、神はすべてのものを超えている。ゆえに神はすべての事物のうちに存在しない。

二、更に、何かのうちに在るものは、そのものに包含されている。しかるに神は諸事物に包含されず、かえってむしろ諸事物を包含している。ゆえに神は諸事物のうちに存在せず、かえってむしろ諸事物が神のうちに存在する。ゆえにアウグスティヌスは『八十三問題』[2]において、「神がどこかに存在するというよりはむしろ、神において万物が存在するのである」といっている。

三、更に、或る作用者の力が大きければ大きいほど、その作用は遠く距たったものにまですすむ。しかるに神は最も強力な作用者である。ゆえに神の作用は神から距たったものにも及びうるのであって、したがって神が万物のうちに存在するはずはない。

四、更に、悪霊は何らかの実在するものである。しかるに神は悪霊のなかには存在しない。じっさい、『コリント後書』第六章〔一四節〕にいわれているように、「光と闇との間には何らの交わりもない」のである。ゆえに神はすべての事物のうちに存在するわけではない。

しかし反対に、はたらく者はどこにおいてはたらこうとも、必ずそのはたらく場所に在る。しかるに『イザヤ書』第二六章〔一二節〕に、「主よ、あなたはわれわれのうちで、われわれのすべての業をなし給うた」とあるのによれば、神はすべてのものにおいてはたらいている。ゆえに神はすべてのもののうちに存在する。

答えていわなければならない。神はあらゆる事物のうちに存在する。ただし事物の本質の部分ないし附帯性として事物のうちに存在するのではなく[3]、作用者が作用する相手のもののもとに臨在するという仕方で事物のうちに存在するのである。[4] そもそもいかなる作用者も、直接にはたらきかける相手のものに接し、自らの力によって相手に触れているのでなければならない。それゆえ『自然学』第七巻[5]においては、動かすものと動かされるものとは同時的に存在しなければならないということが証明されるのである。ところで神は、その本質によって存在そのものであるから、被造的存在は神の固有の結果でなければならない[6]。それはちょうど、火化が火の固有の結果であるようなものである[7]。

ところで神は、諸事物のうちにこの結果を、諸事物が存在しはじめるその発端において生ぜしめるだけではなく、諸事物が存在に保たれている間じゅう生ぜしめている[8]。それはちょうど、空気が照らされている間じゅう、光は太陽によって空中に生ぜしめられているのに似ている。それゆえ事物が存在を有している間じゅう、その事物が存在を有する仕方に応じて、神は事物に臨在しているのでなければならない。しかるに存在は、いかなるものにおいても、そのものの最も内奥に在り、あらゆるもののうちにその最も深いところで内在している。なぜなら存在は、既に述べられたところからあきらかなように〔四問一項異論答三〕、事物のうちに含まれているすべてのものに対して、形相的なるものとしてあるからである[9]。それゆえ神は、すべてのもののうちに在り、しかもその最も内奥に在るのでなければならない[10]。

それゆえ　一　についてはいわなければならない。神はその卓絶した本性のゆえに万物を超越している。にもかかわらず万物に内在するのは、上に述べられたように〔主文〕、万物の存在の原因者としてである。

二　についてはいわなければならない。物体的なるものは、それを包含する物としての何らかの物のうちに在るといわれるが、霊的なるものはこれに反し、そのうちに霊的なるものが内在しているところのものを、かえって包含している。[11] たとえば魂は身体を包含しているのである。それゆえ神もまた諸事物のうちに、諸事物を包含する者として内在している。ただし物体的なるものとの何らかの類似性によって、万物が神によって包含されるかぎりにおいて、万物は神において在るともいわれるのである。

三　についてはいわなければならない。いかに有力な作用者であっても、作用が何か距たったものに及ぶためには、そのものに作用するのに中間者を媒介としなければならない。しかるに無媒介直接的に万物において作用すること、これこそはまさに神の最大の能力に属する。ゆえに自分自身のうちに神を持たないというような仕方で神から距たっているものは何もない。にもかかわらず諸事物が神から距たっているといわれるのは、本性ないし恩恵における不類似のためである。それは神がその本性における卓絶のゆえに、万物を超越するといわれるのと同様である。

四　についてはいわなければならない。悪霊たちのうちには、神に由来する自然本性と、神に由来しない醜い罪とが在ると解される。[12] それゆえ神が悪霊のうちに存在するということは、無条件に容認されるべきではなく、「悪霊が実在する何らかの物であるかぎりにおいて」という条件を附けた上で容認されるべきである。これに対し、そのように醜くされていない自然本性を事物と呼ぶとすれば、そのような事物のうちに神が存在するということは、無条件にいわれなければならない。

① 神的なるものが世界のなかに存在し、のみならずあらゆる事物に遍在しているという思想は、古代民族の宗教のうちに共通的に見いだされるものである。この思想はストア哲学において典型的な哲学的形態をとった。この哲学においては、神は世界に内在しているというにとどまらず、神は世界を生かしている生命であり魂である。その意味で世界そのものが神である。他方、聖書のなかには、神の世界超越が説かれるとともに、また神の世界内在が説かれている。神の世界内在という思想は、聖書の見地よりしても真理性を含むといわなければならない。しかしストア哲学的汎神論を許容することはできない。汎神論におちいることなく、のみならず神の世界超越性をいささかもそこなうことなく、しかも神の世界内在が認められるためには、神はいかなる仕方で世界に内在し、またそのような世界内在の仕方は神のいかなる性格にもとづいて起こるかということが、厳密に考察されなければならない。それが本項の課題である。

② 第二〇問。ラテン教父集四〇巻一五。

③「本質の部分として」sicut pars essentiae 内在するとは、たとえば魂が動物のうちに内在するといわれる場合がそれである。動物の本質は魂と肉体とから成るものであるから、魂は動物の本質の部分として、動物のうちに含まれている。その意味で本質の部分として動物のうちに内在するといわれる。神が

「世界霊魂」anima mundi であるというストア派の説に従うならば、神は世界の本質の部分として世界に内在することになるであろう。かかる仕方で神が世界に内在するのでないということは、第三問八項において既に示された。「偶有として内在する」sicut accidens inesse とは、たとえば「白さ」が物体に内在する場合がそれである。神が万物の偶有になることはもちろんありえない。

④ 「臨在する」adesse とは、或る物のもとに、その物に「即して」ad「在る」esse こと。神はすべてのものを個々に「在らしめ」ている「存在そのもの」ipsum esse として、「在らしめられて在るもの」(被造物)の「存在」esse を生ぜしめている作用者として、個々の被造物の「被造的存在」esse creatum に即して存在する。すなわち「臨在」する。

⑤ 第二章二四三 a 三以下。そこでは、第一動者は、それによって動かされるものと同時的に存在するといわれている。「同時的に存在する」simul esse とは、動かすものと動かされるものとの間に媒介的中間者がなく、動かすものが動かされるものに直接に触れていることである。アリストテレスは、場所的運動と質的変化、および増大減少の量的変化について、原因と結果との同時的直接的関係について述べているのであるが、トマスはこれを「在らしめる」第一原因たる神と、「在らしめられて在る」被造物との間に成り立つ、同時的臨在の関係として解釈している。

⑥ 本質によってあるものは、分有によってあるものの原因である。ところで神は、「本質による存在そのもの」ipsum esse per essentiam であり、被造物はこれに対し、神から存在を受けて存在するのであるから、「分有による存在者」ens per participationem である。ゆえに「被造的存在」esse creatum は神の結果である。

(7) ここで「存在」esseが「火」にたとえられている点に注意すべきである。トマスのいう「存在」とは、静的で固定した物、ないし物から抽象された概念ではなくて、純粋なはたらきであり、すべてのものを現実に在らしめている現実態である。物が存在するとは、まさに火のように燃えていることである。

(8) すべての物は、神によって在らしめられて「存在しはじめる」incipit esseだけではない。その物として存在するかぎり、神によって在らしめられつつ「在り続ける」のである。これは「存在に保たれている」in esse conservaturことである。前者が狭義の「創造」creatioであるのに対して、後者は神の「保存」conservatioといわれる。しかし「創造」を、神が事物に「存在を与えること」dare esseであると広義に解するならば、保存も創造である。つまり事物は存在するかぎり、たえざる創造のはたらきのもとに存在しているのである。

(9) ここに、「事物のうちに含まれているすべてのもの」omnia quae in re suntというのは、それぞれの個物を構成している本質的および偶有的諸要素である。個物は形相と質料とから成り、またさまざまの偶有の基体として在るが、これら個物を構成している諸要素も、結局のところその個物の有している「存在」esseによって現実存在するのであるから、これらすべての構成要素に対して、存在は「形相的」formaleなるものとして在る。ゆえに事物の存在が事物の最も内奥に在るとは、場所的な意味でいわれるのではなくて、各事物を現実的にそれぞれの物たらしめている最も根原的なるものであるという意味においていわれるのである。

(10) このことは、神が諸事物の「形相的根原」principium formaleたる「存在」esseとして事物のうちに内在することを意味しない。もしそうとられるならば、すべての事物は存在するかぎり存在そのものな神であり、したがって万物は神であるという汎神論が帰結するであろう。たしかに諸事物を現実的にその事物として存在せしめている形相的根原としての「存在」は各事物に固有であり、各事物に属する部分として各事物の最奥に内在するが、神はかかる事物の形相的根原たる「存在」を、まさに各事物のうちに生ぜしめている「存在の作出因」causa efficiens essendi として、そのはたらきの結果として各事物の内奥に生ぜしめた各事物の「存在」に触れながらこれに「臨在」adesse している。神は各事物の内奥において各事物の存在に臨在するという仕方で各事物に内在している。かくて神は、すべての事物のその個々のうちに内在しながら、しかも全存在の第一原因であることによって、あらゆる事物に対する超越性を保っている。

⑪ 「包含する」continere というラテン語の原意は、「いっしょに」con「保つ」tenere ことである。物体的なるものの場合には、たとえば水は容器のうちに在るとともに容器によって保たれているから、容器は「包含者」continens であり、そのうちに在る水は「包含されるもの」contentum である。ところが霊的なるもの（すなわち、知性、魂、等）が物体のうちに在る場合には、物体のうちに在る霊的なるもののほうが、かえって物体に対して包含者になる。なぜならばこの場合には、霊的なるもののほうが物体を「いっしょに・保って」一つの物体、一つの身体たらしめているからである。このことは、魂と身体との関係においてあきらかであるが、神と世界との関係において、最もすぐれた意味でいわれる。世界のうちに存在するすべてのものを一つに集め、これを一つの世界として保っている者は神だからである。

⑫ 「悪霊」daemones とは、自らの意志によって神に背き堕落した天使である。堕落した後もそれは天

使の知性的本性を保っている。かかる本性のものとして神から創造されたのであり、したがって悪霊の「自然本性」**natura** は神に由来するものである。これに対し悪霊の有している「罪の醜さ」**deformitas culpae** は、悪霊自身の意志に起因するものであって神によるものではない。ゆえに神は、悪霊が神の被造物であるかぎりにおいて、すなわち知性的本性を有する実在であるかぎりにおいて、悪霊を存在せしめている存在原因として悪霊のうちにも内在するが、しかし神は悪霊の悪しき意志の原因ではないから、悪しき意志の主体としての悪霊のうちには内在しない。

第二項　神は到る所に存在するか[1]

第二については次のようにすすめられる。神は到る所に存在しないと思われる。そのわけは、

一、「到る所に存在する」とは、いかなる場所においても存在することを意味する。しかるにいかなる場所においても存在するということは、神には適合しない。神には場所において存在することは適合しないからである。じっさい、ボエティウスが『デ・ヘブドマディブス』[2]においていっているように、非物体的なるものは場所においては存在しないのである。ゆえに神は到る所に存在しない。

二、更に、時が継起するものに対する関係は、場所が恒存するものに対する関係に等しい。しかるに一つの不可分なる作用ないし運動が、③異なるいくつかの時に存在することはできない。ゆえに「恒存するもの」の類に属する一つの不可分なるものも、すべての場所に存在することはできない。しかるに神の存在は継起的ではなくて恒存的である。ゆえに神は複数の場所に存在せず、したがってまた到る所に存在しない。

三、更に、その全体が或る所に存在するものは、そのいかなる部分もその場所の外には存在しない。しかるに神は、もし何らかの場所に存在するとすれば、全体がそこに存在する。神には部分は無いからである。ゆえに神の何もその場所の外には存在しない。したがって神は到る所に存在しない。

しかし反対に、『エレミア書』第二三章〔二四節〕には、「天と地とを私は満たす」といわれている。

答えていわなければならない。場所は何らかの実在する「もの」であるから、④何かが「場所において在る」ということは、二様の意味に解されうる。一つは、他の諸事物の場合と同じく、いかなる仕方によるにせよ何物かが他の物「において在る」といわれる意味であって、場所の附帯性が「場所において在る」といわれるのは、その意味である。もう一つは、場所特有の意味であって、「場所に置かれたもの」が「場所において在る」といわれるのはその意味である。

ところで、このいずれの仕方によっても、神は或る意味においてすべての場所に在る。すなわち、到る所に存在する。まず第一に、神はすべての事物に存在と能力と活動とを与えている者として[5]、すべての事物のうちに在り、その意味で神は、場所に存在と場所的力[6]とを与えている者として、すべての場所に存在しているのである。また、「場所に置かれたもの」は、場所を満たしているかぎりにおいて、場所に在る。ところで神もまたすべての場所を満たしている。しかし物体のような仕方で満たすのではない。すなわち物体は、他の物体が自分とともに同じ場所を占めることを許さないという仕方で「場所を満たす」といわれるのであるが、神はこれに対し、或る場所に存在することによって他のものがそこに存在することを斥けることなく、かえって反対に、すべての場所を満たしているところの「場所に置かれているもの」のすべてに、存在を与えることによってすべての場所を満たすのである。

それゆえ　一　についてはいわなければならない。非物体的なるものは、物体のように、次元的量の接触によって場所に在るのではなく、力の接触によって場所に存在するのである[7]。

二　についてはいわなければならない。不可分なるものには二つの種類がある。一つは、連続的なるものの端であって、恒存するものにおける「点」[8]、継起するものにおける「瞬間」[9]がその例である。この種類の不可分なるものは、恒存するものにおいては、限定された位置を有しているから、場所の多くの部分に在ることも、多くの場所に在ることもできない。同様に、はたらきや運動における不可分なるものも、運動やはたらきのうちに限定された順序を有しているから、時間の多くの部分に在ることができない。これに対し、もう一つの種類の不可分なるものは、連続的なるものの領域全体の外に在る。神、天使、魂のような非物体的実体が不可分なるものであるといわれるのは、この意味においてである。そこで、この種類の不可分なるものは、連続的なるものに対しその部分としてあるのではなくて、その力によって連続的なるものに触れているかぎりにおいてそのものに関わる。それゆえ、力が一つないし多くのもの、小さなものないし大きなものに及ぶのに応じて、一つないし多くの場所、小さな場所ないし大きな場所に存在するのである。

三 については いわなければならない。「全体」ということは、「部分」との関連において語られる。しかるに部分には二種類のものがある。すなわち、形相と質料とが合成体の部分といわれ、類と種差とが種の部分といわれる場合のような「本質の部分」[10]と、或る量がそれに分割される「量の部分」とである。そこで、量の全体性によって何らかの場所に全体的に存在するものは、その場所の外に存在することができない。なぜならば、場所に置かれたものの量は、場所の量と同じ尺度で測られるがゆえに、場所の全体性なしには量の全体性もありえないからである。これに対し、本質の全体性は場所の全体性と同じ尺度で測られるものではない。それゆえ或るもののうちに本質の全体性によって全体的に存在するものが、そのものの外にけっして存在しないというようなことは、あるはずがない。

このことは、附帯的な仕方で量を有している附帯的形相の場合においてもあきらかである。[11] たとえば「白」は、もしも全体性ということが本質の全体性[12]の意味にとられるならば、表面のいかなる部分においても全体的に存在している。「白」は表面のいかなる部分においても、その種の完全な定義に従って認められるからである。だがもし全体性ということが、「白」が附帯的に有している量の全体性の意味にとられるならば、その意味では「白」は表面のいかなる部分においても、全体としては存在しない。これに対し非物体的実体の場合には、自体的意味においても附帯的意味においても、全体性は本質の完全な定義に関してのみ認められる。[13] それゆえ魂が身体のいかなる部分においても全体的に存在しているように、神はすべての部分にも個々の部分にも全体的に存在するのである。

(1) 「すべての事物のうちに存在する」esse in omnibus rebus ということを場所の側面から考えるならば、これは「到る所に存在する」esse ubique ということである。聖書のなかには神の場所における遍在がしばしば語られている。これをトマスは単なる比喩ととらずに、事実、神はあらゆる場所において存在していると解する。このように解するとき、ただちに起こってくる問題は、非物体的なる神がいかにして物体的な場所に存在しうるかということである。本項はそれに対するトマスの解答を示している。

(2) ラテン教父集六四巻一三一一。トマス『註解』第一講一八を参照。

③「作用」actio や「運動」motus は、時間的に「継起するもの」successiva である。

④ アリストテレスによれば、「場所」locus は、「包むもの」の第一の（すなわち、「包まれているもの」に最も近い）限界である。『自然学』第四巻四章二一二a二〇—二一。トマス『註解』第四巻六講を参照。場所は、質料と形相とから合成された物という意味での実在的な「もの」res ではないが、かかる物相互の「限界」terminus として、やはり何らかの実在性を有する。したがってそれは他の物と同様に、何らかの仕方で諸附帯性の基体となり、基体たるかぎりにおいて、これらの附帯性は「場所において在る」といわれる。しかしこれは、「白」という附帯性がその基体としての「物体において在る」といわれるのと同様の意味であって、場所に特有な意味で「場所において在る」といわれるのとは別である。

⑤ すべて実在するものは、それぞれに固有な「存在」esse と、そのものに固有な「能力」virtus と、またその能力の現実態たる「活動」operatio とを有している。この存在、能力、活動は神から直接的に与えられるものであって、すべて実在するものには、そのものに存在、能力、活動を直接的に与えつつある者としての神が内在する。

⑥ それぞれの実在にそれぞれ固有の存在と能力とが属するように、場所もまた或る実在であるから、場所としての存在と能力とを有している。「場所的力」virtus locativa とは、物を自らのうちに包含する力である。

⑦ 物体はすべて三次元的量を有しているから、物体が物体的場所に在る場合には、物体はその三次元的量によって場所に触れている。これを「次元的量の接触」contactus quantitatis dimensivae という。と

ころが非物体的なるものは次元的量を持たない。だからこの意味では場所に存在することができない。しかし非物体的なるものは、物体に直接に何らかの力を及ぼしているかぎりにおいて、その力のはたらきによって物体的場所に触れ、場所に存在するといわれる。これを「力の接触」contactus virtutis という。神はその在らしめる力によってすべてのものを在らしめているかぎりにおいて、力の接触によってすべての場所に在るといわれる。天使もまた物体的世界に何らかの力を及ぼしているかぎりにおいて、その力の及んでいる範囲の物体的場所に力の接触をなし、そのかぎりにおいて場所に在るといわれる。ただ神の力が無限であり、その力によって神は「到る所に」存在するのに対し、天使の力は有限であるから、その力によって天使が存在する場所は「到る所」ではなく、或る限界内に限られる。これを天使の「局在」localisatio という。天使の場所における存在については、第五二、五三問において論じられる。

⑧「恒存するもの」permanentia とは、全体が同時的に存在するもの、あるいは無時間的に存在するもの。たとえば幾何学の図形のようなもの。恒存するものにおける「点」とは、たとえば直線上における一点。

⑨「継起するもの」successiva とは、同時的に存在するのではなくて、次々と起こるもの。運動、作用、時間、等がそれである。かかるものにおける「不可分なるもの」indivisibile は「瞬間」momentum である。

⑩「本質の部分」pars essentiae については、本問一項註3を参照。

⑪「附帯的形相」forma accidentalis は、それ自身の本質のうちに量を含んでいない。たとえば「白」は、その本質のうちに量を含んでいない。量を考慮せずにも「白」の定義は成り立つのである。しかしなが

ら、附帯的形相がそれに附帯する「物体」は量を有するから、「白」は物体に附帯するかぎりにおいて附帯的に「量」を有することになる。すなわち「白」が「物体」に附帯して「白き物体」となる場合、「白」そのものの本質には量は含まれていないが、「白き物体」は量を有するがゆえに、「白」は附帯的意味において「量」を有することとなるのである。

⑫「本質の全体性」totalitas essentiae とは、それなしにはそのものの本質が成り立たないような本質構成要素の全体である。或る物の本質の全体性は、その物の属する「種」species の定義の内容の全体をなす。「白き物体」においては、その表面のいずれの部分においても「白」がその種の完全な定義によって見いだされるから、「本質の全体性」に関していうならば、「白」は表面の到る所において「全体的に」存在する。

⑬非物体的実体は量を持たないから、量に関する全体とか部分は考えられない。ただ「本質の全体」のみが考えられうる。たとえば魂は身体のなかに在るが、身体の或る部分に他の部分におけるよりもより多く魂が存在するというようなことはない。身体が一つの魂によって生かされているかぎりにおいて、身体のいかなる部分にも魂は全体的に存在する。このことは神の場合に最もすぐれた意味でいわれる。神は万物に存在を与える力として万物のすべての部分に内在するが、そのいかなる部分においても、全体としての神が内在している。神は世界の全体に全体的に内在するとともに、世界のなかに存在する極微の物のうちにも全体として内在する。

第三項　神は本質、現前、能力によって到る所に存在するか[1]

第三については次のようにすすめられる。神はすべての事物のうちに本質、能力、現前によって存在するといわれる場合、この神の事物における存在仕方の措定はよくないと思われる。そのわけは、

一、本質によって何らかのもののうちに存在するものは、本質的にそのもののうちに存在するものである。しかるに神は諸事物のうちに本質的に存在するのではない。じっさい神は、いかなる事物の本質にも属さないのである。[2]それゆえ神は諸事物のうちに、本質、現前、能力によって存在するというべきではない。

二、更に、或る物に現前するとは、その物にとって不在ではないことである。しかるに神が本質によって諸事物のうちに存在するとは、いかなる物にとっても不在ではないということにほかならない。それゆえ神が万物のうちに本質によって存在することと、現前によって存在することとは同じである。ゆえに、神が万物のうちに、本質、現前、能力によって存在するというのは蛇足であった。

三、更に、神はその能力によって万物の根原であるように、知と意志とによっても万物の根原である。[3]しかるに神は諸事物のうちに知と意志とによって存在するとはいわれない。ゆえに能力

によって存在するともいわれない。

四、更に、恩恵がものの実体に附加された何らかの完全性であるように、ほかにもなお多くの附加された完全性がある。ゆえにもしも神が恩恵によって或る者のうちに特殊な仕方で存在するといわれるならば、いずれの完全性についても、神の事物における特別の存在仕方を認めなければならないと思われる。

しかし反対に、グレゴリウスは、『雅歌註解』[4]のなかで、「神は一般的な仕方では万物のうちに現前、能力、実体によって存在するが、しかし親密な仕方では或る特定の者たちのうちに恩恵によって存在するといわれる」といっている。

答えていわなければならない。神が何らかのもののうちに存在するということは、二様の意味で語られる。一つは、作用因の仕方によるものであり、[5]この意味においては神は、神によって創造されるあらゆる事物のうちに存在する。一つは、はたらきの対象がはたらく者のうちに存在するという仕方によるものであり、これは認識されたものが認識者のうちに在り、欲求されたものが欲求者のうちに在るかぎりにおいて、魂のはたらきに固有なことである。そこで神は、この第二の仕方によっては、神を現実的に愛しあるいは習態的に愛している理性的被造物のうちに、特別の仕方で存在する。[6]そしてこのことを理性的被造物が得るのは、後にあきらかにされるであろうように〔四三問三項〕、恩恵によるから、この仕方によっては神は、聖なる者たちのうちに、恩恵によって存在するといわれるのである。

ところで神によって創造された他の諸事物のうちに、いかなる仕方で神が存在するかということは、人間に関することがらのうちに存在するといわれるものをもとにして、そこから考察されなければならない。たとえば王は、王国全体のうちに、王自身がその到る所に現前しているわけではないが、その能力によって存在しているといわれる。[7] また或る者は、その者の視界のもとに在るすべてのもののうちに、現前するという仕方で存在するといわれる。たとえば或る家のうちに存在するすべてのものは、或る人に現前しているといわれるのである。[8] しかしその人は、家のいずれの部分にも自分自身の実体によって存在しているわけではない。ところが或るものは、自分の実体の置かれているその場所に、自分の実体ないし本質によって存在するといわれるのである。[9]

ところで或る人々、たとえばマニ教徒は、[10] 霊的で非物体的なるものは神の権能に服するが、可視的で物体的なるものは、神に対立する根原の権能に服すると主張した。そこで、これらの人々に反対する意味で、神はすべてのもののうちに、その能力によって存在するといわなければならない。[11]

それとは別に、万物が神の能力に服することは信じたが、しかし神の摂理はこの世の下位の諸物体にまで及ぶものではないといった人々がある。[12] かかる人々の意見を代表して、『ヨブ記』第二二章〔一四節〕には、「神は天の極を歩み、われわれのことなどは、かえりみ給わない」といわれているのである。そこで、かかる人々の意見に反対する意味で、神は万物のうちに神自ら現前するという仕方で存在するといわなければならなかった。[13]

また別の人々は、万物が神の摂理のもとにあることは認めたが、しかしすべてのものが直接に神によって創造されたのではなくて、直接には第一の被造物を創造し、この第一の被造物によって他の被造物は創造されたのであると主張した。[14]これらの人々に反対する意味で、神は万物のうちに御自身の本質によって存在するといわなければならない。[15]

かくて神は、その権能のもとに万物が服しているかぎりにおいては、万物のうちに能力によって存在する。万物が神の眼前に裸でありあらわであるかぎりにおいては、万物に現前するという仕方で万物のうちに存在する。また、既に述べられたように〔本問一項〕、万物にその存在原因として現存するかぎりにおいては、御自身の本質によって万物のうちに存在するのである。

それゆえ　一　についてはいわなければならない。神が本質によって万物のうちに存在するといわれるのは、あたかも神が事物の本質の一部であるかのように事物の本質によって万物のうちに存在するという意味ではない。そうではなくて、神御自身の本質によって万物のうちに存在するのである。それは、既に述べられたように〔本問一項〕、神の実体が万物の存在原因として万物に現存するからである。

二　についてはいわなければならない。或るものが他の何ものかに現前するといわれうるのは、既に述べられたように〔本項主文〕、たとえ実体的にはそのものから距たっているにしても、そのものの視界のもとに在る場合である。それゆえ、本質による存在と現前による存在というこの二つの存在の仕方を、別個に措定しなければならなかったのである。

三　についてはいわなければならない。知られたものが知る者のうちに在り、意志されたものが意志する者のうちに在るということは、知と意志との特質に属する。[16] ゆえに知と意志とについていうならば、神が諸事物のうちに在るというよりはむしろ、諸事物が神のうちに在る。これに反し、能力の特質には、他者に対するはたらきかけの根原であるということが属している。[17] それゆえ能力についていうならば、はたらくものは自分の外に在るものに関係づけられさし向けられる。この意味において、はたらきかけるものはその能力によって相手のうちに在るといわれるのである。

四　についてはいわなければならない。実体に附加される完全性のうち、恩恵以外のいかなる完全性も、神が或る者のうちに認識と愛の対象として存在するようにするものはない。それゆえただ恩恵のみが、諸事物における神の特別の存在仕方を生ぜしめるのである。もっとも、別にもう一つ、一致という仕方による、人間における神の特別の存在仕方があるが、それについてはその箇所で論じられるであろう。[18]

①　前項においては、あらゆる「場所」locus に在るという意味での神の遍在が論じられたのであるが、この項においては、単にあらゆる場所において存在するというだけにとどまらず、あらゆる場所においてはたらき、摂理し、統治し、観察しているという意味においても神は遍在するということを、本質、現前、能力という三つの観点から考察し、これらの観点よりみて不徹底な三つの説を斥ける。これによって、「神が万物に内在する」ということの意味は、いっそう具体的に理解されることになる。

②　神がいかなる事物の本質にも属さないということは、神の単純性を論じた第三問において、既に詳細に考察された。

③　神の知が万物の根原であることについては、第一四問八項、神の意志が万物の根原であることについては、第一九問四項において論じられる。

④　この『註解』の真正性は疑わしいが、しかしここに引用されたことは、グレゴリウスの『道徳論』に述べられている。同書第二巻一二章。ラテン教父集七五巻五五六五。

⑤　神は万物を存在せしめている「第一作用因」causa prima agens として万物に内在する。本問第一項主文を参照。この意味では神は万物に「共通一般的に」communiter 内在する。

⑥　神からの特別の恩恵を受けた理性的被造物のうちには、神は単に存在の第一原因という一般的な仕方で内在するのみならず、特別に親密な仕方で内在するようになる。この内在は、神が魂のうちに「住む」inhabitare という意味で「内住」inhabitatio といわれる。神がそのうちに内住する理性的魂は、単に神によって所有されるのみならず神を所有し、「習態的に」habitu 神を認識し愛するようになる。またかかる魂は、神を「現実的に」actu 認識し愛するかぎりにおいて神を「享受」frui する。神の特別の

内在仕方である「内住」は、このように恩恵を前提するから、それについての詳細な考察は、第二・一部の恩恵論（一〇九―一一三問）にゆずって、ここではもっぱら、万物における共通一般的な内在の仕方が考察される。

(7)「能力によって存在する」esse per potentiam とは、その能力、すなわち支配力の及ぶ範囲のものにおいて存在することである。

(8)「現前」praesentia とは、「前に」prae「在る」ens ことである。「現前」は、単に空間的に自分の眼前に在るということだけではなく、時間的に「現在」praesens 在ることをも意味する。すなわち、現在、自分の視界の届くかぎりのもののうちに、自分は「現前するという仕方で存在する」esse per praesentaiam といわれる。

(9)「実体によって存在する」esse per substantiam とは、物体の場合には、その物体そのものがそこに在るということである。「本質によって存在する」esse per essentiam も同じことである。この場合は、「実体」substantia と「本質」essentia とは、同じ意味で用いられている。

(10) マニ教はペルシア人マネス（二一五頃―二七五頃）によって創始された。彼は独自の二元論的救済説を提唱して、当時ペルシアの国教であったゾロアスター教の側からの迫害を受け、国外に追放されてインドに赴いた。後、許されてペルシアに戻ったが、再び捕えられて火刑に処せられ、弟子たちはすべて追放された。かかる迫害にもかかわらずその教は急速に東西にひろまった。三世紀のはじめにはエジプトに、四世紀にはローマに、更にアフリカに多くの信者を獲得した。アウグスティヌスも、青年時代、九年間にわたってこの教にとどまったことは有名である。中国トルキスタン地方にも十三世紀に到るまで、その信者が残存していたことが、二十世紀はじめのトルファンにおけるマニ教文献の発見によって確認された。

⑪　マニ教徒たちは、世界には善悪二つの根原があり、「霊的非物体的なるもの」**spiritualia et incorporalia** は善なる根原に由来するが、「物体的可視的なるもの」**corporalia et visibilia** は悪なる根原に由来するという二元論を説いた。この説によれば、物体的可視的世界は悪の根原の権内に在り、善の根原たる神の権能には服しないことになる。これは神の全能性をそこなう説である。ゆえにこの説に反対して、霊的なるものと物体的なるものとを含めた「すべてのもの」**omnia** が、神の権能のもとに在るといわなければならない。マニ教徒は物質は悪であるという前提のもとに、神の善性を悪からまもるために、物体的可視的なるものを神の権能の外に置いたのであるが、キリスト教の教によれば、物質はけっして悪ではなく、神の被造物であるかぎりにおいて善きものなのである。

⑫　神の摂理が世界のどこまで及ぶかに関しては、ギリシア以来、さまざまに論じられた。不滅の天体が神の摂理のもとに在ることはあきらかであるが、地上のものに関しては、種と類とは摂理のもとに在るが、個にまでは摂理は及ばないという説がある。その理由として、種と類とは不滅であるが個は可滅的であって価値の劣るものであるから神の摂理には値しないのだといわれる。トマスによれば、アリストテレスは明白にこのように説いてはいないが、おしつめてゆくとこの説になる。彼の註釈家アヴェロエスにおいて、この説は明白な形をとって主張された。マイモニデスは、地上の個物のなかでただ人間だけを例外となし、人間の場合はただその種だけではなく個々の人間が神の摂理のもとに在るという。それは人間の魂が普遍的知性を含んでいるからである。トマスは、これらすべての説がキリスト教の信仰

に反するとして、すべての個物にまで神の摂理は直接的に及んでいることを主張する。アリストテレス、アヴェロエス、マイモニデスの摂理論の批判については、トマス『命題集註解』第一巻三九区分二問二項を参照。

⒀ 神が万物を直接的に摂理することに関しては、第二二問二、三項において論じられる。

⒁ トマスによれば、かかる主張をしたのはアヴィセンナである。アヴィセンナによれば、神は「第一の被造的実体」**substantia prima creata** を創造した。しかる後、この実体は天球の実体とその魂とを創造した。天球の実体が下位の質料的物体を創造した。トマスは、第四五問五項「創造はただ神のみのなす業であるか」においてこの説を斥けている。第一の被造的実体は「理性」、第二の天球の実体の魂は「世界霊魂」にあたり、アヴィセンナが新プラトン哲学の流出論によって創造を解釈していることが知られる。

⒂ 神の本質はその存在そのものであり、その存在は万物を「在らしめる存在」であるから、神が万物のうちに本質によって存在するということは、万物を在らしめながら万物に内在することであり、これは万物を直接に創造しながら万物に内在することである。

⒃ 「知る」とは、「知る者」が「知られるもの」の形相を自己のうちに有することであり、また何かを意志するためには、そのものは既に何らかの仕方で知られているものとして「意志する者」のうちになければならない。ゆえに「知られるもの」が「知る者」のうちに在り、「意志されるもの」が「意志するもの」のうちに在るということは、知と意志との「特質」ratio に属する。かかる知の特質については、第一四問一項「神のうちに知が在るか」、また意志の特質については、第一九問一項「神には意志があ

るか」において論じられる。

⒄ 「能力」potentia には、他者から何らかのはたらきを受けうる可能性としての能力（たとえば鉄は火によって熱せられうる可能性を有する）と、他者に対してはたらきかけうる可能性としての能力（たとえば火は鉄を熱することができる）とがある。前者は「受動的能力」potentia passiva、後者は「能動的能力」potentia activa という。今ここで問題となっているのは、後者である。

⒅ これは、神の御言《みことば》が肉をとるという仕方によって、神性と人性とが一個のイエス・キリストにおいて一致し、「一致という仕方で」per unionem 人間のうちに神が内在する場合であって、イエス・キリストにおいてのみ実現されるまったく特別の、というよりはまったくユニークな場合である。これについては、第三部二問「受肉せる御言の一致の仕方について」において詳論される。

第四項　到る所に存在するということはただ神にのみ固有なことであるか[1]

第四については次のようにすすめられる。到る所に存在するということは、ただ神にのみ固有なことではないと思われる。そのわけは、

一、普遍は、哲学者によれば[2]、到る所に常に存在する。第一質料も、すべての物体のうちに在るから、到る所に存在する。しかるにこのいずれも神ではないことは、既に述べられたところか

らあきらかである。[3] ゆえに、到る所に存在するということは、ただ神にのみ固有なことではない。
二、更に、数は数えられるもののうちに存在する。しかるに、『智書』第一一章〔二一節〕において あきらかなように、[4] 全宇宙は数において構成されている。ゆえに全宇宙のうちに存在する何らかの数が在る。したがってこの数は到る所に存在する。
三、更に、全宇宙は、『天界論』第一巻[5]においていわれているように、或る完全なる物体である。しかるに全宇宙は到る所に存在する。全宇宙の外には、いかなる場所も存在しないからである。ゆえに到る所に存在するのはただ神だけではない。
四、更に、もし何か無限の物体が存在するとしたならば、その物体の外にはいかなる場所も存在しないであろう。したがってかかる物体は到る所に存在するであろう。ゆえに、到る所に存在するということは、ただ神にのみ固有なことではないと思われる。
五、更に、魂は、アウグスティヌスが『三位一体論』第六巻[6]においていっているように、「その全体が全身体のうちに在り、しかも身体のいかなる部分にも全体として在る。」それゆえもし世界のなかにただ一個の生物のみが存在するとすれば、その生物の魂は到る所に存在するであろう。[7] したがって、到る所に存在するということは、ただ神だけに固有なことではない。
六、更に、アウグスティヌスは、ヴォルシアヌスに宛てた『書簡』[8]において、「魂は、見るその所において感覚し、感覚するその所において生き、生きるその所において存在している」といっている。しかるに魂は、いわば到る所において見る。それは次々と見て天の全体をも見渡すからである。ゆえに魂は到る所に存在する。

しかし反対に、アンブロシウスは、『聖霊論』⑨においていっている。「すべてのもののうちに、到る所に、常に存在し給う聖霊を、誰かあえて被造物であるという者があろうか。これこそはまさに、神性にとって固有なことである。」

答えていわなければならない。「到る所に存在する」ということは、第一義的でかつ自体的な意味においては、神にのみ固有なことである。ここで、第一義的な意味で到る所に存在するというのは、そのものの全体がそれ自体として到る所に存在することである。もし何物かが、その異なる諸部分がそれぞれ異なる場所に在るという仕方で到る所に存在するとしても、その物は第一義的な意味で「到る所に存在している」とはいえないであろう。なぜならば、或る物にそれの部分において適合することは、その物に第一義的な意味で適合しないからである。たとえば或る人間が歯において白いという場合には、その「白さ」は第一義的な意味では、その「人間に」ではなく「歯に」適合するのである。また、自体的な意味で到る所に存在するというのは、「到る所に存在する」ということが、何らかの仮定を設けた上でそれに附帯的に適合するのではないものである。その意味では、もしも蜀黍《もろこし》の穀粒の一つ以外にはいかなる物体も存在しないと仮定するならば、その穀粒の一つだけが到る所に存在することになるであろう。それゆえ「到る所に存在する」ということが自体的な意味でそれに適合するものとは、いかなる前提のもとにおいても、必ずそのものが「到る所に存在する」ということが帰結してくるような、そういうものである。

ところでこのことは、ただ神にのみ固有的に適合する。たとえいくつの場所が措定されようとも、たとえ現在存在する場所以外に無数の場所が措定されようとも、そのいずれの場所にも神は必ず存在するであろうからである。なぜなら何物も神によらずには存在することができないからである。それゆえ、到る所に存在するということは、第一義的に、かつ自体的な意味においては神に適合し、ただ神にのみ固有なことである。たとえいくつの場所が措定されようとも、そのいずれの場所にも神は存在し、しかも部分的にではなく、まさに神御自身がそこに存在するにちがいないからである。

それゆえ　一　についてはいわなければならない。普遍と第一質料とはたしかに到る所に存在する。しかし同じ存在によって到る所に存在するのではない。[10]

二　についてはいわなければならない。数は附帯性であるから、[11]自体的にではなく附帯的な仕方で場所に存在する。またそれは、数えられるもののいずれのうちにも、全体としてではなく部分として存在する。[12]それゆえ数が第一義的かつ自体的意味で到る所に存在するということにはならないのである。

三　についてはいわなければならない。宇宙の全物体は到る所に存在している。しかしそれは第一義的な意味においてではない。その全体がいずれの場所にも在るのではなく、それぞれの場所に部分的に存在するからである。また自体的な意味において到る所に存在するのでもない。もし何か他の場所が存在すると仮定すれば、それらの場所には存在しないであろうからである。

四　についてはいわなければならない。もしも無限物体が存在するとしたならば、それは到る所に存在するであろう。しかしそれぞれの場所に部分的に存在するであろう。

五　についてはいわなければならない。もしもただ一つの生物しか存在しないとしたならば、その魂はたしかに第一義的意味において到る所に存在するであろう。しかしそれは附帯的にであろう。[13]

六　についてはいわなければならない。魂が「どこかで」見るということは、二様の意味に解することができる。一つは、この「どこかで」という副詞が、見るはたらきを対象の側から限定しているとする解し方である。この意味にとるならば、魂が天を見るとき、それを天において見ているというのは正しい。また同じ理由にもとづいて、天において感覚しているというのも正しい。しかしながらここから、魂が天において生きているとか存在しているとかいうことは帰結しない。生と存在とは、外なる対象に移行するはたらきを含意してはいないからである。[14]もう一つの仕方では、この副詞は、見るはたらきは見る者から出るという意味において見る者のはたらきを限定しているととることもできる。この意味にとるならば、魂は感覚し見るその所に存在し生きているということは、そのような語り方によるかぎり正しい。しかしこの意味においては、魂が到る所に存在することは帰結しないのである。

(1) 「到る所に存在する」esse ubiqueということは、神以外にもいろいろなものについていわれうるように思われる。たとえば、普遍、第一質料、数、魂、等々である。これらのものが或る意味で到る所に存在することをトマスも認める。しかしながらこれらはすべて或る限定された意味において、あるいは或る限定された範囲内において「到る所に存在する」といわれるのであって、絶対的にそういわれるのではない。この項においては、これらのものの遍在の仕方との比較において、第一義的に、かつ真の意味で「到る所に存在する」といわれるのはただ神のみであることが示される。

(2) 『分析論後書』第一巻三一章八七b三二―三三。トマス『註解』第四二講三七七。

(3) 神が「普遍」universaleでないことは、第三問五項において、また「第一質料」materia primaでないことは、同問八項において述べられた。

(4) 同所に、「神は万物を、度、数、重さにおいて調え給うた」といわれている。

(5) 第一章二六八b八―一〇。トマス『註解』第二講一八。

(6) 第六章。ラテン教父集四二巻九二九。物体は全体と部分とに分かたれ、全体はそのいかなる部分のうちにも全体としては在りえない。これに対し、魂は全身体のうちに魂全体として在るのみならず、身体のいかなる部分においても魂全体として在る。

(7) この意味は、世界というものが在って、そのうちにただ一つの生物が存在する（たとえば、全宇宙のなかにただ一人の人間のみが存在する）ということではない。そうではなくて、その一つの生物がすなわち世界そのものだということである。すなわち、世界という物体を身体とし、その身体全体を生かす魂によって生きている「生物」animal が想定されている。

⑧　第一三七第二章。ラテン教父集三三巻五一八。

⑨　第一巻七章。ラテン教父集一六巻七二三―七二四。

⑩　「普遍」universale は「個」singularia から抽象されたものであるから、それ自体として独立の「存在」esse は持っていない。普遍が到る所に存在するということは、個に即していわれる。たとえば「人間」という普遍はかかるものとしては存在せず、個々の人間に即して存在する。個々の人間の存在する所、そのいずれの所においても普遍としての人間が個々の人間に即して存在しているという意味で、普遍としての人間は到る所に存在するといわれるのである。同じく第一質料も、それ自体としては存在しない。物体の形相を受けて、物体的個物として存在する。いずれの個物のうちにも質料が含まれているという意味で、第一質料は到る所に存在するといわれるのである。このような仕方で普遍と第一質料とは、いわば個の次元において到る所に存在するといわれるが、それは「同じ存在によって」secundum idem esse ではない。Aなる個物においてはAの存在によって存在し、Bなる個物においてはBの存在によって存在する。これに対し神は、いかなる個物のうちにも、まったく同一の「神の存在」esse divinum によって存在する。『命題集註解』第一巻三七区分二問二項を参照。

⑪　数は実体ではなく、量の類に属する「附帯性」accidens である。ゆえにたとえ数が到る所に見いだされるとしても、実体として、すなわち自体的な意味で到る所に在ることにはならない。

⑫　たとえば、全体が百メートルの長さであるならば、その部分はあるいは五〇メートル、あるいは三〇メートル、等々であり、部分においては五〇、三〇、等々の数が存在し、百という全体数はいかなる部分のうちにも存在しない。

⑬　この論拠は、「もしただ一つの生物しか存在しないとしたならば」という「仮定」suppositio のもとに附帯的に成り立つのであって、この仮定をとり外せば成り立たないから、かかる生物の自体的意味での遍在を証明しない。

⑭　見るとか感覚するとかいうはたらきは、何らかの外なる「対象」obiectum にかかわる。これに対し、存在するとか生きるとかいうはたらきは、存在し生きている者自身のうちにとどまるのであって、外なる対象にかかわらない。

第九問　神の不変性について[1]

ついで神の不変性と、それに随伴する神の永遠性とについて〔一〇問〕考察しなければならない。

不変性については二つのことが問われる。

一、神はあらゆる意味において不変であるか

二、不変であるということはただ神にのみ固有であるか

(1)　神が不変永遠であるということは、パルメニデス以来、ギリシアの哲学者たちによって共通に認められ、論じられてきたことである。ただ、いかなる意味で「不変」であるかという点になると、哲学者たちの意見はかならずしも一致しない。「不変」の意味をどのように理解するかということは、「不変」に対立する「変」の意味をどのように理解するかによってきまる。われわれがそのうちに生きているこの世界がたえざる変化流動のうちにあることは何人も認めるところであるが、その変化流動をどの程度の深さにまで掘り下げて考えるかが問題である。アリストテレスは、変化流動のうちに諸々の附帯性の変

化の層と、その下に在る実体の変化の層とを区別し、実体変化の層の下にその変化を担う第一質料の層を措定し、第一質料はあらゆる変化を受け容れながらしかしそれ自体としては不変不動であると考えた。トマスはこのアリストテレスの説を継承しながら、更にその下に、第一質料をも含めた全存在の無から有への変化を措定し、これをすべての変化のなかで最も根原的な変化であると考える。この次元において考えるならば、無から創造されたもの、すなわちいっさいの被造物は、根原的な意味においてすべて可変的であり、ただ神のみが絶対的に不変であることになる。ここでトマスにおいては、アリストテレス的な運動変化の次元において考えられる「不動」immobilitasと、創造の次元において考えられる「不変」immutabilitasとが区別されることになる。神は単にプラトンやアリストテレスの意味で「不動」であるにとどまらず、聖書的意味で「不変」である。この点でトマス自身が引用しているように、彼の「不変」の概念は、『創世記逐語解』におけるアウグスティヌスの「不変」の概念を正しく継承している。

第一項　神はあらゆる意味において不変であるか①

第一については次のようにすすめられる。神はあらゆる意味において不変であるのではないと思われる。そのわけは、

一、自分自身を動かすものはすべて、何らかの意味で可変的である。しかるにアウグスティヌスが『創世記逐語解』第八巻[②]においていっているように、「創造主なる霊は、時間にもよらず場所にもよらず自分自身を動かす」。ゆえに神は、何らかの意味で可変的である。

二、更に、『智書』第七章〔二四節〕には知恵について、「動きうるすべてのものよりも更に動きやすき者」であるといわれている。しかるに神は知恵そのものである。ゆえに神は可動的である。

三、更に、近づくとか遠ざかるとかいうことは動きを意味している。しかるにそのようなことが、聖書においては神についていわれている。すなわち『ヤコブ書』第四章〔八節〕には、「なんじら、神に近づけ。さらば神、なんじらに近づかん」といわれているのである。ゆえに神は可変的である。

しかし反対に、『マラキア書』第三章〔六節〕には、「私は神であって、変わることがない」といわれている。

答えていわなければならない。これまでに述べられたところから、神はあらゆる意味において不変であることが示される。まず第一に、既に示されたように〔二問三項〕、何らかの第一有が存在し、われわれはこれを神という。この第一有は、いかなる可能態性をも混えない純粋現実態でなければならない。可能態は端的な意味においては、現実態よりも後なるものだからである

〔三問一項主文〕。しかるに、何らかの仕方で変化するものはすべて、何らかの意味で可能態に在る。それゆえいかなる仕方にせよ神に、変わるということのありえないことはあきらかである。

第二に、動いているものはすべて、或るものに関しては留まりながら、或るものに関しては移行している。たとえば白から黒へと動きつつあるものは、実体に関しては留まっているのである。[3]したがってすべて動いているもののうちには、何らかの複合が認められる。しかるに既に示されたように〔三問七項〕、神にはいかなる複合もなく、まったく単純である。ゆえに神が動くことのありえないことはあきらかである。

第三に、すべて動いているものは、その動きによって何かを獲得し、以前に到達していなかったものに到達する。しかるに神は無限であるから、自らのうちに全存在の完全性のあらゆる充満を包含し〔七問一項〕、何かを新たに獲得したり、以前に到達していなかった何物かに及んだりすることはありえない。それゆえ神にはいかなる意味での動きもない。

古代の或る人々が、あたかも真理そのものに迫られたかのように、第一根原は不動であると主張したのもこのためである。[4]

それゆえ　一　についてはいわなければならない。アウグスティヌスはここでは、プラトンがすべてのはたらきを動きと名づけ、第一動者は自分自身を動かすといったあの意味で語っているのである。[5]その意味ではたしかに、知性認識し意志し愛することも、何らかの動きであるといわれる。[6] しかるに神は御自身を認識し愛するから、[7] この意味で彼らは、神は自分自身を動かすといったのである。しかしそれは、可能態に在るものの動きや変化という意味ではない。しかるにいまわれわれが論じているのは、その意味での変化と動きなのである。[8]

二 についてはいわなければならない。知恵はその類似性を最低の事物にまで及ぼすという意味で、類似的に「動きやすきもの」であるといわれる。じっさい、技術作品が作者の知恵から発出するように、神の知恵を作出的形相的第一根原として、それを何らかの仕方で模倣することによりそこから発出するのでないものは何一つ在りえない。それゆえ神の知恵の類似性が、それをより多く分有している最上位のものから、より少なく分有している最下位のものに到るまで、段階的に発出するかぎりにおいて、神の知恵の諸事物への一種の発出と運動とが存在するといわれる。それはちょうどわれわれが、光線が地に及ぶかぎりにおいて、太陽が地にまで発出するというようなものである。[9] この意味でディオニシウスも、『天上位階論』第一章において説明して次のようにいっている。「神的顕示のすべての発出は、光の動く父からわれわれにまで及ぶ。[10]」

三 についてはいわなければならない。この類のことが聖書のなかで神についていわれるのは、すべて比喩である。光線が家にまで及ぶかぎりにおいて太陽が家に入るとか家から出てゆくとかいわれるように、神の恵みのわが身に及ぶことを感じ、あるいはそれを欠くかぎりにおいて、神はわれわれに近づくとか、われわれから遠ざかるとかいわれるのである。

(1) ここで特に「あらゆる意味において」omninoといわれるのは、神は「何らかの意味において」aliquo modo可変的ではないかという疑問に対して答えるためである。じっさい、聖書やアウグスティヌスの著作のなかには、神が動くとか変わるとかいったような表現が見いだされるからである。トマスはこれに対し、これまで神について考察されてきた諸性格よりして、神は必然的にあらゆる意味において不変でなければならないと結論する。その上で、上記の聖書や教父の箇所をどのように解釈すべきかを示すのである。

(2) 第二〇章三九節。ラテン教父集三四巻三八八。

(3) 白から黒への変化は色という附帯的形相の変化であり、したがって、かかる変化の担い手がなければならない。その担い手は実体であり、それは色の変化のもとに自己同一的に留まっている。それゆえ白から黒へと変化しつつあるものは、「実体に関しては」secundum substantiam留まっている。

(4) アリストテレスは、第一根原が不動であると主張した古代の哲学者として、パルメニデスとメリソス(いずれも前五世紀のエレア派に属する)をあげている。『自然学』第一巻二章一八四b一六を参照。

(5) プラトンは神を、「自分自身を動かす者」movens seipsumと呼ぶ。『パイドロス』二四五c。アリストテレス『形而上学』第一二巻六章一〇七一b三七以下を参照。

(6) はたらきには、熱する、切る、等のように、外なるものに移って行き、これに何らかの結果を生ぜしめるものと、知性や意志のはたらきのように、はたらく者自身のうちに留まるものとがある。前者は「不完全なるものの現実態」actus imperfectiであり、後者は「完全なるものの現実態」actus perfectiであるといわれる。「動き」motusは、狭義には前者のみを意味するが、広義にはこの二種のはたらきをも包含する。そしてこの広義において、「動き」は神にも帰せられる。

⑦ 神の自己認識については、第一四問二項「神は御自身を知性認識するか」において論じられる。神の自己愛については、第一九問一項「神には意志があるか」において若干、更に詳しくは、『対異教徒大全』第一巻七四章「神の主要なる意志の対象は神の本質である」において論じられる。

⑧ アリストテレスは「動き」motusを、「可能態に在るものの現実化」actus existentis in potentiaと定義する。『自然学』第三巻一章二〇一a一〇以下。トマスはこの定義を説明して、「純粋な可能態に在るものは動かない。純粋な現実態に在るものも動かない。動きは可能態に在るものの現実化のうちに成り立つ」といっている。『註解』第二講二八五。プラトン的にいえば、純粋な現実態において在る者、すなわち神も、まさにその「現実態」actusのゆえに動いているといえようが、トマスはここでは、動きや変化ということをアリストテレスの意味に限定して、その意味での動きや変化が神のうちに在るか否かを探究する。

⑨ これは、新プラトン主義的発出論のトマスによる解釈である。神から万物が「発出する」procedereとは、神そのものの本質が発出して万物に成るということではなくて、神によって創造されたすべてのもののうちに何らかの程度における「類似性」similitudoが認められ、その類似性に着眼するならば、最高の被造物から最低の被造物に到るまで、段階的に神の類似性が及んでいるという意味で、「比喩的に」similitudinarie、神の被造物への運動が認められるというのである。トマスは「発出」processioということばを、三位一体論における神のペルソナの発出の場合のみでなく、被造物の神による創造の場

合にも用いることがよくあるので、汎神論的であると批判する人もあるが、その批判は当たらない。ただ、新プラトン哲学の含有している真理性を、キリスト教の立場からなしうるかぎり救おうという意図がトマスにたえずはたらいていることは確かである。この意味からいっても、トマスを単なるアリストテレスの亜流と見る見解は当たらない。

⑩ ギリシア教父集三巻一一九。ここで「光の動く父から」a Patre luminum moto と訳された箇所は、『教父集』に収められたギリシア原文のラテン訳には「光の父から」a Patre luminum となっていて「動く」moto という附加はない。ギリシア原文にもそれに当たる語はない。

第二項　不変であるということはただ神にのみ固有であるか[1]

第二については次のようにすすめられる。不変であるということは、ただ神にのみ固有なことではないと思われる。そのわけは、

一、哲学者は『形而上学』第二巻[2]において、すべて動いているもののうちには質料が在るといっている。しかるに或る被造的実体、すなわち天使と魂とは、或る人々の説によれば[3]、質料を持っていない。ゆえに不変であるのは、ただ神にのみ固有なことではない。

二、更に、すべて動いているものは、何らかの目的のために動いている。それゆえ、既に究極

目的に到達してしまったものは動かない。しかるに或る被造物は、たとえばすべての至福なる者たちは、既に究極目的に到達してしまっている。ゆえに或る被造物は不動である。

三、更に、すべて可変的なるものは、さまざまに変わりうるものである。しかるに形相はさまざまに変わりえない。『六つの根原』[4]においても、「形相は、単純でさまざまに変わりえない本質から成るものである」といわれている。ゆえに不変であるということは、ただ神にのみ固有なことではない。

しかし反対に、アウグスティヌスは『善の本性』[5]において、「ただ神のみが不変である。神の造り給うたものはこれに反し、無からのものであるから、可変的である」といっている。

答えていわなければならない。ただ神のみが、あらゆる意味において不変である。被造物はすべてこれに反し、何らかの意味で可変的である。そもそも何かが可変的であるということは、二つの意味でいわれうることを知らなければならない。一つは、そのもの自身に内在する能力によってであり、一つは、他者に内在する能力によってである。じっさいすべての被造物は、存在する以前においては、何らかの被造的能力によって存在可能なるものであったのではない。なぜならばいかなる被造物も永遠ではないからである。[6]そうではなくて、神がそれらを存在に産出することができたという意味において、[7]ただ神の能力によってのみ存在可能なるものだったのである。

ところで事物を存在に産出することが神の意志に依ることであるように、事物を存在のうちに保つこともまた神の意志に依る。[8] じっさい、事物を存在のうちに保つということは、それらの物にたえず存在を与えることによってのみなしうるのであって、もし神がそのはたらきを控えるならば、アウグスティヌスの『創世記逐語解』第四巻[9]においてあきらかなように、万物は無に帰せしめられるであろう。[10] それゆえ諸事物が独立に存在する以前に、それらの物を存在せしめることが創造主の能力のうちに在ったように、独立に存在した後には、それらの物を存在せしめないことが創造主の能力のうちに在る。したがってそれらの物は、神によって無から存在に産出されることができたし、また存在から非存在に引き戻されることができるという意味において、他者すなわち神のうちに存する能力によって可変的である。

これに対し、何かがそれ自身のうちに在る能力によって可変的といわれる場合を考えてみると、その意味でもすべての被造物は何らかの意味において可変的である。そもそも被造物のうちには、能動的および受動的という二様の能力が存在する。受動的能力というのは、それによって何かが、存在における、あるいは目的の獲得における自己の完成を実現することのできる能力である。[11] そこで今、存在への能力に関して事物の可変性を考えてみると、その意味ではかならずしもすべての被造物のうちに可変性が認められるわけではなく、その物のうちに含まれている「可能的なるもの」が、たとえそれが現実に存在しなくともなお「可能的なるもの」として在りうるような被造物のうちにのみそれは認められる。[12] それゆえ下位の諸物体[13]のうちには、実体的存在に関する可変性が含まれている。これらの物体の質料は、物体の実体的形相を欠いてもなお存在しうるからである。[14] また附帯的存在に関する可変性も含まれている。ただしそれは、基体がその附帯性なしにもなお存在しうる場合である。たとえばこの「人間」という基体は、「白くない」にもかかわらずなお存在することができ、それゆえにこそ、「白い」から「白くない」ものに変化することができる。これに反し、もしそれが基体の本質構成要素に随伴する附帯性である場合には、その附帯性が欠けるならば基体も存在することができない。[15] ゆえに基体はかかる附帯性に関しては不可変である。たとえば雪は黒くなることができないのである。

ところが天体の場合には、質料は形相を欠いては存在することができない。形相は質料の可能態性の全部を完成しているからである。[16] それゆえ天体は、実体的存在に関しては可変的でない。しかし場所的存在に関しては可変的である。基体はこの場所、あるいはかの場所になくてもなお存在しうるからである。[17]

これに対し非物体的実体[18]は、自存する形相そのものであるが、この形相はしかしその存在に対しては現実態に対する可能態の関係に在るから、この現実態を欠いては存在することができない。存在は形相に随伴し、いかなるものも形相を失うのでなければ消滅することはないからである。それゆえ形相それ自体のうちには非存在に対する可能性は含まれていない。したがってかかる実体は、存在的に不変であって変容することもない。ディオニシウスが『神名論』第四章[19]において、「被造の知性的実体は、非物体的非質料的実体として、生成とすべての変容とを免れている」というのは、まさしくこのことをいっているのである。

しかしながらかかる実体のうちにも、二つの意味での可変性が残っている。一つは、目的に対して可能態に在るかぎりにおける可変性である。この意味では、ダマスケヌスがいうように[20]、かかる実体のうちには、善から悪への選択に関する可変性が含まれている。もう一つは、かかる実体がその有限な力によって、それ以前には触れていなかった或る場所に触れうるかぎりにおける場所的可変性である。[21] このようなことは、神の場合にはありえない。神は、既に述べられたように〔八問二項〕、その無限性によってすべての場所を充たしているからである。

かくて、いかなる被造物のうちにも、変化への可能性が含まれている。それは、可滅的物体においては実体的存在に関する可変性であり、天体においては単なる場所的存在に関する可変性であり、天使においては目的への秩序づけ、および異なる諸事物へのその力の適用に関する可変性である。また一般的にいって、すべての被造物は共通的に、創造者の能力との関係において可変的である。それらの被造物が存在するか否かということは、創造者の権力の内に在るからである。しかるに神は、これらのいずれの意味においても可変的ではないから、あらゆる意味において不変であるということは、ただ神にのみ固有なことである。

それゆえ 一 についてはいわなければならない。この異論は、実体ないし附帯的存在に関して可変的なるものについては妥当する。哲学者たちは、[22] かかる意味での動きについて論じたのであった。

二 についてはいわなければならない。善き天使たちは、本性的に彼らに適合する存在の不変性の上に、更に神の力によって選択の不変性を有している。[23] しかし彼らのうちには、場所に関する可変性が残っている。

三 についてはいわなければならない。形相がさまざまに変わりえないといわれるのは、変容の基体となりえないからである。しかしながら基体が形相に応じてさまざまに変わるかぎりにおいて、形相もまた変容に服している。それゆえさまざまな形相の存在するのに応じて、形相もまたさまざまに変わるということはあきらかである。じっさい、形相が存在するものであるといわれるのは、形相それ自体が存在する基体であるからではなくて、形相によって何物かが存在するからにほかならない。[24]

(1) 前項においては、神が「あらゆる意味において」omnino 不変であることが、これまで考察されてきた神の本性から、いわばア・プリオリに帰結されたのであるが、本項においては、被造物との比較において、かかる不変性がただ神にのみ固有なものであるか否かを問うのである。結論的にいえば、「あらゆる意味において」すなわち絶対的に不変であるのはただ神だけである。しかし「或る意味において」aliquo modo、すなわち相対的には、神以外にも不変といわれるものがいくつかある。それは何であり、いかなる意味においてであるか。それがこの項において検討される。そのためにはまず「変わる」とはいかなることかが規定されなければならない。トマスはそれを、最も広い意味での「ある」esse から「ない」non esse への移行として規定する。「ある」から「ない」への移行は、「ある」を、「実体的存在」esse substantiale の次元で把えれば、事物の生成消滅であり、「附帯的存在」esse accidentale の次元で把えれば、諸々の附帯性の変化と運動である。この二つの次元における「変化」については、アリストテレスが詳しく論じた。この二つの次元において変わらないものがあるとすれば、それはアリストテレス的意味で「不変」なるものである。トマスも、そのような意味で「不変なるもの」の存在を認める。しかしトマスは、この二つの次元のもとに、更に深く創造の次元を考える。この次元においては、すべての被造物は例外なく、無から存在へ創造され、存在に保たれ、神の意志によっていつでも無にされる可能性を有するものとして、絶対的に「可変的」である。この次元において絶対的に「不変」であるのは「存在そのもの」なる神のみである。この次元の不変性と可変性の思想に関しては、トマスはアウグスティヌスに従う。トマスの存在論において、いかなる要素がアリストテレスから継承され、いかなる要素がアウグスティヌスから継承されているかをこの項はよく示している。もっともそれは、正確にいうならば、存在論の要素ではなくて、存在を考察する次元の問題である。

(2) 第二章九九四b二五—二六。トマス『註解』第四講三二八以下。

(3) 天使や人間の魂がそれ固有の質料、すなわち「霊的質料」materia spiritualis を有するか、それともいかなる質料をもまったく有しないかということは、トマスの時代に大いに議論された問題であって、ヘールズのアレクサンデル（一一七〇頃―一二四五）、ボナヴェントゥラ（一二二一―七四）等、フランシスコ会の学者は多く前の立場をとり、これに対し、アルベルトゥス・マグヌス、トマス等は後の立場をとった。この異論は、この点に関するかぎり、トマスと同じ見解をとる立場から出されている。霊的質料の有無については、第五〇問二項「天使は質料と形相とから複合されているか」において論じられる。

④ 第一章。ラテン教父集一八八巻一二五七。この書は、ジルベルトゥス・ポレターヌス（一〇七六―一一五四）の作〈とされていたが、現在はそう見なされていない〉。能動、受動、場所、時、位置、状態という六つの範疇について論じている。

⑤ 第一章。ラテン教父集四二巻五五一。

⑥ いかなる被造物も永遠ではない。存在しはじめた以前においては無だったのである。ゆえに存在する以前に自分のうちに存在のための能力を持っていて、その自分の能力によって無から存在へと変化したのではない。それゆえすべての被造物は、無から存在への可変性の原因を、自己の能力のうちに持つのではない。

⑦ 神が事物を「存在に産出する」in esse producere。この場合の「存在」とは「実体的存在」esse substantiale と「偶有的存在」esse accidentale とのすべてを含む個物の「全存在」totum esse であり、したがって神が事物を存在に産出するとは、まったくの無に存在を与えること、すなわち「無から創造する」creare ex nihilo ことである。この問題については、創造論、特に第四四、四五問において詳しく

論じられる。
⑧ それまで存在しなかった事物に存在を与え、その物をして「存在しはじめる」incipere esse ようにすることだけが神の創造ではなく、その物が存在し続ける間、その物を「存在のうちに保つ」conservare in esse のも神の創造である。ゆえに存在する世界に即して、世界にたえず存在を与えている神のはたらき、すなわちたえざる創造のはたらきが認められる。
⑨ 第一二章二二、二三節。ラテン教父集三四巻三〇四。アウグスティヌスはこの箇所において、「わが父は今に到るまではたらき給う」（『ヨハネ伝』第五章一七節）を解釈して神の不断の創造について論じている。
⑩ 万物は神によって存在に保たれているから、神の意志によって無に帰せしめられることが可能である。これについては、神の「保存」conservatio について論じた第一〇四問、特に第三項「神は何かを無に帰せしめることができるか」において考察される。
⑪ 「存在における自己の完成」perfectio sua in essendo は、ものが現実にそのもので「ある」ように成ることにおいて実現される。このことは基体が何らかの形相を受けることによって実現される。そのためには基体のうちに、形相を受ける能力がなければならない。「目的の獲得における自己の完成」perfectio sua in consequendo formam は、ものがそのはたらきによって実現するものである。この場合も基体のうちに、目的の形相を受けるための能力がなければならない。このような、形相を受けうる能力が「受動的能力」potentia passiva といわれる。
⑫ 直訳すると、「その物のうちに在る可能的なるものが非存在と両立しうるような被造物のうちにの

み」云々。

⑬「下位の諸物体」corpora inferiora とは、次の「天体」corpora caelestia に対立する。天体が一つの形相によって完全に現実化され、実体的存在に関して不変であるのに対し、下位の諸物体、すなわちわれわれが生存している月下の世界は、たえざる生成消滅のうちに在り、実体的存在に関しても附帯的存在に関しても可変性が認められる。

⑭すなわち、実体的形相に対し、それを受ける基体の位置に在る「第一質料」materia prima そのものは、その物体の実体的形相を欠いても他の物体の実体的形相を受ける可能態として存在する。しかし質料が実体的形相を欠いても存在しうるというのは、この物体ないしかの物体の実体的形相を欠いても、という意味であって、すべての実体的形相を欠いた第一質料なるものは存在しえない。この物体の実体的形相を欠いても他の物体の実体的形相を第一質料はとりうるという点に、下位の物体の世界において、実体の次元における生成消滅の成立する根拠がある。

⑮附帯性の或るものは、基体に外から附け加わってくるものであり（たとえば「白」が「人間」に附帯するように）、かかる附帯性なしにも基体は存立しうるが、それとは別に、基体の本質に属するわけではないが基体の「本質を構成する要素」principia essentialia に必然的に随伴して生ずる附帯性がある。たとえば「人間」の本質には「笑いうる」という附帯的性質が必然的に随伴する。これを「本質的附帯性」accidentia essentialia という。かかる附帯性は基体の本質と不可分離的に結合しているから、かかる附帯性を欠いては基体そのものが存立しえない。トマスは「雪」における「白さ」という附帯性もかかるものであると考えている。

⑯ トマスはアリストテレスに従って、天体の質料は一つの形相によって完全に現実化されているから、永遠に同じ形を保ち、下位の物体のように実体的な生成消滅をこうむることはないと考えている。ゆえに天体は「実体的存在」esse substantiale に関しては不変である。アリストテレス『天界論』第一巻三章二七〇a一二―二二。トマス『註解』第六講を参照。

⑰ 天体は実体的には不変であるが、回転運動をしているから、場所的にはたえず変わっている。ゆえに、この場所かの場所に関しては可変的である。アリストテレス『形而上学』第一二巻二章一〇六九b二四―二六。トマス『註解』第二講二四三六を参照。

⑱ 「非物体的実体」substantiae incorporeae とは、物体的実体のように質料と形相とから複合された合成体として存在するのではなく、質料なしに形相だけで独立に存在する実体、すなわち「自存する形相」formae subsistentes である。広義にはもちろん神も非物体的実体であるが、ここでは特に、知性的存在者たる天使と人間知性とが意味されている。それは非質料的であるが被造物である以上、神から存在を受けて存在するのであり、その形相は存在に対し可能態に在り、存在を受けずには存在できないから、存在を受けて存在しているかぎり、「存在的には」secundum esse 不変である。天使の不変性については、第五〇問五項「天使は不滅であるか」において、人間の魂の不変性については、第七五問六項「人間の魂は可滅的であるか」において考察される。

⑲ ギリシア教父集三巻六九四。トマス『註解』第一講二七七を参照。

⑳ 『正統信仰論』第二巻三章。ギリシア教父集九四巻八六八。神によって創造された天使は、自分の意志によって、神に向かって至福を得るか、神から背いて堕落するか、そのいずれかを決定する選択の自

由を与えられていた。天使の自由決定力については、第五九問三項「天使のうちには自由決定力があるか」において考察される。

㉑ 天使はその力によって、或る範囲の場所における物体に作用を及ぼし、そのかぎりにおいてその場所に在るといわれる。また天使は作用を及ぼす場所を移動することができるから、このかぎりにおいて場所的可変性を有する。天使の場所的運動については、第五三問において考察される。

㉒ ここに「哲学者たち」philosophi というのは、ギリシアの自然哲学者たちのことである。彼らの論じたのは自然における実体の生成消滅と附帯性の諸変化とを含む広義の「動き」motus であった。ところでかかる動きがその上に成り立つ前提は質料であるから、もし「変化」ということをこのような「動き」の意味に限定するならば、非質料的な天使や魂が「不変」であるという異論は正しい。しかしここでトマスが論じているのは、神の創造、天使の動きをも含む最も広い意味での、存在から非存在への「変化」mutatio である。本問において、神の「不動性」immobilitas ではなくその「不変性」immutabilitas が問われるのはそのためである。

㉓ いったん神に向いた天使は神を見て至福を得、それ以外のものを究極目的として選ぶことができなくなり、神を究極目的として選ぶ状態に固定する。これが「選択の不変性」immutabilitas electionis である。かかる不変性を天使は、その自然本性から具有するのではなく、神の恩恵によって受けたのである。善き天使はもはや罪を犯すことができない。これらの問題については、第六二問二項「天使は神に向くために恩恵を必要としたか」、同問八項「至福なる天使は罪を犯すことができるか」において考察される。

㉔　形相の「基体」subiectumとは、形相を受け取るものである。たとえば或る物体は「白」の形相を受けて白いものとなり、「赤」の形相を受けて赤いものとなり、かくて「白いもの」から「赤いもの」に変化する。しかし「白」の形相、「赤」の形相そのものは変化しない。その意味で、基体は可変的であるが形相は不変的であるといわれる。しかし「白」や「赤」の形相は、それ自体独立には存在せず、必ず或る基体において存在する。或る物体において「白」が存在すればその物は白く、「赤」が存在すれば赤い。「白」「赤」等の形相の或る物体における存在の移り変わりに応じて、その物は白いものから赤いものへと変化する。このように、形相はそれ自体として考えられるかぎり不変的であるが、「基体においてあるもの」entia in subiectoとして考えられるかぎり、やはり変化に服している。

第一〇問　神の永遠について(1)

ついで、永遠について問われる。これについては、六つのことが問題となる。

一、永遠とは何であるか
二、神は永遠であるか
三、永遠であることは神に固有であるか
四、永遠は時間と異なるか
五、永劫と時間との相違について
六、一つの時間、一つの永遠があるように、永劫もただ一つだけであるか

(1) 不変不動なるものが永遠であるということは、これまたパルメニデス以来、ギリシアの哲学者たちによって繰り返し説かれてきたことである。トマスも、不変性の考察に引き続いて神の永遠性について論じる。永遠との対比において「時間」が論じられるが、注意すべきは、永遠と時間との間に「永劫」が

介入せしめられることである。「永劫」は、いわば天使の時間であって、神の永遠に比すれば時間的であるが、われわれの時間に比すれば永遠的である。永遠、永劫、時間は、神の世界、天使の世界、物体の世界に対応する「持続」duratio の形式である。永遠において神の世界のうちに同時的現在的に把持されている内容は、神の意志にもとづいて、永劫と時間という二つの持続の場において、実現され展開されてゆくのである。その意味で本問は、後にくる、神の世界におけるペルソナの発出（二七問）と、神からの被造物の発出（四五問）が、それぞれそこにおいて行なわれる場を設定する意味を有している。

第一項　永遠とは限りなき生命の全体的同時的完全なる所有であるという定義は適当であるか[1]

第一については次のようにすすめられる。ボエティウスが、『哲学の慰め』第五巻[2]においてあげている、「永遠とは、限りなき生命の全体的同時的完全なる所有である」という定義は適当ではないと思われる。そのわけは、

一、「限りなき」とは、否定的ないい方である。しかるに否定は、ただ欠けたところのあるものの性格にのみ属する。このようなことは永遠には適合しない。ゆえに永遠の定義のなかに、

「限りなき」ということばをいれるべきではない。

二、更に、永遠とは何らかの持続を意味している。しかるに持続は、生よりはむしろ存在にかかわるものである。ゆえに永遠の定義のうちには、「生命」ではなくむしろ「存在」をいれるべきであった。

三、更に、全体といわれるのは部分を有するものである。しかるにこのことは永遠には適合しない。永遠は単純なものだからである。ゆえに「全体的」といわれるのは不適当である。

四、更に、複数の日も複数の時間も同時的に存在することができない。しかるに永遠のうちには複数の日と時間とが在るといわれる。すなわち、『ミカ書』第五章〔二節〕[3]には、「彼の出るのは、始めから、永遠の日々からである」といわれ、また『ロマ書』第一六章〔二五節〕には、「永遠の時間（複数）から黙していた奥義の啓示によって」といわれている。ゆえに永遠は、「全体が同時的」ではない。

五、更に、全体と完全とは同じことである。それゆえ「全体的」が定義のうちに含まれているのに、更にこれに「完全なる」を加えるのは蛇足である。

六、更に、所有ということは、持続にはかかわりを持たない。しかるに永遠は一種の持続である。ゆえに永遠は「所有」ではない。

答えていわなければならない。われわれは単純なるものの認識に到るために複合されたものによらなければならないが、ちょうどそのようにまた、永遠の認識に到るためには時間によらなければならない。ところで時間とは、「より先とより後による運動の数」[4]にほかならない。すなわちいかなる運動においても継起ということがあり、或る部分は別の部分の後にくるのであるから、運動のうちにより先とより後とを数えることによって、われわれはそこから時間を把握するのである。時間は運動におけるより先とより後との数にほかならないからである。しかるに動くことがなく常に同じ在り方で存在するものにおいては、より先とより後とを認めることができない。それゆえ時間の概念が、運動におけるより先とより後との計量のうちに成り立つように、永遠の概念は、まったく動きの外に在るものの、その一様性を把握することのうちに成り立つのである。

同様に、時間によって測られるといわれるものは、『自然学』第四巻[5]においていわれているように、時間のうちに始めと終わりとを持つのであるが、これは、すべて動いているものにおいては、何らかの始めと終わりとを認めることができるからである。これに対し、まったく不変のものは、継起することがないように、始めと終わりとを持つこともできない。

かくて永遠は、二つの特徴によって知られる。一つは、永遠において在るものは、限りがない、すなわち、始めも終わりもないということによってであり（この場合、「限り」ということは始めと終わりとの両方にかかわる）、第二は、永遠は継起せず、全体が同時的に存在するということによってである。

それゆえ　一　についてはいわなければならない。単純なるものは通常、否定によって定義される。たとえば点は、「部分なきもの」と定義されるのである。これはしかし、それらのものの本質に否定が含まれているからではない。そうではなくて、われわれの知性はまず始めに複合されたものを把えるがゆえに、単純なるものの認識に到るためには、複合を除去するという仕方によるほかはないからである。

二　についてはいわなければならない。真に永遠なるものは、単に存在者であるのみならずまた生ける者でもある。また、生きるということは、何らかの仕方ではたらきにまで及ぶが、単に存在するだけではそこまで及ばない。しかるに持続の延長は、存在よりはむしろはたらきに即して認められるように思われる。時間が運動の数とされるのもそのためである。

三　についてはいわなければならない。永遠が「全体的」といわれるのは、それが部分を有するからではなくて、永遠には何ものも欠けるところがないからである。

四　についてはいわなければならない。神は非物体的であるから、聖書において物体的事物の名称で呼ばれるのが比喩的意味であるように、永遠は全体的同時的に存在するものであるにもかかわらず、時間的継起的な諸名称をもって呼ばれるのである。

五　についてはいわなければならない。時間においては二つのものが認められる。すなわち、継起的なる時間そのものと、時間における「今」とである。そしてこの「今」は不完全なものである。そこで、永遠から時間を排除するために、永遠は「全体的同時的」であるといわれ、また時間における今を排除するために、「完全な」といわれるのである。⑥

六　については、いわなければならない。所有されるものは、堅固不動に持たれている。それゆえ永遠の不変性と無欠性とを示すために、「所有」という名称が用いられたのである。

(1) トマスは「永遠」aeternitas の定義を、ボエティウスから借りている。これは当時のスコラ哲学において共通に用いられた定義であった。トマスもまた、当時の学界の慣例に従ったのである。しかしそれにトマス独自の解釈を施している。この項には「しかし反対に」が欠けている。

(2) 散文第六。ラテン教父集六三巻八五八。ボエティウスが獄中で書いた『哲学の慰め』は、各巻ともに「韻文」metrum と「散文」prosa とが交互にあらわれる。

(3) 「彼の出るのは」egressus eius。この「彼」は、聖書の原文に即していえば、「イスラエルを治める者」であるが、新約の立場からいえば、それはイエス・キリストを意味するととられるであろう。

(4) 「より先とより後による運動の数」numerus motus secundum prius et posterius。これはアリストテレスの有名な時間の定義である。『自然学』第四巻一一章二一九b一―二。それに引き続いて、「数」には「数えられるもの」quod numeratur と、「それによって数えるもの」quo numeramus という二様のものがあり、時間は前の意味での数であるといわれている（二一九b五―九）。つまり時間が数であるというのは、数学の対象となる形相的な数であるという意味ではなくて、かかる数によって「測定されうるもの」だということである。トマス『註解』第一七講五八〇、五八一を参照。

⑤ 第一二章二二一b三—五。トマス『註解』第二〇講六〇五を参照。
⑥ 時間と永遠とを比較するのに、いわば水平的と垂直的ともいうべき二つの見方が可能である。時間を水平的に見るならばそれは継起的である。この面で永遠と比較するならば、継起的時間は全体がけっして同時に在りえないのに対し、永遠は「全体が同時に」という仕方で在る。時間を垂直的に見るとき、時間は「今」という断面で切られる。いかなる「今」も、次の「今」に移り行くべき可能性をはらむものとして不完全である。これに対し永遠は、いかなる今の断面において見ても完全に充実している。すなわち「完全」である。

第二項　神は永遠であるか①

第二については次のようにすすめられる。神は永遠ではないと思われる。そのわけは、

一、造られたものはいかなるものであれ、これを神について語ることができない。しかるに永遠は、何らかの造られたものである。じっさい、ボエティウスは、「流れる今が時間を造り、とどまる今が永遠を造る」②といっているし、またアウグスティヌスは、『八十三問題』③において、「神は永遠を造り給う者である」といっている。ゆえに神は永遠ではない。

二、更に、永遠よりも前に在り、また永遠よりも後に在るものは、永遠を尺度として測られな

い。しかるに神は、『原因論』[4]においていわれているように、永遠よりも前に在り、また、『出エジプト記』第一五章〔一八節〕によれば、永遠よりも後に在る。そこには、「主は永遠に治め、更に永遠をも超えて治め給うであろう」といわれているのである。ゆえに永遠であることは神には適合しない。

三、更に、永遠は一種の尺度である。しかるに、尺度によって測られるということは神には適合しない。ゆえに永遠であることは神には適合しない。

四、更に、永遠のうちには、現在、過去、未来はない。永遠は、既に述べられたように〔前項〕、全体が同時的に存在するからである。しかるに聖書のなかでは神について、現在、過去、未来時称の動詞が用いられている。ゆえに神は永遠ではない。

しかし反対に、アタナシウスは、「御父は永遠、御子は永遠、聖霊は永遠[5]」といっている。

答えていわなければならない。時間の概念は、既に述べられたところからあきらかなように〔前項〕、運動から得られるのであるが、ちょうどそのように、永遠の概念は不変ということから得られるものである。しかるに神は最高度に不変であるから、神には永遠であることが最高度に適合する。のみならず、神は単に永遠であるだけにはとどまらず、まさにその永遠性そのものである。これに対し他のいかなるものも、自己の持続そのものではない[6]。他のいかなるものも自己の存在そのものではないからである。しかるに神は一様なる自己の存在そのものである。それゆえ神は、神の本質そのものであるように〔三問三項〕、また神の永遠性そのものである。

それゆえ 一 についてはいわなければならない。「とどまる今」が永遠を造るということは、われわれの把握の側からいわれる。すなわちわれわれが「今」の流れを把えることによって、われわれのうちに時間の把握が生ぜしめられるように、「とどまる今」を把えるかぎりにおいて、われわれのうちに永遠の把握が生ぜしめられるのである。[7]――また、アウグスティヌスが、「神は永遠を造り給う者である」というとき、これは分有された永遠についていわれたことと解される。じっさい神は自己の不変性を或る事物につたえるのであるが、またそれと同じ仕方でそれらのものに永遠性をつたえるのである。[8]

これによって、二 に対する解答もあきらかである。すなわち神は、永遠性が非質料的諸実体によって分有されるかぎりにおいて、永遠以前に存在するといわれる。ゆえに同所において、「知性体は、永遠と等しいものとされる」[9]といわれるのである。――また、『出エジプト記』に、「主は永遠に治め、更に永遠をも超えて治め給うであろう」といわれることに関しては、ここで「永遠」というのは、別の訳にそうなっているように、[10]「世紀」の意味にとられることを知らなければならない。すなわち、永遠を超えて治め給うであろうといわれるのは、いかなる世紀をも超えて、つまり、いかなる与えられた持続をも超えて神は持続し給うからである。じっさい世紀とは、『天界論』第一巻[11]においていわれているように、いかなるものにせよそのものの周期にほかならない。――あるいは、永遠を超えて治め給うといわれる理由は、次のようにも考えられる。すなわち、もし何か神以外のものが常に存在するとしても（或る哲学者たちによると天体がそうであるという）[12]、しかし神は、その支配が全体的同時的であるかぎりにおいて、更にそのものをも超えて支配し給うからである。

三　についてはいわなければならない。永遠は神自身にほかならない。ゆえに神が永遠であるとは、神が何らかの仕方で測られるものであるという意味でいわれているのではない。ここで尺度の概念は、われわれが永遠を把握するその立場からとられているにすぎないのである。

四　についてはいわなければならない。異なる時称の動詞が神に帰せられるのは、神の永遠がすべての時間を包含するからである。神自身が現在、過去、未来によってさまざまに変わるわけではない。

(1)　前項において「永遠」が定義されたから、本項においては、その定義が神に適合するか否かが問われる。その結果、神は単に永遠であるのみならず、まさに「永遠性」そのものであるとされる。永遠とは神に適合する「持続」の形式であり、ものは現実存在するかぎりにおいて持続するのであるから、純粋現実存在をその本質とする神は、永遠性そのものである。いいかえれば、「永遠」とは、持続という観点から見られた神の存在そのものにほかならないのである。

(2)　『三位一体論』第四章。ラテン教父集六四巻一二五三。

③ 第二三問。ラテン教父集四〇巻一六。
④ 第二命題。トマス『註解』第二講五四以下を参照。
⑤ アタナシウス（二九六頃―三七三）はアレクサンドリアの司教。ニケアの公会議（三二五）において活躍。キリストの神性を否定するアリウス派と論争し、父、子、聖霊の三位に同じ神性を認める正統的三位一体論の確立のために大きな貢献をした。ここに引用されたのは、通常『アタナシウス信経』といわれるものの一節であるが、これがじっさいアタナシウスによって作られたものであるか否かは疑われている。ギリシア教父集二八巻一五八一。
⑥ すべてのものは、それが現実に存在しているかぎりにおいて「持続している」durareといわれる。時間、永劫、永遠はそれぞれ、物体、天使、神の持続の仕方を意味する。『命題集註解』第一巻一九区分二問一項主文を参照。
⑦ われわれに直接に与えられているのは、「今」nuncである。われわれが現実に存在するのは、いつもこの「今」だからである。この今はたえず流れてゆく。われわれの存在は未来から現在を通って過去に向かう今の流れのうちにあると考えると、この「流れる今」nunc fluensは「時間」として把握される。逆に「今」を、このような流れに沿って考えずに、瞬間的な今の方向に徹底するならば、それは「とどまる今」nunc stansとなり、この「とどまる今」を通して、「いつもとどまる今」としての永遠の把握に達する。
⑧ 「永遠」は、不変なる者の持続の形式である。絶対的に不変なる者はただ神のみである。ゆえに真の永遠性はただ神のみに帰せられる。しかしながら、前問二項において見られたように、天使、天体、等

は、或る意味での不変性を有している。これは、それらのものに神が或る意味での不変性を「つたえた」communicareのであり、これらのものはそれぞれの仕方で神の不変性を「分有している」participareのだと考えることができる。とすれば、同じ理由によって神はこれらのものに或る意味での永遠性をつたえ、これらのものはそれぞれの仕方で神の永遠性を分有していると考えることができる。それは神の「創造する永遠」aeternitas creansに対して、「創造された永遠」aeternitas creataである。

⑨　「知性体」intellingentiaは、実体的変化をこうむることなく永遠に持続する。ゆえに永遠と等しいものとされる。ここに「知性体」とは、純粋知性実体、すなわち天使である。『原因論』第二命題。トマス『註解』第二講五七を参照。

⑩　トマスが使用しているのは、ヒエロニムス訳ヴルガタ版で、そこには「永遠に」in aeternumとなっているが、別の訳では「永遠」の代わりに「世紀」saeculumとなっているのがあるという。この「別の訳」alia translatioは、いかなる人のいかなる訳であるか不明であるが、これによってトマスが聖書の引用にあたり、ただヴルガタだけではなく、それ以外の訳をも参照していたことが知られる。

⑪　第九章二七九a二二—二八。ここでアリストテレスは、「アイオン」aionの意味を区別している。一つは、相対的意味であって、それによれば、いかなる生物であれその自然的生命の持続を包含する限界が「アイオン」といわれる。この意味ではそれぞれのものにそれぞれ独自のアイオンがあり、たとえば人間のアイオンは百年である。一つは、絶対的意味であり、これはすべての持続を包含するアイオンである。前者は「世紀」saeculum、後者は「永遠」aeternumとラテン訳される。トマス『註解』第二一講二一五を参照。

⑫　世界の永遠性を説いた哲学者の代表者はアリストテレスである。彼は天体が実体的に不生不滅であることを根拠にして、世界は常に存在したという。そして世界は生成したと主張するエンペドクレス、ヘラクレイトス、等の説を論駁している。『天界論』第一巻一〇章。トマス『註解』第二二講。トマスはこのアリストテレス説を批判して、この説は世界が「生成によって」per generationem 存在しはじめたのではないことを証明するが、世界が「創造によって」per creationem 神から存在を受けて存在しはじめたか否かについては、何事をも証明しないという。第四六問一項「被造的世界は常に存在したか」において、このアリストテレス説は詳細に批判されている。

第三項　永遠であるということは神に固有であるか①

第三については次のようにすすめられる。永遠であるということはただ神にのみ固有なことではないと思われる。そのわけは、

一、『ダニエル書』第一二章〔三節〕には、「多くの人々を義に教え導く者たちは、星のようになって永遠に到るであろう」といわれている。しかるにもしも神だけが永遠であるとするならば、多数の永遠なるものはありえないであろう。ゆえにただ神のみが永遠なのではない。

二、更に、『マタイ伝』第二五章〔四一節〕には、「呪われた者どもよ。永遠の火に入れ」とい

われている。ゆえにただ神だけが永遠なのではない。

三、更に、必然的なるものはすべて永遠である。しかるに、必然的なるものは多数ある。たとえばすべての論証原理、すべての論証的命題などがそれである。ゆえにただ神のみが永遠であるのではない。

しかし反対に、ヒエロニムスはマルセラに宛てた『書簡』[2]のなかで、「発端を持たないのはただ神だけである」といっている。しかるに発端を持つものはすべて永遠ではない。ゆえにただ神のみが永遠である。

答えていわなければならない。永遠性は、その真実の固有の意味においては、ただ神のうちにのみ存在する。永遠性は、既に述べられたところからあきらかなように〔本問一項〕、不変性に随伴するが、あらゆる意味で不変であるのは、既に示されたように〔九問二項〕、ただ神だけだからである。これに対し何らかのものは、神から不変性を受け取るかぎりにおいて、ただそのかぎりにおいて神の永遠性を分有するのである。

そこで或るものは、存在することをけっして止めないかぎりにおいて、このかぎりにおいて神から不変性を受け取る。この意味で『伝道書』第一章〔四節〕には、地について「永遠に存する」といわれている。また或るものは、可滅的ではあるがその持続の永さのゆえに聖書のなかで永遠であるといわれる。たとえば『詩篇』第七五篇〔五節〕には「永遠の山々」といわれ、『申命記』第三三章〔一五節〕には「永遠の丘の果実から」といわれる。また或るものは存在に関して不変性を有し、また更に、御言《みことば》を享受している天使や至福者たちのように、はたらきに関しても不変性を有するかぎりにおいて、③永遠性をそれ以上に分有する。御言のその直観に関するかぎり、アウグスティヌスが『三位一体論』第一五巻④において述べているように、聖なる者たちのうちには「変転する思惟」は存しないからである。それゆえ神を見ている者たちも、⑤永遠の生命を有するといわれる。その意味で『ヨハネ伝』第一七章〔三節〕には、「神を知ること、これこそは永遠の生命である」云々といわれるのである。

それゆえ 一 についてはいわなければならない。多くの永遠ということは、神の観想によって永遠性を分有する者たちが多数存在することからいわれるのである。

二 についてはいわなければならない。地獄の火が永遠であるといわれるのは、それに果てしがないからにほかならない。しかし『ヨブ記』第二四章〔一九節〕に、「彼らは雪の水から激しい熱に移りゆくであろう」とあるのによれば、彼らの受ける罰のうちには転変が存する。⑥それゆえ地獄のうちに在るのは真の永遠ではなく、むしろ時間である。その意味で『詩篇』第八〇篇〔一六節〕には、「彼らの時は世々に及ぶであろう」といわれているのである。

三 についてはいわなければならない。「必然的なるもの」とは、真理の或る様態を意味する。しかるに真は、哲学者の『形而上学』第六巻⑦によれば、知性において存する。それゆえ真であり必然的であるところのものが永遠であるといわれるのは、それらが永遠の知性――ただ神の知性のみがそれである――のうちに存するからにほかならない。だから神以外に何か永遠のものが存在するということはそこからは帰結しないのである。

① 「永遠」ということは、ただ神についてのみならず、種々なるものについていわれる。特に聖書のなかにそのような用例が多数見いだされる。そこで「永遠」であるのはただ神のみではないのではないかという疑問が当然生じてくる。トマスはこれに答えて、真の意味で「永遠」といわれるのはただ神のみであり、他のものは神の永遠性を何らかの仕方で分有するかぎりにおいて「永遠」といわれるのであるという。すなわち「分有の論理」を用いて神の永遠と他の諸事物の永遠との関係をあきらかにし、それにもとづいて、聖書において諸事物についていわれる「永遠」の意味を解釈している。

② マルセラ（三二五―四一〇）は、ローマ貴族の出身。早く夫を亡くし、以後キリスト教の慈善の仕事に専念した。ヒエロニムスと親交が厚く、彼によって「ローマの婦人たちの栄光」と讃えられた。四一〇年、ローマがゴート族に占領されたとき、捕えられて拷問を受け、それがもとで死んだ。この引用は、ヒエロニムス『ダマススに宛てた書簡』第一五。ラテン教父集二二巻三五七。

③ 天国において「御言」Verbum を享受している天使たちは、変わることなく神を見、神を愛しているかぎりにおいて、その見、愛する「はたらきに関して」secundum operationem 不変性を有している。

④ 第一六章二五節。ラテン教父集四二巻一〇七九。

⑤ 「神を見る」videre Deum ということの意味については、第一二問において詳論される。

⑥ 地獄におとされた者は、火熱の苦を受けるのみならず、冷水の苦をも受ける。火熱の苦と冷水の苦とは交替して襲い、彼らの身心はたえざる不安動揺のうちにさいなまれるのである。地獄の苦罰については、補遺第九七問一項「地獄に断罪された者たちはただ火の罰のみによってさいなまれるか」において論じられる。

⑦ 第三章一〇二七b二五―二七。トマス『註解』第四講一二三〇―一二三三。真は、結合し分離する知性、すなわち判断する知性のうちに成り立つ。神の知性には結合し分離するはたらきはないが、神が神自身の認識によって他のすべてのものを認識しているかぎりにおいて、神の知性のうちにすべての真は存在する。神における真理については、第一六問五項「神は真理であるか」において論じられる。

第四項　永遠は時間と異なるか①

第四については次のようにすすめられる。永遠は時間と別のものではないと思われる。そのわけは、

一、持続の尺度が同時に二つ存在するということは、その一方が他方の部分でないならば不可能である。たとえば二つの日、二つの時間は同時には存在しないが、日と時間とは同時に存在する。それは時間が日の部分だからである。②ところで永遠と時間とは同時に存在し、そのいずれも

持続の或る尺度を含意している。しかるに永遠は時間を超越しこれを内に含むものであるから、永遠が時間の部分ではない。それゆえ時間が永遠の部分であり、永遠と別のものではないと思われる。

二、更に、哲学者の『自然学』第四巻[3]によれば、時の「今」は全時間にわたり同一にとどまる。しかるに、時間の経過の全体にわたり不可分的に同一のものとして在るということは、永遠の性格を成すと思われる。ゆえに永遠は時の「今」である。しかるに時の「今」は実体的には時間にほかならない。ゆえに永遠は実体的には時間にほかならない。

三、更に、『自然学』第四巻[4]においていわれているように、第一運動の尺度はすべての運動の尺度であるが、それと同様に、第一存在の尺度はすべての存在の尺度であると思われる。しかるに永遠は、第一存在たる神の存在の尺度である。ゆえに永遠はすべての存在の尺度である。しかるに可滅的な諸事物の存在は時間によって測られる。それゆえ時間は永遠であるか、それとも永遠に属する何かである。

しかし反対に、永遠はその全体が同時的に存在する。しかるに時間には、より先とより後とがある。ゆえに時間と永遠とは同じではない。

答えていいわなければならない。時間と永遠とが同じでないことはあきらかである。ところでその異なる理由として或る人々は[5]、永遠には始めも終わりもないが、時間には始めと終わりとがあるということをあげている。しかしこれは、附帯的な相違であって自体的な相違ではない。じっさい、天体の運動は永続するという人々の説に従って、時間は常に在ったしまた常に在るであろうと仮定しても、⑥ボエティウスが『哲学の慰め⑦』においていっているように、永遠はその全体が同時的に存在するのに対し、時間についてはそのようなことはいえないということからして、永遠と時間との相違は依然として残るであろう。永遠は恒存する存在の尺度であるのに対し、⑧時間は運動の尺度であるからである。

もっとも上記の相違は、もしこれを尺度の側からではなくその尺度によって測られるものの側からみるならば、何らかの妥当性を有することになる。というのは、『自然学』第四巻⑨においていわれているように、時間を尺度としてこれによって測られるのは、ただ時間のうちに始めと終わりとを有するものだけだからである。それゆえもし天体の運動がいつも持続するとすれば、時間は天体の運動をその持続の全体にわたって測ることはできないであろう。無限のものは測られることができないからである。ただそれは、時間のうちに始めと終わりとを有する任意の周期を測ることはできるであろう。

しかし上記の相違は、もし始めと終わりということが可能態の意味にとられるならば、尺度の側において、また別の妥当性を有することができる。すなわち、たとえ時間が常に持続するとしても、時間の或る部分を取って、たとえば一日とか一年とかの始めと終わりというように、時間のうちに始めと終わりとを指定することが可能であるが、このようなことは永遠においては不可能だからである。

それにしても、このような相違は、自体的第一義的相違に附随して生ずるものであって、その自体的第一義的相違とはすなわち、永遠はその全体が同時的に存在するのに対し時間はそうではないということにほかならない。[10]

それゆえ　一　についてはいわなければならない。この異論は、もしも時間と永遠とが同じ類に属する尺度であるとしたならば、妥当したことであろう。しかしそれが偽であることは、時間をその尺度とするものと永遠をその尺度とするものとのちがいからあきらかである。

二　についてはいわなければならない。時の「今」は、その基体についていえば全時間にわたって同一である。[11]しかし概念的に相違する。そもそも時間が動きに対応するように、時の「今」は動くものに対応する。しかるに動くものは、その動きの基体についていえば、時間の経過の全体にわたって同一であるが、今ここに在り今そこに在るといわれるかぎりにおいては、概念的に相違する。そしてこのような仕方で別のものになってゆくことが、動きにほかならない。同様に「今」の流れは、その今が概念的に別のものになってゆくかぎりにおいて、時間にほかならない。これに対し永遠は、基体的にも概念的にもいつも同一にとどまっている。ゆえに永遠は時の「今」と同じではない。[12]

三　についてはいわなければならない。永遠が存在に固有な尺度であるように、時間は運動に固有な尺度である。それゆえ何らかの存在が、存在の恒存性から離脱して転変に服するようになる度合に応じて、その存在は永遠から離れて時間に服するようになる。そこで可滅的事物の存在は転変するから、永遠によって測られず時間によって測られる。じっさい時間は、単に現実に転変しているものを測るだけではなくて、転変しうるものをも測るのである。それゆえ時間は、単に運動を測るだけではなくて、静止をも測る。静止は本来動くべき性質のものでありながら、現実には動いていないものに属するからである。

(1)　この項においては、永遠と時間とが比較され、その相違が考察される。時間との比較によって永遠の特質があきらかにされるとともに、その反面、永遠との比較において時間の特質があきらかにされる。ただしここでトマスが取り上げるのは、アリストテレス的時間である。すなわち「運動の数」として自然との関係において把えられた自然学的時間である。アウグスティヌスが『告白』第一一巻において行なっているような、深い内面的主体的な時間の考察は、ここでは全然問題とされていない。この点において、トマスの時間論に物足りない感じを抱く人があるかも知れない。しかし時間を論じる態度の相違に注意すべきであろう。アウグスティヌスの『告白』における時間論の意図は、「私」自身の主体的な時間経験の徹底的な反省を通して時間から永遠へ超越してゆくことである。これに対し、『神学大全』においては、トマスの個人的な「私」は完全に姿を消している。彼は被造的世界を代表するいわば「宇宙人」の立場において、神の永遠と世界の時間とを比較している。そのような立場において、アリストテレスの自然学的時間は、いわば宇宙論的視野のもとに把えられ、永遠との対比のもとに解釈されるのである。

② ここで「日」dies に対比される「時間」は、「永遠」に対比される「時間」ではなくて、一日の二十四分の一としての「時間」である。ラテン語では、「永遠」に対比される「時間」tempus に対して、hora といわれる。英語では time と hour、独語では Zeit と Stunde と区別されるが、日本語ではその区別がないので同じく「時間」と訳しておく。tempus を「時」と訳して「時間」hora と区別するのも一つの方法であるが、「時」というと日本語では、「そのとき」というように或る時点を示し、ここで問題とされている「尺度」mensura の意味が失われる場合があるので、やはり「時間」と訳しておく。

③ 第一一章二一九 b 一〇―一六。トマス『註解』第一八講五八三、五八四。第一三章二二二 a 一〇―二一。トマス『註解』第二一講六一三を参照。この箇所でアリストテレスは、「時の今」nunc temporis の概念を分析している。

④ 第一四章二二三 b 一八―二三。トマス『註解』第二三講六三五を参照。「第一運動」primus motus とは、天球の全体を回転させている規則的、周期的、単一的なる円運動であって、その一回転を単位とする運動は、すべての運動の尺度となる。この異論は、アリストテレスが「運動」について述べた時間の尺度と時間との関係を、「存在」esse の次元に移して、「第一存在」primum esse の尺度としての永遠と時間の関係として論じている。

⑤ ヘールズのアレクサンデル、ボナヴェントゥラの説と考えられる。アレクサンデル『神学大全』第一

部五六。ボナヴェントゥラ『命題集註解』第一巻三六区分二項一問を参照。
⑹ 天体の運動は永遠であると説いたのはアリストテレスである。その理由は、天体が不生不滅であるということである。『天界論』第一巻三章二七〇a一三以下。トマスは天体が「生成」generatio の次元において不生不滅であることは認めながらも、「創造」creatio の立場から天体の永遠性を否定する。この問題は、第四六問一項「被造物の世界は常に存在したか」において詳論される。
⑺ 第五巻散文第六。ラテン教父集六三巻八五八。
⑻ 永遠が「尺度」mensura といわれる意味については、本問二項異論答三において述べられた。
⑼ 第一二章二二一b三—五。トマス『註解』第二〇講六〇五を参照。
⑽ トマスはここで、永遠と時間との相違を始めと終わりが在るか否かという点に見いだす人々の説をなしうるかぎり好意的に解釈し、二つの仕方でその「何らかの妥当性」aliqua ratio を認めながらも、しかしそれは、両者の「自体的第一義的相違」differentia per se primo ではなく、むしろそこから派生し随伴する「附帯的相違」differentia per accidens にすぎないと結論する。トマスが自分と意見を異にする人々に対する、特にフランシスコ派の人々に対する態度のよく表われている場合の一である。
⑾ 「今」の「基体」subiectum とは、今そこに在るといわれるその「もの」である。トマスは時間をそのなかでものが動く「わく」のようなものとは考えず、あくまでも「動くもの」mobile に即して考える。この点でアリストテレスの時間の考え方にまったく従っている。すなわち、まず時間が在って、そのなかでものが動くのではなくて、「動くもの」が在って、そのものに即して時間と時の今とが認められるのである。ゆえに、動くものがなければ時間もなく時の今もない。ところで「もの」がなければ「動

き」もない。ゆえに時間と時の今とのもとには「動くもの」が在り、「動くもの」のもとには「もの」が在る。この「もとに在るもの」が時間と時の今と、また更に動きとの「基体」である。この基体は基体たるかぎり同一にとどまっている。

⑿ 時の基体は可変的なる「もの」であり、永遠の基体（もしそういってよいならば）は絶対に不変的なる神の存在である。ゆえに、時において認められる「今」と、永遠の「今」とは何らかの類似性を有するとしても、両者を同一視することはできないのである。なぜなら両者はその基体において異なるからである。

第五項　永劫と時間との相違について[1]

第五についてはは次のようにすすめられる。永劫は時間と別のものではないと思われる。そのわけは、

一、アウグスティヌスは『創世記逐語解』第八巻[2]において、「神は霊的被造物を時間を通して動かす」といっている。しかるに永劫は、霊的実体の尺度であるといわれる。ゆえに時間は永劫と異なるものではない。

二、更に、より先とより後とを持つということは時間の特質に属し、これに対し、全体が同時

的に存在するということは永遠の特質に属する。これは既に述べられたことである〔本問一項〕。しかるに永劫は永遠ではない。じっさい『集会書』第一章〔一節〕には、永遠の知恵は、「永劫よりも先に存在する」といわれているのである。ゆえにそれは全体が同時的に存在せず、より先とより後とを持っている。したがってそれは時間である。

三、更に、もしも永劫のうちにより先とより後とがないとすれば、永劫的なるものにおいては、在る、在った、在るであろうの相違もないことになる。ところで永劫的なるものが存在しなかったということはありえないから、したがって存在しないであろうということもありえないことになる。これは偽である。なぜならば神は、それらのものを無に帰せしめることもできるからである。

四、更に、永劫的なるものの持続は、後のほうをみると無限であるから、もし永劫の全体が同時的に存在するとすれば、現実的に無限なる何らかの被造物が存在することになる。しかしこれはありえないことである。ゆえに永劫は時間と異なるものではない。

しかし反対に、ボエティウスは、「御身は時間が永劫から出てゆくことを命じ給う」③といっている。

答えていわなければならない。永劫は時間と永遠との中間に位するものとして、時間とも永遠とも異なっている。しかしその相違は、或る人々によれば④、永遠には始めも終わりもない、永劫には始めがあるが終わりがない、時間には始めもあり終わりもあるという点に存するとされる。しかしこの相違は、既に述べられたように〔前項〕、附帯的なものにすぎない。なぜならば、たとえ或る人々が主張するように、[5]永劫的なるものが常に存在したしまた常に存在するであろうとしても、のみならず、いつか滅びることがあるとしても（これは神にとってはなしうることであろう）、それでもなお、永劫は永遠からも時間からも区別されるであろうからである。

また他の人々は、[6]この三者の相違を次の点に在るとする。すなわち、永遠はより先より後を持たない、時間はより先より後を持ち、それとともに新旧の交替がある、永劫はより先より後を持つが、そこには新旧の交替はない。――しかしこの説は矛盾を含んでいる。そのことは、新しくなる古くなるということを、尺度そのものとの関係において考えてみる場合にあきらかである。じっさい、持続におけるより先とより後とは同時的に存在することはできないから、もしも永劫がより先より後を持つとすれば、永劫のより先なる部分が去れば当然より後なる部分が新たに到来するはずであり、したがって永劫においても時間におけると同様、新しくなるということがあるであろう。他面また、尺度によって測られるものとの関係において考えてみても、やはり不都合が生ずる。というのは、時間的なるものが時間において古くなるのは、転変する存在を持つからであり、また、尺度によって測られるものの転変性にもとづいて、尺度におけるより先より後が生ずることは、『自然学』第四巻[7]からしてあきらかである。それゆえ永劫的なるものが古くな

であろう。したがって永劫的なるものの尺度は、より先より後を持たないであろう。

それゆえ次のようにいわなければならない。永遠は恒存する存在の尺度であるから、何らかのものは存在の恒存性から離れる度合に応じて永遠性からも離れるのである。ところで或るものは、その存在が転変の基体であり、あるいはまた、転変のうちに成り立つという仕方で存在の恒存性から離れている。かかるものは時間によって測られる。すべての運動、のみならずすべての可滅的なるものの存在も、そのようにして時間によって測られるのである。ところが或るものは、存在の恒存性から離れる度合が前者に較べてより少ない。すなわちそれらのものの存在は、転変のうちに成り立つのではなく、また転変の基体でもないからである。しかしながら、附加的な転変性を現実的にかあるいは可能的に有している。

このことは天体の場合にあきらかである。天体の実体的存在は転変しないが、しかし天体はこの転変しない存在を有するとともに、場所的転変性をも持っている。[8] 同様、天使の場合にもあきらかである。天使は転変しない存在を有しているが、それとともに、その本性についていえば選択に関する転変性を持ち、[9] また知性認識と感情における、また天使独自の場所における転変性を持っている。[10] それゆえこれらのものは、永遠と時間との中間なる永劫によって測られる。これに対し、永遠によって測られる存在は、可変的でないばかりか、可変性と結合してもいない。かくて、時間はより先より後を有している。永劫はそれ自体としてはより先より後を持たない。しかしそれに、より先より後が結合されることができる。これに対し永遠は、より先より後を持たないばかりか、より先より後を受け入れることもないのである。

それゆえ　一　についてはいわなければならない。霊的被造物は、その精神の状態と知性認識に関しては、それらは継起するがゆえに、時間によって測られる。それゆえアウグスティヌスも同所において[11]、霊的被造物が時間を通して動くとは、その精神の状態において動くことであるといっている。だがその自然本性的存在に関しては、永劫によって測られる。しかし栄光の直観に関しては、永遠を分有しているのである[12]。

二　についてはいわなければならない。永劫はその全体が同時的に存在する。しかしそれは永遠ではない。なぜならばそれは、より先より後を身に受けるからである。

三　についてはいわなければならない。天使の存在をそれ自体として考えると、天使の存在のうちには過去と未来との相違はなく、かかる相違はただ附加的な変化に関してのみ認められるにすぎない。それにもかかわらずわれわれが、天使が存在する、存在した、存在するであろうなどというのは、われわれの知性の受け取り方の相違によるのである。われわれの知性は天使の存在を、時間の異なる部分との関係において把えるからである。そして天使が「存在する」とか「存在した」とかいう場合には、同時にそれと対立することが[13]神の能力においてもありえないものが前提されている。これに対し、天使が「存在するであろう」という場合には、まだ何も前提されていない。ところで、天使が存在するかしないかは神の能力のもとにあることであるから、何事をも前提せずに考えるならば、神は天使の存在が無くなるであろうようにすることができる。しかし天使が存在する間は存在しないようにすることはできず、存在した後に存在しなかったようにすることもできないのである。

四 についてはいわなければならない。永劫の持続が無限であるのは、それが時間的に限られないからである。しかしそのように何らかの被造的存在が、何か他のものによって限られないがゆえに無限であるとしても、何ら不都合なことではない。

(1) 「永劫」aevum は、永遠と時間との中間に位する持続の形式である。永劫という尺度によって測られるものとして、トマスは天体と天使とをあげている。現代のわれわれには、永遠なる概念は縁遠い。ましてや「永劫」などという概念はいっそう神話的に聞こえるかも知れない。しかしわれわれが、自然と人間の「歴史」について考えるとき、この概念は何らかの示唆を与えるように思われる。自然と人間の歴史は、単なる時の流れにすぎないものではない。そこには世代があり世紀があり周期がある。これらは、時間における永劫なるものの反映ないし分有と考えられる。自然の歴史における永劫的なるものは天体の永劫に関係し、人間の歴史における永劫的なるものは天使の永劫に関係する。この二つの永劫の間には何らかの対応関係があるように思われる。そして身体と知性とから成る人間の歴史は、この二つの永劫への関係を兼有している。人間の歴史についての探究は、歴史における永劫的なるものの探究を目ざしているのではなかろうか。

⑵ 第二〇章三九節。ラテン教父集三四巻三八八。第二二章四三節。ラテン教父集三四巻三八九。

⑶ 『哲学の慰め』第三巻韻文九。ラテン教父集六三巻七五八。

⑷ ヘールズのアレクサンデル『神学大全』第一部六五。そこで、永劫とは何かという問に対していくつかの説があげられたのちに、本来の意味として、「存在しなかった後に存在を持ったが、非存在に戻ることなく永久に存在するものの持続である」といわれている。ここに、「存在しなかった後に存在を持つ」habere esse post non esse といわれるのは、「永劫的なるもの」aeviternum もやはり神によって無から創造されたものであり、したがって存在の始めを持つと考えられるからである。

⑸ アリストテレス『天界論』第一巻一〇章二七九b四―三一。そこで彼は、世界が生成消滅するかそれとも不生不滅であるかについての先人の諸説をあげて、前説を斥け後説を取っている。すなわち「世界」mundus は不生不滅であるという。この説によれば、世界という永劫的なるものは、始めも終わりもなく常に存在することになる。この説をトマスは、生成の次元においては認めながらも、創造の次元においては斥ける。本問二項註12を参照。

⑹ ボナヴェントゥラ『命題集註解』第二巻二区分一部一項三問。そこで、「永劫」は「霊的なるもの」spiritualia の持続の尺度であり、それは「持続の延長」durationis extensio としての先後を有するが、それによって変わることも新しくなることもないといわれている。

⑺ 第一二章二二〇b五―一〇。トマス『註解』第一九講五九六。

⑧ 天体の質料は、天体の一つの実体的形相によって完全に現実化されていて、それとは別の形相を取ることがないから、生成も消滅もしない。しかしたえず場所的に移動しているから、場所という附帯性に関しては転変性を有している。しかしそれは天体にとって本質的な転変性ではなくて、「附加的転変性」transmutatio adiuncta である。

⑨ 天使は本性的に意志の自由決定力を具えており、創造された直後に神に対する態度を自己の意志によって自由に選び、或る天使は神に向かうことによって永遠の至福を得、或る天使は神に背いて地獄におとされた。天使の本性は非質料的であるから、天使は本性的な転変性は持っていないが、この「選択の転変性」transmutabilitas secundum electionem を附加的に有している。天使の自由決定力については、第五九問三項「天使には自由決定力があるか」、天使の選びについては、第六二問二項「天使は神に向くために恩恵を必要としたか」、五項「天使は功績の一つの行為の直後に至福を得たか」、第六三問五項「悪魔はその創造の最初の瞬間に自己の意志の過ちによって悪しき者となったか」、六項「天使の創造と堕落との間に何らかの時の間が存したか」、等において論じられる。

⑩ 天使の知性は或る意味で可能態から現実態に移る（五八問一項、六項）。また或る意味で意志の動きとしての「感情」affectiones、すなわち、愛、憎み、苦痛、等がある（六〇問、六四問）。またその力を場所に及ぼし、また力を及ぼす場所を変えるという意味で場所的に移動する（五三問）。これらの意味において、天使には附加的転変性が認められる。

⑪ 『創世記逐語解』第八巻二〇章三九節。ラテン教父集三四巻三八八。同所において、精神は忘れていたことを想い出したり、知らなかったことを学んだり、それまで意志しなかったことを意志したりする

ことによって時間的に動くといわれている。天使においても、これに似た「精神の状態の変化」affectiones が認められるかぎりにおいて「時間を通して動く」moveri per tempus といわれうる。

⑿ 天使のうちの或る者たちは、創造された直後に神に向かうことによって神の恩恵を受け、御言を直観して永遠の至福に与り、それとともに、神の永遠性を分有することとなった。天使の享ける永遠の生については、第六二問「恩恵と栄光の存在における天使の完全性について」において考察される。

⒀ 「それと対立すること」eius oppositum とは、天使が「存在する」に対しては「存在しない」、「存在した」に対しては「存在しなかった」である。もし天使が「存在する」ならばそれと同時に「存在しない」にすることは神の能力においてもありえない。「存在した」ならば「存在しなかった」にすることは神の能力においてもありえない。ゆえに天使について「存在する」「存在した」という表現が用いられる場合には、当然それが神によって「存在せしめられている」ことが前提され、この「前提」suppositio のもとで話が進められている。これに対し「存在するであろう」といわれる場合には、これと対立すること、つまり「存在しないであろう」も、神の能力においてはありうることである。ゆえに天使について「存在するであろう」という表現が用いられるときは、天使の存在と非存在とが神の意志にかかっているという次元において話が進められている。これが「何事をも前提せずに考えるならば」absolute considerando という立場である。

第六項　永劫はただ一つだけ存在するか①

第六については次のようにすすめられる。永劫はただ一つだけではないと思われる。そのわけは、

一、外典『エズラ書』〔『第三エズラ書』四章四〇節〕[2]において、「諸々の永劫の威厳と権能とは、主よ、御身のもとに在る」といわれている。

二、更に、異なる類のものには、それぞれ異なる尺度が存在する。しかるに永劫的なるもののうちの或るものは、天体として物体的なるものの類に含まれ、或るものは霊的実体たる天使である。ゆえに永劫はただ一つだけではない。

三、更に、永劫は持続を意味する名称であるから、一つの永劫がそれに属するものには、また一つの持続が属する。しかしすべての永劫的なるものが一つの持続に属するわけではない。じっさい、或る永劫的なるものは、別の永劫的なるものの後に存在しはじめるのであって、このことは、人間の魂の場合に最もあきらかである。[3]ゆえに永劫はただ一つだけではない。

四、更に、相互に依存していないものは、同一の持続の尺度を持たないと思われる。じっさい、すべての時間的なるものに同一の時間が属すると思われるのも、或る意味ですべての運動の原因が第一運動であり、これがまずもって時間によって測られるからである。しかるに永劫的なるものは相互に依存していない。一つの天使は別の天使の原因ではないのである。ゆえに永劫はただ

一つだけではない。

しかし反対に、永劫は時間よりも単純で、永遠にいっそう近い位置にある。しかるに時間はただ一つである。ゆえになおさらのこと、永劫はただ一つである。

答えていわなければならない。この問題については、二つの意見がある。或る人々は永劫はただ一つだけであるといい、[4] 或る人々は多数であるという。[5] いずれの説がより真実であるかを考察するためには、まずもって時間が一であることの原因の考察から始めなければならない。霊的なものに関する認識に到達するために、われわれは物体的なるものの認識を通さなければならないからである。

ところで或る人々によれば、すべての時間的なるものに同一の時間が属するのは、すべての「数えられるもの」に同一の数が属することによる。[6] 哲学者によれば、時間は数であるからである。[7] ――しかしこの説は不十分である。時間は「数えられるもの」の外にそこから抽象されたものとしての数ではなくて、「数えられるもの」に内在するものとしての数だからである。さもなければそれは、連続的なるものとはならないであろう。たとえば十尺の布が連続性を有するのは、数によるのではなくて「数えられるもの」によるのである。しかるに「数えられるもの」に内在する数は、すべてのものにとって同一ではなく、異なるものにおいてそれぞれ異なる。

そこで他の人々は、時間が一であることの原因は、すべての持続の根原としての永遠が一であることに在るという。[8] この説によれば、すべての持続はその根原を考えてみるならば一である。しかし第一根原から波及してくる力によって持続性を受け取るものが多種多様であるということを考えるならば多である。ところがまた他の人々は、時間が一であることの原因は、時間を尺度とする運動の第一基体である第一質料の側に在るという。[9]——しかしこれらの原因の指定は、いずれも不十分であると思われる。根原ないし基体において、とりわけ最も距たったそれにおいて一であるものは、端的な意味において一なのではなくて、ただ或る観点のもとにおいて一であるにすぎないからである。

それゆえ時間が一であることの理由は、第一運動の一性であるとしなければならない。第一運動は最も単純であるから、『形而上学』第一〇巻[10]においていわれているように、他のすべての運動はこの第一運動によって測られるのである。それゆえ時間はこの第一運動に対して、単に尺度がそれによって「測られるもの」に対する関係にあるだけではなく、更にまた附帯性が基体に対する関係にあり、したがって基体としての第一運動からその一性を受ける。他の運動に対しては、しかし時間は、尺度が「測られるもの」に対する関係にあるにすぎない。それゆえそれらの運動が多数あるからといって、そのために時間が多数となることはない。多くのものが、分離された一つの尺度によって測られることは可能だからである。

以上のことを心得た上で、さて霊的実体については二様の意見があったことを知らなければならない。すなわち或る人々は、すべての霊的実体は或る等しさをもって神から生じたという。オリゲネスはその一人である。[11] また或る人々によれば、霊的実体のうち多くのものが、或る等しさをもって神から生じたという。[12] これに対し他の人々は、すべての霊的実体は或る段階と秩序とをもって神から生じたという。ディオニシウスはそのように考えていたと思われる。すなわち彼は『天上位階論』第一〇章[13]において、霊的実体のうちには第一のもの、中間のもの、最後のものが存在し、天使の同一の階級においてもまたそれぞれこの三つの段階が存在するという。

そこでもし第一の意見に従うならば、多数の永劫的なるものは最初等しいものであったのであるから、多数の永劫が存在するということは必然である。これに対し、もしも第二の意見に従うとすれば、永劫はただ一つしかないといわなければならない。なぜならば、『形而上学』第一〇巻[14]においていわれているように、それぞれのものは自分の類に属する最も単純なるものによって測られるがゆえに、すべての永劫的なるものの存在は、永劫的なる第一のもの[15]の存在によって測られなければならないからである。この永劫的なるものの存在は、そのうちより先なるものほど、いっそう単純である。そして、後に示されるであろうように、[16] 第二の意見のほうが真実であるから、現在のところわれわれは、永劫はただ一つだけであることを認めることにする。

それゆえ　一　についてはいわなければならない。「永劫」aevum ということは、或る場合には「世紀」saeculum、すなわち、或る物の持続の周期という意味にとられる。この意味では、

「多くの世紀」といわれるようにまた「多くの永劫」といわれるのである。

二 についてはいわなければならない。天体と霊的なるものとは、本性の類においてはたしかに異なるものであるが、しかし変転しない存在を有している点においては共通する。その意味で両者はともに、永劫によって測られるのである。

三 についてはいわなければならない。かならずしもすべての時間的なるものが同時に始まるわけではないが、それにもかかわらず、時間によって測られる第一のもののゆえに、すべての時間的なるものの時間はただ一つである。そのようにまた、すべての永劫的なるものは、そのすべてが同時に始まるわけではないが、第一の永劫的なるもののゆえに、同一の永劫を有するのである。

四 についてはいわなければならない。或るいくつかのものが何か一つのものによって測られるためには、その一つのものがそれらすべてのものの原因である必要はない。それらすべてのものに較べてより単純なるものでありさえすればよいのである。

(1) 永劫は、前項において見られたように、天使と天体との持続の形式である。ゆえに、天使と天体とが多数存在するとすれば、それぞれの天使、それぞれの天体は、それぞれ固有の持続の形式としての永劫を持つことになり、したがって永劫もただ一つではなく天使と天体との数だけ多数存在することとなるであろう。事実、このように主張した人々も在ったのである。トマスは、或る意味においての永劫の多数性を認めつつも、しかしそれらの永劫は一つの永劫によって統一されなければならないと考える。すなわち多数の永劫的なるものは、一つの永劫の尺度によってその持続を共通的に測られているのであるという。多数の永劫的なるものの存在を認めることは、多数の個々別々の歴史的世界を認めることである。それらの永劫的なるものが、一つの永劫によって測られるということは、それら多数の歴史的世界が、結局一つの歴史的世界のなかに組みこまれることを意味する。かかる見地は、全被造物を神の摂理のもとに眺めるというトマスの立場から、必然的にみちびき出されるものである。

(2) 七十人訳(セプチュアギンタ)のなかには、『エスドラス』と題する書が二つ収録されている。第一のもの(これを「アルファ」という)は、内容的にはヘブライ語聖書『エズラ書』『ネヘミア書』『歴代志』下の一部を含み、これらの書の比較的自由なギリシア語訳である。第二のもの(これを「ベータ」という)は、『エズラ書』『ネヘミア書』の比較的忠実な訳である。ヒエロニムスが七十人訳を参照しつつヘブライ語原典からラテン訳したとき、彼はこの点に気附き、『エスドラス』(ベータ)に当たる部分を『第一エズラ書』『第二エズラ書』と区分し(前者は現行聖書の『エズラ書』、後者は『ネヘミア書』に当たる)、『エスドラス』(アルファ)を『第三エズラ書』として訳した。そしてこれは、正確にそれに該当するヘブライ語原典が存在しないから、「外典」apocryphaの類に収められた。この異論の引用は『第三エズラ書』からなされている。ただし、ヒエロニムス訳(ヴルガタ版)は、この引用に正確に対応しない。ヴルガタ以外に当時存在したラテン訳からの引用であると考えられる。

(3) 「人間の魂」anima humanaは、創造によって時間のうちに存在しはじめる。しかし、いったん創造された魂は不死であって存在を止めることがない。その意味で「永劫的なるもの」の類に属する。人間の魂の不死については、第七五問六項「人間の魂は可滅的であるか」において論じられる。

④ ヘールズのアレクサンデルの説。彼の『神学大全』第一部六六を参照。

⑤ ボナヴェントゥラの説。彼の『命題集註解』第二巻二区分一部一項二問を参照。

⑥ アヴェロエスの説。トマス『命題集註解』第二巻二区分一問二項を参照。

⑦ アリストテレス『自然学』第四巻一一章二一九b一―二において、時間は、「より先より後の関係における運動の数」numerus motus secundum prius et posterius であると定義される。トマス『註解』第一七講五八〇を参照。

⑧ ヘールズのアレクサンデルの説。彼の『神学大全』第一部六六を参照。

⑨ ボナヴェントゥラの説。彼の『命題集註解』第二巻二区分一部一項二問を参照。この説はアヴィセンナにまでさかのぼるであろう。

⑩ 第一章一〇五三a八―一二。そこで、天体の運動（すなわち「第一運動」primus motus）は、一様にして最も速い運動（その意味で、最も単純な運動）であり、他の運動はそれを規準として測られる、といわれている。トマス『註解』第二講一九四七―一九四九を参照。

⑪ オリゲネス（一八五頃―二五四頃）は、アレクサンドリアの神学者。聖書とギリシア哲学とを深く研究し、聖書に文字的、道徳的、霊的意味を区別し、第三の意味を重視する。聖書の語学的批判的研究を行ない、またキリスト教の体系的叙述を試みることによって、その後のキリスト教神学の発展に基礎を与えた。ただ創造に関して、ここに述べられているように、すべての霊的被造物は、まったく等しい状

態で創造されたが、自らの意志によって果たした功罪に応じ、その報いとして、それぞれの段階の天使、人間、動物、物体の地位に固定されたと説いた。オリゲネス『根原について』第一巻八章。ギリシア教父集一一巻一七六、一七九。この説は、あらゆる段階の被造物が神の創造であるかぎりにおいて善きものであることを認めず、被造物における段階の区別を罪の罰としての悪に帰する点において正統の教に適合せず、そのため、彼の死後教会から異端を宣告された。この点についてトマスは、第四七問二項「諸事物の不等性は神によるものであるか」において論じている。

⑫ すべての霊的被造物が平等の状態において創造されたわけではないが、少なくとも天使たちは、同じ種に属するかぎりにおいて平等に創造されたという説。ボナヴェントゥラはこの説をとる。彼の『命題集註解』第二巻三区分一部二項一問。

⑬ ギリシア教父集三巻二七三。天使の位階についてトマスは、第一〇八問三項「一つの段階のうちに多数の天使が存在するか」において、ディオニシウスの説に従って論じている。

⑭ 第一章一〇五二b三一—三五。トマス『註解』第二講一九四四—一九四六を参照。

⑮ 「永劫的なる第一のもの」primum aeviternum とは、すべての天使のうち最高の地位を占める「第一天使」primus angelus。『命題集註解』第二巻二区分一問二項。それはすべての天使たちのうち、最も密接に神に結合している。『随時問題集』第五巻四問一項を参照。

⑯ これについては、第四七問二項「諸事物の不等性は神によるものであるか」、第五〇問四項「天使たちは種的に異なるか」において論じられる。

第一一問　神の一性について①

上述の後、神の一性について考察しなければならない。これについては四つのことが問われる。
一、一は有に何かを附加するか
二、一と多とは対立するか
三、神は一であるか
四、神は最大度に一であるか

(1)　神が一であって多くの神々はありえないということは、イスラエルの宗教の最も強く主張するところである。イスラエルの伝統を継承するキリスト教においても、もちろん神は一でなければならない。しかし神はいかなる意味で一なのであろうか。そもそも「一」とは何を意味するか。「一」の何たるか、また「一」と「多」との関係については、パルメニデス以来、ギリシア哲学において長く論じられた。トマスはまず「一」とは何かということ、また「一」と「多」との関係を、哲学的に厳密に規定する。その上で、神がいかなる意味で一であるかを考察する。キリスト教においては、神は一であるとともに、また或る意味において三である。すなわち、ペルソナとしては三である。この問題は後に、第三〇問「神におけるペルソナの複数性について」において論じられる。その議論に先だって、まずここで神が一であることを確認し、また神がいかなる意味で一であるかということを十分に考察し、しっかりと認識しておかなければならなかったのである。

第一項　一は有に何かを附加するか[1]

第一については次のようにすすめられる。一は有に何らかのものを附加すると思われる。そのわけは、

一、何らかの限定された類のうちに含まれるものはすべて、あらゆる類を包含する有[2]に対して、それに何かを附加したものとしてある。しかるに一は、或る限定された類のうちに含まれている。一は数の始まりであるが、数は量の一種だからである。ゆえに一は有に何かを附加する。

二、更に、何か共通的なるものを分割するものは、その共通的なるものに対して、それに何かを附加したものとしてある。[3]しかるに有は、一と多によって分割される。ゆえに一は有に何かを附加する。

三、更に、もしも一が有に何ものも附加しないとすれば、一というのも有というのも同じこととなるであろう。しかるに「有る有」というのは無意味な同語反覆である。したがって「一なる有」というのも無意味な同語反覆であることになろう。しかしこれは偽である。ゆえに一は有に何かを附加する。

しかし反対に、ディオニシウスは『神名論』終章[4]において、「およそ存在するものにして、一を分有しないものは何もない」といっている。もしも一が、有の意味を制限する何かを有に附加するとすれば、このようなことはいえないはずである。ゆえに一は、有に何かを附加するものとして有に対してあるのではない。

答えていわなければならない。一は有に、何か実在するものを附加するのではなく、ただ分割の否定を附加するにすぎない。じっさい一なるものとは、「不可分の有」を意味するにほかならないからである。ここからしてまた、一が有と置換されることもあきらかである。[5]そもそも有は、いかなる有であれ、単純なものであるか複合されたものであるかのいずれかである。単純なるものは、現実的にも可能的にも不可分である。複合されたものはこれに対し、その部分が分かたれている間は現実的に存在せず、その複合体が構成され合成された後にはじめて現実的に存在する。ゆえにいかなるものの存在も、不可分性において成り立つことはあきらかである。それゆえ個々のものはそれぞれ、自己の存在を保持すると同様に、また自己の一性を保持しているのである。

それゆえ　一　についてはいわなければならない。或る人々は、有と置換される一と、数の始めである一とが同じものであると考えたが、彼らの説は正反対のものに分かたれた。すなわちピュタゴラスとプラトンとは、有と置換される一が、有にいかなる実在的なるものをも附加せず、有の実体を「不可分のもの」として表示するのを見て、数の始めとしての一もそのとおりであると考えた。また数は多くの一から成り立っているから、数が万物の実体であると信じたのである。⑥
これと正反対にアヴィセンナは、数の始めとしての一が、有の実体に何らかの実在的なるものを附加する点に着眼し（さもなければ、多くの一から成り立っている数が量の一種とはなりえないであろう）、有と置換される一も有の実体に何か実在的なるものを附加する——白が人間に何らかの実在的なるものを附加するように——と信じたのである。⑦　しかしこれはあきらかに偽である。なぜならば、いかなるものも、まさにその実体によって一だからである。じっさい、いかなるものにせよ、何か他のものによって一となるのであるとしたならば、そのものもまた一であるから、更にまた何か他のものによって一となるのであるとすれば、かかる過程は無限に進むことになるであろう。それゆえ第一の段階において、踏みとどまらなければならないのである。
それゆえ、こういわなければならない。有と置換される一は、有に何か実在的なるものを附加するわけではない。しかし数の始めとしての一は、量の類に属する何らかの実在的なるものを有に附加するのである。⑧

二　についてはいわなければならない。或る意味で分割されるものが、別の意味では不可分であるということがあったとしても、これはなんら差し支えない。数的に分割されるものが種的には不可分であるのはその一例である。[9] そのようにまた、何らかのものが、或る意味では一であるが別の意味では多であることも起こりうる。しかしながら、端的な意味において不可分である場合には、それには、ものの本質に属さないことがらにおいては分割されるがものの本質に属することがらに関しては不可分である（偶有においては多であるが基体においては一であるように）場合もあり、可能的には分割されるが現実的には不可分である（部分的には多であるが全体的には一であるように）場合もあるが、かかるものは、端的な意味では一であるが、或る観点のもとにおいては多であろう。逆に、もし何かが、或る観点のもとにおいては不可分であるが端的な意味では分割される場合には、それには、本質的には分割されるが、概念的に不可分であるとか根原ないし原因において不可分である場合があるが、かかるものは端的には多であり、或る観点のもとにおいて一であろう。数的に多であるが、種においては一であるとか根原において一なるものはその例である。

ところで有は一と多とによって分かたれるが、その場合の一とは、端的な意味における一であり、多とは或る観点のもとにおける多である。じっさい多は、もし何らかの仕方で一なるもののもとに含まれるのでなければ、有のもとにも含まれないであろう。ディオニシウスも『神名論』

終章[10]においてこういっている。「一を分有しない多はない。部分において多なるものも、全体としては一である。偶有において多なるものも、基体としては一である。数において多なるものも、種としては一である。種において多なるものも、類としては一である。発出において多なるものも、根原においては一である」。

三　についてはいわなければならない。一は有に何らかのものを概念的に附加する。だから「一なる有」といっても、これは無意味な同語反覆とはならないのである。[11]

(1)　この項では、「一」unumと「有」ensとの関係が論じられる。一が「有に何かを附加する」aliquid addere supra ensのに二つの場合が考えられる。(一)一が有に何らかの実在するものを附加し、したがって一は、有とそのものとから成り立っている。この場合は、一と有とは実在的に異なることになる。(二)有と何らかの実在とから成るものではなくて、実在としては有そのものである。この場合は、一と有との区別は単に概念的なものにすぎず、一は有に何らかの「概念」ratioを附加することによって成り立つ概念であることになる。この場合は、更に、一なる概念は有にいかなる概念を附加することによって成り立つかということが問題となる。本項は、これらの問題を取り扱っている。一と有との関係は、パルメニデス以来の古い伝統を有する問題であるが、トマスの議論は直接的には、アリストテレス『形而上学』第四巻二章、第一〇巻二章の所論を前提している。トマス『註解』第四巻二講、第一〇巻三講を参照。

② アリストテレスは、「実体」substantia の類と、九つの「附帯性」accidentia の類とをあげているが、これらはすべて何らかの意味で「有」ens であり、したがって「有」はこれらの類のいずれにも内在するがいずれにも限定されず、かえってこれらすべての類を「包含する」circuire ものである。「有」が何らかの特定の類に限定されるためには、有に何かが附加されなければならない。たとえば、「実体有」ens substantiale、「質的有」ens qualitativum、「量的有」ens quantitativum、等。この異論は、一を「量的有」の一種であると考えている。

③ たとえば、「動物」という「共通的なるもの」commune が「人間」「猿」「犬」等々に分割されるためには、それぞれに固有な「種差」differentia が「動物」に附加されなければならない。

④ 第一三章。ギリシア教父集三巻九七七。トマス『註解』第二講九七二—九七四を参照。

⑤ 「一は有と置換される」unum convertitur cum ente とは、いかなる有も一であり、逆に、いかなる一も有であるという関係に、一と有とがあることである。しかしながら、有と一とはまったく同じ概念ではない。いかなる有も有であるかぎり不可分なるものである（もしも分割するならば、もはやその有ではなく、別の有になってしまうという意味において）。ゆえにすべての有は有であるかぎり「不可分」indivisio という性格を有している。有をこの「不可分」という性格の側面から把えたのがこの「一」という概念であり、「一」とはしたがって「不可分の有」ens indivisum にほかならない。ゆえに「有」と「一」とは、実在的には同じ「もの」res を意味し、そのかぎりにおいて置換されるが、「概念」ratio としては区別される。トマスは『能力論』第九問七項において、一と有との関係について、古今の哲学者たち（ピュタゴラス派、プラトン、アヴィセンナ、ロンバルドゥス、マイモニデス、等）の説をあげて

批判し、詳論している。

⑹ これは、いわゆるピュタゴラス派の「万物は数なり」という命題の説明である。その説明においてトマスは、アリストテレスの所説に従っている。アリストテレスのピュタゴラス説批判については、『形而上学』第一巻八章九八九b二九―九九〇a三二。トマス『註解』第一三講二〇二以下。『天界論』第三巻一章三〇〇a一四―一九。トマス『註解』第四講五七四を参照。

⑺ この説は、「一」を「有」とは実在的に異なる有の附帯性とみるのである。「白」が「人間」とは実在的に異なる人間の附帯性であり、人間の「実体」に附加されて「白き人間」となれば、これは単なる「人間」とは実在的に区別されるように、「一」という附帯性が「有の実体」substantia entis に附加されて「一なる有」となれば、これは単なる「有」とは実在的に区別されると考えるのである。アヴィセンナ『形而上学』第三論文二、三章。

⑻ 「一」は二つの意味にとられる。一つは、数の始めとしての一である。すなわち、一、二、三……とつらなる自然数の「始め」principium としての「一」である。この意味での「一」は、量の類に属し、単なる「有」とは実在的に区別される。もう一つは、「有」と置換される「一」であり、これは「有」を「不可分」というその「特質」ratio の側面から把えた名称であり、したがって「有」と実在的に区別されず、ただ概念的に区別されるにすぎない。トマスによれば、ピュタゴラス、プラトン、アヴィセンナは、この二つの「一」を混同し、前の「一」を後の「一」で考え、あるいは、後の「一」を前の「一」で考えているのである。後に見られるように、神が一であるといわれる場合も、それは数的一の意味に解されてはならない。神はすべての量を超越するからである。

⑨「数的」numero とは、「個的に」individuo と同じである。たとえば三人の人間は、数的ないし個的には多であるが、三人ともに人間であるかぎりにおいて、人間という「種に関しては」specie 一である。

⑩ 第一三章。ギリシア教父集三巻九八〇。トマス『註解』第二講九七五—九七六を参照。

⑪「一」と「有」という名は、同じ実在する「もの」を表示している。ゆえに「実在的には」secundum rem 同じである。しかし「概念的には」secundum rationem 異なる「概念」ratio を表示している。ゆえに「一」と「有」とは同義語ではない。ゆえに結合して用いても、無意味な同語反復とはならない。

第二項 一と多とは対立するか①

第二については次のようにすすめられる。一と多とは対立しないと思われる。そのわけは、

一、いかなる対立者も、自分に対立する相手のものについては述語されない。しかるに、さきに述べられたところからあきらかなように〔前項異論答二〕、いかなる多も、何らかの意味において一である。ゆえに一は多に対立しない。

二、更に、いかなる対立者も、自分に対立する相手のものから構成されることはない。しかるに一は多を構成している。ゆえに一は多に対立しない。

三、更に、一は一に対立する。しかるに多に対立するのは少である。ゆえに一は多に対立しない。

四、更に、もしも一が多に対立するとすれば、一は多に対し、分割されないものが分割されたものに対する仕方で対立する。したがって多に対して、欠如が所有に対する仕方で対立することになるであろう。[2] しかしこれは不都合であると思われる。もしもそうだとすれば、一は多よりも後なるものとなり、したがって多によって定義されることになるであろう。しかしじっさいには、多が一によって定義されるのである。したがって定義のうちに循環が生ずることになる。これは不都合である。ゆえに一と多とは対立しない。

しかし反対に、二つのものの概念が対立する場合には、その二つのものは対立する。しかるに、「一」の概念が不可分ということのうちに成り立つのに対して、「多」の概念のうちには分割ということが含まれている。ゆえに一と多とは対立する。

答えていわなければならない。一は多に対立する。しかしその対立の仕方は一様ではない。すなわち、数の始めとしての一は、数としての多に対して、尺度がそれによって測られるものに対する仕方で対立する。『形而上学』第一〇巻[3]においてあきらかなように、一は第一尺度の性格を有し、数はこれに対し、一によって測られた多であるからである。他方、有と置換される一は、不可分のものが分割されたものに対立するという仕方で、欠如としてのあり方において多に対立するのである。

それゆえ 一 についてはいわなければならない。いかなる欠如も、存在を全面的に除き去ってしまうことはない。欠如とは、哲学者によれば、基体における否定であるからである[4]。それにしても欠如はすべて、何らかの存在を除き去る。それで有の場合には、有は共通的なものであるから、有の欠如が有を基盤としてその上で成り立つということが起こる。このようなことは、視力、白、等のような特殊の形相の欠如の場合には起こらない[5]。ところで有についていえることは、有と置換される一、および善についてもいわれうる。すなわち、善の欠如は何らかの善を基盤としてその上に成り立ち、同様に、一の除去は何らかの一を基盤としてその上に成り立つのである。ここからして、多は何らかの一であり、悪は何らかの善であり、非有は何らかの有であるということが起こってくる。しかしながら、対立する一方が他方について述語されるわけではない。なぜなら、その一方は端的な意味でとられ、他方は或る観点のもとにとられているからである。たとえば、可能態に在るものとして或る観点のもとに有であるものは、端的な意味においては、すなわち現実的には非有である[6]。また、実体の類において端的な意味で有であるものが、或る附帯的存在に関し、或る観点のもとにおいては非有である[7]。それと同様、或る観点のもとに善であるものが、端的な意味では悪であり、その逆もまた真である。同じく、端的な意味で一であるものが、或る観点のもとにおいては多であり、その逆もまた真なのである。

二　についてはいわなければならない。全体には二様のものがある。一つは、同質的全体であって、これは類似の諸部分から成り立っている。一つは、異質的全体であって、これは不類似の諸部分から成り立っている。ところでいかなる同質的全体においても、全体は全体の形相を有する諸部分から構成されている。たとえば水のいかなる部分も水である。連続体はそのような仕方で諸部分から構成されているのである。これに対し、いかなる異質的全体においても、そのいずれの部分も全体の形相を欠いている。たとえば、家のいかなる部分も家ではなく、人間のいかなる部分も人間ではない。そして「多」は、このような意味での全体である。それゆえ「多」は、その部分が多の形相を持たないかぎりにおいて、ちょうど家が家ならぬものから成るように、諸々の一から成っている。しかし多に対立するものとして不可分の性格を持つかぎりにおける一が多を構成するのではなくて、有の性格を持つものとしての一が多を構成するのである。それはちょうど、家の諸部分が家を構成するのは、それらが物体であることによるのであって、家ならぬものであることによるのではないのと同様である。

三　についてはいわなければならない。多ということは二様の意味に解される。一つは、絶対的な意味である。この意味においては、多は一に対立する。一つは、何らかの過剰を含意するものとしてである。この意味においては、少に対立する。それゆえ二は、第一の意味では多であるが、第二の意味では多ではない。

四　についてはいわなければならない。一は、多の概念のうちに「分割されたもの」ということが含まれているかぎりにおいて、多に対しその欠如として対立する。ゆえに分割は一よりも先でなければならない。ただし端的な意味で先なのではなく、われわれの認識の仕方に関するかぎりにおいて先なのである。じっさいわれわれは、単純なるものを複合されたものを通して認識する。ゆえにわれわれは、点を「部分なきもの」とか「線の始め」とかいうように定義するのである。しかしながら多は、概念的にいっても、一に対してその後にくるものの関係にある。じっさいわれわれは、分割されたものの各々に一性を賦与することによってはじめて、分割されたものが「多」の性格を有することを理解できるのである。ゆえに「一」は「多」の定義のうちに措定されるが、「多」は「一」の定義のうちに措定されない。しかし分割は、有を否定することによってはじめて知性に把えられる。それゆえ、まず第一に、知性に把えられるのは「有」である。第二は、この有はかの有ではないということであり、かくて第二に「分割」が把えられる。第三には「一」が、第四には「多」が把えられるのである。

(1)　本項においては、「一」と「多」との対立関係が考察される。前項において、数の一と、有と置換される一とが区別されたが、これに対応して、数の一に対立する多と、有と置換される一に対立する多とが区別される。この項は、一なる神に対立する「多」とは何を意味するかを理解するための前提をなしている。

② この異論は、「分割されないもの」indivisumを、分割の欠如であるととる。その場合は「分割されたもの」divisumとしての多は分割の所有態であり、分割されないものとしての一に対して、「所有」habitusが「欠如」privatioに対する仕方で関係することになる。

③ 第一章一〇五三a三〇。トマス『註解』第二講一九五五。第五章一〇五七a二―四。トマス『註解』第八講二〇九〇―二〇九四を参照。

④ 「欠如」privatioは、絶対否定としての「無」nihilではなく、そこに在るべきものがないこととして、欠如がそこにおいてはじめて欠如として成り立つものとしての「基体」subiectumの存在を前提する。基体の「存在」esseなしには欠如も成り立たない。その意味で、欠如はまったく存在を除き去るものではないといわれる。たとえば「盲目」は「視覚」の欠如であるが、本来視覚を有すべき基体としての「動物」なしには、盲目ということもありえない。ゆえに「盲目」という欠如は、「動物」という基体の存在を前提している。アリストテレス『カテゴリー論』第一〇章一二a二九―三一。『形而上学』第四巻二章一〇〇四a九―一六。トマス『註解』第三講五六四―五六六を参照。

⑤ 視力の欠如とは、視覚がなくなることであり、残るのは欠如の基体としての動物である。白の欠如とは、白がなくなることであり、残るのは欠如の基体としての物体である。この場合、視力の「存在」、白の「存在」はまったくなくなるのである。これに対し、有の欠如の場合には、有がそこにおいてなくなる基体もまた有であるから、有の欠如は有を「基盤」fundamentumとしてその上で成り立つ。たとえ或る有が欠如しても、有が全面的に失われて無になることはない。この点「有の欠如」privatio entis

は、視覚、白、等の「特殊の形相」formae speciales の場合と事情が異なる。それは「有」がすべての形相を包含する最も共通的なものであるという性格、すなわち「有の共通性」communitas entis のゆえに起こることである。

⑥ たとえば「第一質料」materia prima は、可能態に在るものとして或る意味での「有」であるが、現実的に存在しないという意味では「非有」である。現実態に在るものを端的な意味で有というから、第一質料は「端的な意味においては非有」non ens simpliciter といわれる。しかし無ではなく、「或る観点のもとに有」ens secundum quid である。

⑦ たとえば、実体としての人間は、人間であるかぎりにおいて「有」であるが、或る附帯性に関して、たとえば「白」に関して、「白くない」という意味では「非有」である。実体的有が端的な意味で有であるから、たとえ「白くない」という意味で、すなわち「或る観点のもとに非有」non ens secundum quid であっても、実体的に人間であるものは、「端的な意味において有」ens simpliciter である。

第三項　神は一であるか①

第三については次のようにすすめられる。神は一ではないと思われる。そのわけは、

一、『コリント前書』第八章〔五節〕には、「じっさい、多くの神々、多くの主が存在するが」

といわれている。

二、更に、数の始めとしての「一」は、神について述語されえない。神についてはいかなる量も述語されないからである。同じく、有と置換される「一」も、神について述語されることができない。かかる一は欠如を含意しているが、欠如はすべて不完全性であり、神には適合しないからである。ゆえに神は一であるといってはならない。

しかし反対に、『申命記』第六章〔四節〕には、「イスラエルよ、聞け。汝の神である主は一である」といわれている。

答えていわなければならない。神が一であるということは、三つの点から論証される。第一は、神の単純性からである。そもそも或る個物が、それによって「この或る物」であるところのものは、けっして多くのものに共通されえないということはあきらかである。たとえばソクラテスがそれによって人間であるところのものは、多くのものに共通されうるが、それによって「この人間」であるところのものは、ただ一つのものにしか伝えられえない。[2] ゆえにもしソクラテスが、「この人間」であるところのものによって、同時にまた「人間」でもあるとしたならば、複数のソクラテスが在りえないと同様に、複数の人間なるものも在りえないことになるであろう。ところがまさにこのことが、神には適合するのである。というのは、既に示されたように〔三問三項〕、神は神の本性そのものにほかならないからである。それゆえ神が神であるのと「この神」

であるのとは、まったく同じ根拠にもとづく。したがって、複数の神々が存在するということは不可能である。

第二は、神の無限の完全性からである。さきにも示されたように〔四問二項〕、神は御自身のうちに存在の完全性の全体を含んでいる。ところで、もしも複数の神々が存在するとしたならば、これらの神々は互いに相違していなければならない。したがって、他の神に適合しないものが、或る神には適合することになるであろう。もしそのものが欠如であるとすれば、その神は無条件に完全なものとはいえなくなるであろう。もしそのものが完全であるとすれば、その完全性は他方の神には欠けていることになるであろう。ゆえにいずれにせよ、複数の神々が存在することは不可能である。それゆえ古代の哲学者たちも、[3]あたかも真理そのものに迫られたかのように、無限なる根原を措定して、その根原はただ一つだけであると主張したのであった。

第三は、世界の一性からである。存在するものはすべて、そのうちの或るものが他の或るものに仕えるという仕方で、相互に秩序づけられていることがみとめられる。しかるに異なるものが一致して一つの秩序をなすためには、それらのものは或る一者によって秩序づけられていなければならない。じっさい、多くのものは一つのものによる場合のほうが、多くのものによる場合よりも、いっそうすぐれた仕方で一つの秩序のもとに置かれるのである。なぜならば、自体的には、一なるものは一なるものを原因とするからである。これに対し、多が一なるものの原因となるのは、ただ附帯的に、すなわち、それらの多が何らかの意味での一であるかぎりにおいてにすぎない。ところでかの第一の者は、最も完全であり、しかも附帯的意味ではなく自体的意味においてそうなのであるから、万物を一つの秩序に帰一せしめる第一の者はただ一つでなければならない。そしてこれが神である。

それゆえ　一　についてはいわなければならない。多くの神々ということは、遊星やその他の星を神であると考え、のみならず、世界の個々の部分すらも神であると考えて、多くの神々をおがんでいた或る人々の謬見に即していわれているのである。それゆえパウロは上記の箇所に引き続いて、「しかしわれわれにとっては、神はただ一つである」云々〔第六節〕といっている。

二　についてはいわなければならない。数の始めとしての一は、神については述語されない。それはただ、質料において存在を有するものについてのみ述語される。数の始めとしての一は、数学的なるものの類に属し、それは存在を質料において有するが、質料から概念的に抽象されるのである。これに対し、有と置換される一は、形而上学的なるものに属し、それは存在に関して質料に依存しない。[4] また神にはいかなる欠如もないけれども、われわれに固有な把握の仕方によるかぎり、われわれは神を、欠如と除去という方法による以外には知ることができないのである。[5] その意味において、何か欠如的にいわれることがらが神について述語されることは、なんら差し支えない。たとえば、神は非物体的であるとか無限であるとかいうように。同様にまた神について、神は一であるといわれるのである。

① 神が一であることは、聖書の立場からいえば明白なことであって、論証するまでもないと思われるかも知れない。しかし、いかなる意味で一であるのかとあらためて問われると、そう容易に答えることはできない。トマスはこの項において、神が一であるということの意味を、これまで神について述べられてきたことを基礎にして、神の単純性、無限の完全性、一つの世界の第一原因という三つのことを根拠にして説明する。それによって神は、他の諸事物に対して自己の一性を保っているという意味で一であるのではなく、万物を超越し、比較を絶した、まったく独自なユニークな意味で「一」なる者であることがあきらかにされる。

② ソクラテスが、「それによって人間であるところのもの」unde est homo とは、ソクラテスをして「人間」であらしめている形相であり、それは「人間の本性」natura humana である。人間の本性を有するものは多数あるから、「それによって人間であるところのもの」は多くのもの、すなわち多くの個々の人間に「共通される」communicari ことができる。これに対し、「それによってこの人間であるところのもの」unde est hic homo とは、ソクラテスをして他の人間と区別された独自の個人たらしめているものであり、それはただソクラテスにのみ固有のものであって、他のいかなる人間とも共通されえない。

③ その代表者として、アナクシマンドロスがあげられるであろう。アリストテレスによれば、彼は「無限なるもの」を措定し、それは不生不滅であり、万物を包含し、一つの「神的なるもの」であるといった。『自然学』第三巻四章二〇三b六―一五を参照。

(4) トマスは、アリストテレスに従って、学の対象領域を次の三つの段階に区分する。(一)「自然学的なるもの」naturalia, physica。これは、質料において存在を有するものから、その質料と形相とを含む全体的本質を抽象したものである。(二)「数学的なるもの」mathematica。これは、質料において存在を有するものから、すべての質料性を捨象して、ただ形相のみを抽象したものである。たとえば地球は、「球」という形相と、「土」という質料とを含む「地球」として考察されるかぎり自然学の対象であるが、土という質料的要素を捨象して、純粋に「球」として考察されるかぎりにおいては数学の対象である。しかし純粋形相としての「球」なるものは、それ自体としてはどこにも存在せず、存在する場合には必ず何らかの質料と結合した形相として、質料において存在する。その意味で、数学的なるものは、存在的に質料に依存している。(三)「形而上学的なるもの」metaphysica。これは、存在するものを、存在するものであるかぎりにおいて対象とする。この対象は、存在的に質料に依存しない。このことはしかし、かかる対象の領域に属するものが、すべて質料なしに存在することを意味しない。神や知性は、質料なしに存在する。しかし物体は質料なしには存在しない。しかし形而上学は、神を神であるかぎりにおいて考察するのではなく、物体を物体であるかぎりにおいて考察するのでもなく、神も知性も物体も含めて、存在するものであるかぎりの存在するものについて、共通の特性、様態、原因、法則、等を考察するのである。その意味で形而上学的なるものは、存在的に質料に依存しないといわれる。アリストテレス『形而上学』第六巻一章。トマス『註解』第一講。更に詳しくは、トマス『ボエティウス三位一体論註解』第二講一、二問を参照。

(5) 前項異論答四を参照。

第四項　神は最大度に一であるか①

第四については次のようにすすめられる。神は最大度に一なる者ではないと思われる。そのわけは、

一、一ということは、分割の欠如によっていわれるのである。しかるに欠如は、より多くより少なくという程度を受け容れない。ゆえに神が、一である他の諸々のものよりも「より多く」一なる者であるとはいわれない。

二、更に、現実的にも可能的にも不可分であるものにまさって不可分なるものは何も存在しないと思われる。「点」と「一」とはそのようなものである。しかるにものは、それが不可分である度合に応じて、よりいっそう一なるものであるといわれる。ゆえに神は、一や点にまさって、それ以上に一なる者ではない。

三、更に、本質によって善きものは、最大度に善きものである。それゆえ、その本質によって一なるものは、最大度に一である。しかるに哲学者の『形而上学』第四巻②においてあきらかなように、いかなる有も、それぞれの本質によって一なるものである。ゆえにいかなる有も最大度に

一である。したがって神が他の諸有にまさって一なる者であるということはない。

しかし反対に、ベルナルドゥス[3]は、「一といわれるすべてのもののなかで、頂点を占めるのは、神の三位一体の一性である[4]」といっている。

答えていわなければならない。一なるものとは不可分の有であるから、何ものかが最大度に一であるためには、そのものは最大度に有であるとともにまた最大度に不可分なるものでなければならない。しかるにこのいずれの条件も神には適合する。すなわち神は、附加された或る本性によって限定された何らかの存在を有することなく、いかなる仕方によっても限定されない自存する存在そのものであるかぎりにおいて、最大度に有なる者である。また、既に示されたように〔三問七項〕、あらゆる意味において単純であるから、いかなる分割の仕方によっても現実的にも可能的にも分割されることがないという意味において、最大度に不可分なる者である。それゆえ神が最大度に一であることはあきらかである。

それゆえ 一 についてはいわなければならない。欠如そのものは、たしかにより多くとかより少なくとかいう程度を受け容れないけれども、それに対立するものがより多くとかより少なくとかいう程度を受け容れるのに応じて、欠如的なるものについても、より多くとかより少なくとかいうことがいわれる。それゆえ或るものが、より多く分割される、あるいは分割されうる、より少なく、あるいはまったく分割されない、等の度合に応じて、そのものはより多く一であるとかより少なく一であるとか、あるいはまた、最大度に一であるとかいわれるのである。

二 についてはいわなければならない。点と、数の始めとしての一とは、何らかの基体においてでなければ存在を持たないから、最大度に有なるものではない。したがってまた、そのいずれも、最大度に一なるものではない。偶有と基体とは異なるがゆえに基体は最大度に一なるものではないが、そのようにまた、偶有も最大度に一なるものではないのである。[5]

三 についてはいわなければならない。いかなる有もその実体によって一であるが、しかし、いかなるものの実体も、等しい仕方で一性の原因となるわけではない。なぜならば、或るものの実体は多から複合されているが、或るものの実体は多から複合されてはいないからである。

(1) 神が一であるということが、数学的意味で、すなわち、多数のもののなかの一という意味で一なのではなくて、不可分なる有として一なのであることが前項で示されたが、この項では神が「最大度に」maxime 一であることが示される。ここに「最大度に」とは、もちろん量的な意味ではなくて、「一」という性格を、神が最もすぐれた意味において具えているということである。神が最大度に一であるということは、神が自存する存在そのものであることから、必然的にみちびき出される。他のすべてのものは、それらが存在を分有する度合に応じて一であるといわれる。

(2) 第二章一〇〇三b二二―二三。トマス『註解』第二講五四八―五四九を参照。

(3) クレルヴォーのベルナルドゥス(一〇九〇―一一五三)。フランス貴族の出身。若くして友人等とともにシトー会修道院に入り、その厳格なる生活と慈愛溢るる説教とによって、十二世紀西欧キリスト教界の代表的人物となった。時の教皇イノセント二世、エウゲニウス三世を助けて教会政治に参画し、いくつかの公会議において指導的役割を演ずるなど、現実世界で大きな活動をしながら、他面、その著作のなかには深い神秘思想が溢れている。

④『熟慮について』第五巻八章。ラテン教父集一八二巻七九九。これは、三つのペルソナの独立性を強調するあまり、神のうちに三つの神性を認めるに到ったジルベルトゥス・ポレターヌスの説を反駁して、特に神の一性を強調している箇所の引用である。

⑤ 数の始めとしての点と一とは、数学の対象としての点と一である。それは抽象的なものであり、それとしては実在しない。実在する場合には、それは必ず或る特定の物体において存在を持ち、その物体における点として、あるいは一として存在する（たとえば一個の石として、この物体の線における点として）。その意味で物体は点と一との「基体」subiectum であり、点と一とは基体における「偶有」accidens であると考えられる。

本書を読み終えたら

本書の「手ほどき」によって『神学大全』の森のなかに入って行き、さらに森の奥へと分け入ろうとする読者のために、入手が比較的容易で参考となる書籍を挙げておく。これは網羅的なものではなく重要な書物に限ったなどと言うまでもないほど、トマスに関する書物は多くなっている。ウェブなどで検索していただきたい。

・トマス・アクィナス『神学大全』全四五巻（高田三郎他訳）創文社　一九七三年～二〇一二年

五〇年ちかい歳月をかけて、一流の研究者たちによって訳された『神学大全』の全訳。本書の「別表」を参考にして、興味をひかれた内容の巻を繙いてはどうだろうか。本書のいわば「固い」内容とは違った肌触りの『神学大全』に触れることができる巻もある。

・『トマス・アクィナス』（中世思想原典集成14　編訳／監修＝上智大学中世思想研究所／山本耕

平）平凡社　一九九三年

全二〇巻からなる中世思想の記念碑的翻訳シリーズのなかの一巻。『神学大全』は含まれていないが、重要な小論文から真作かどうか問題のある祈りや書簡まで、さまざまな種類の著作を含む。

・トマス・アクィナス『神秘と学知――『ボエティウス「三位一体論」に寄せて』翻訳と研究―』（長倉久子訳注）創文社　一九九六年

副題の示すトマスの著作の翻訳と訳注に、長文の解説が付されている。トマスにおける神学の概念、神学と哲学の関係について考えるには必読の文献。

・トマス・アクィナス『自然の諸原理について――兄弟シルヴェストゥルに』（長倉久子／松村良祐訳注）知泉書館　二〇〇八年

次の著作とならんで、トマス初期の重要な小品。可能態・現実態、形相・質料・欠如、四原因、アナロギアといった、アリストテレスに発する重要な哲学上の概念の整理。ラテン語対訳版。

・トマス・アクィナス『在るものと本質について』（稲垣良典訳注）知泉書館　二〇一二年

トマスの存在論の骨格を知るには必読の書物。物体的事物と非物体的事物の両方について、その本質、何性、偶有性をどのように考えるべきか、また、それらと類や種といった論理学の概念との関係が考察されている小品。ラテン語対訳版。

- 『トマス・アクィナスの心身問題――「対異教徒大全」第2巻より』（川添信介訳注）知泉書館 二〇〇九年

『対異教徒大全』第二巻のうち、人間の魂と身体との関係を論じた第五六章から第八九章までの翻訳。『神学大全』第一部第七五問以下のいわゆる「人間論」に相当する内容。ラテン語対訳版。

- トマス・アクィナス『君主の統治について――謹んでキプロス王に捧げる――』（柴田平三郎訳）岩波文庫 二〇〇九年

トマスは政治学や法学の分野でも大きな功績を残している。「王制について」というタイトルで呼ばれることもあるこの小品は、「君主の鑑」という文献ジャンルに属するとされ、訳者による長大な解説が有益。

- 『哲学の歴史3 神との対話』（責任編集・中川純男）中央公論新社 二〇〇八年

西洋哲学の通史全一二巻のうちの中世の巻。「中世」を広く取るならこの前後の巻もみなければならない。第3巻第Ⅸ章が「トマス・アクィナス」で、水田英実、藤本温、加藤和哉がそれぞれおおよそ存在論、認識論、倫理学の各分野を担当している。

・稲垣良典『トマス・アクィナス』講談社学術文庫　一九九九年

最初一九七九年に「人類の知的遺産」叢書の一冊として刊行されたもの。トマスの生涯の相当詳細な記述とさまざまな著作の抜粋訳を含んでいる。トマスの全体像を簡便に見たい場合に重宝する。

・稲垣良典『トマス・アクィナス「神学大全」』講談社選書メチエ　二〇〇九年

神の存在証明から政治学までのさまざまな論点について、長年にわたってトマス研究を牽引してきた碩学が、『神学大全』を「われわれに挑戦をつきつける」書物として解釈する。稲垣にはこの二書以外にも多数の貴重なトマス研究書がある。

・山田晶『トマス・アクィナスの《エッセ》研究——中世哲学研究第二』創文社　一九七八年

・山田晶『在りて在る者——中世哲学研究第三』創文社　一九七九年

・山田晶『トマス・アクィナスの《レス》研究——中世哲学研究第四』創文社　一九八六年

この三書は本書の訳者山田晶のトマス研究者としての集大成といえる重厚な研究書である。緻密なテキストの読みに裏付けられながら、トマス哲学の基本的概念が明らかにされている。山田は「トマス・アクィナスの《ラチオ》研究」を展望していたが果たせなかった。

・アウグスティヌス『告白』（山田晶訳　三巻）中公文庫　二〇一四年

本書の底本と同じ「世界の名著」の一冊として一九六八年に刊行されたものの再刊。山田はまずアウグスティヌス研究者として仕事をした。そして後年、トマス自身がアウグスティヌスの精神を深く受け継いでいることを山田は強調した。誰もが認めるキリスト教の古典である。

中公
クラシックス
W75

神学大全《しんがくたいぜん》　I

トマス・アクィナス

2014年7月25日初版
2024年1月30日4版

訳　者　山田　晶

発行者　安部順一

印刷　TOPPAN
製本　TOPPAN

発行所　中央公論新社
〒100-8152
東京都千代田区大手町 1-7-1
電話　販売 03-5299-1730
編集 03-5299-1840
URL https://www.chuko.co.jp/

訳者紹介

山田 晶（やまだ・あきら）

1922年（大正11年）宇都宮市生まれ。44年、京都帝国大学文学部哲学科卒業。大阪市立大学助教授を経て、68年、京都大学文学部教授。85年より南山大学教授をつとめた。西洋中世哲学研究の第一人者であり、アウグスティヌス、トマス・アクィナスの研究、翻訳などで知られる。2008年（平成20年）2月、死去。
著書に、『アウグスティヌスの根本問題』『トマス・アクィナスの《エッセ》研究』（以上、創文社）、『アウグスティヌス講話』（新地書房／講談社学術文庫）、訳書にアウグスティヌス『告白』（Ⅰ～Ⅲ、中公文庫）などがある。

Published by CHUOKORON-SHINSHA, INC.
Printed in Japan　ISBN978-4-12-160148-3　C1216

■「終焉」からの始まり
——『中公クラシックス』刊行にあたって

二十一世紀は、いくつかのめざましい「終焉」とともに始まった。工業化が国家の最大の標語であった時代が終わり、イデオロギーの対立が人びとの考えかたを枠づけていた世紀が去った。歴史の「進歩」を謳歌し、「近代」を人類史のなかで特権的な地位に置いてきた思想風潮が、過去のものとなった。

人びとの思考は百年の呪縛から解放されたが、そのあとに得たものは必ずしも自由ではなかった。固定観念の崩壊のあとには価値観の動揺が広がり、ものごとの意味を考えようとする気力に衰えがめだつ。おりから社会は爆発的な情報の氾濫に洗われ、人びとは視野を拡散させ、その日暮らしの狂騒に追われている。株価から醜聞の報道まで、刺戟的だが移ろいやすい「情報」に埋没している。応接に疲れた現代人はそれらを脈絡づけ、体系化をめざす「知識」の作業を怠りがちになろうとしている。

だが皮肉なことに、ものごとの意味づけと新しい価値観の構築が、今ほど強く人類に迫られている時代も稀だといえる。自由と平等の関係、愛と家族の姿、教育や職業の理想、科学技術のひき起こす倫理の問題など、文明の森羅万象が歴史的な考えなおしを要求している。今をどう生きるかを知るために、あらためて問題を脈絡づけ、思考の透視図を手づくりにすることが焦眉の急なのである。

ふり返ればすべての古典は混迷の時代に、それぞれの時代の価値観の考えなおしとして創造された。それは現代人に思索の模範を授けるだけでなく、かつて同様の混迷に苦しみ、それに耐えた強靭な心の先例として勇気を与えるだろう。そして幸い進歩思想の傲慢さを捨てた現代人は、すべての古典に寛く開かれた感受性を用意しているはずなのである。

（二〇〇一年四月）